# 培养敬虔的
# 后代

## 如何用圣经原则教养孩子

# Books by Paul J. Bucknell (包恩富)

## 让圣经对我们今日的生活说话

- Overcoming Anxiety: Finding Peace, Discovering God
- Reaching Beyond Mediocrity: Being an Overcomer
- The Life Core: Discovering the Heart of Great Training
- The Godly Man: When God Touches a Man's Life
- Redemption Through the Scriptures
- Godly Beginnings for the Family
- 培养敬虔的后代
- Building a Great Marriage
- Christian Premarital Counseling Manual for Counselors
- 十字架学习
- Running the Race: Overcoming Lusts
- Genesis: The Book of Foundations
- Book of Romans: The Living Commentary
- Book of Romans: Bible Study Questions
- 培养敬虔的后代
- Walking with Jesus: Abiding in Christ
- Inductive Bible Studies in Titus
- 1 Peter Bible Study Questions: Living in a Fallen World.
  培训新领袖
  关怀已决志全职事奉者的程序
  迈向下一步: 助您走向正确的全职服事之路 作者
- Study Guide for Jonah: Understanding God's Heart
➡ Check out these valuable resources at
  www.foundationsforfreedom.net

# 培养敬虔的后代

## 如何用圣经原则教养孩子

包恩富 包柯玲婷 著

栗永徽 翻

# 培养敬虔的后代: 如何用圣经原则教养孩子 (简体版)

(Raising Godly Children Principles & Practices of Biblical Parenting - Simplified Chinese)

Copyright 2014 by Paul J. Bucknell : All Rights reserved

Paperback (简体版)

Printed: ISBN-10: 1619930390

Printed: ISBN-13: 978-1-61993-039-1


培养敬虔的后代 Chinese (繁體版)

ISBN-10: 1619930404

ISBN-13: 978-1-61993-040-7


English paperback

ISBN-10: 1-61993-006-4

ISBN-13: 978-1-61993-006-3

聖經實用的真理 (Biblical Foundations for Freedom)


info@foundationsforfreedom.net

www.foundationsforfreedom.net

3276 Bainton St. Pittsburgh, Pennsylvania,15212 USA

愿颂讚归给神我们的父

所有的智慧、慈爱、恩惠与能力

从祂那里涌流不息

流到一群不配的百姓身上

如今我们得以被收纳，永远成为祂的家人

# 目錄

# 序言

基督的教会正面临一个全球性的危机。仇敌的攻击正在击打我们的根基：家庭。不论在基督教会中或我们自己的生活中，我们都没有认真思想过家庭的重要性。大多数情况下，只有当我们失去家庭的时候，才发现它的宝贵。但现在我们有一整个世代的人，全都没有经历过拥有一个人数众多的敬虔家庭的美好。有些人觉得现在再来挽救已经太迟了。但其实不会。如果身为教会的我们起来采取行动，就不会太迟。

需要采取什么行动？首先，我们必须带来对于拥有一个敬虔家庭的盼望与异象。现今许多父母单单照顾一个孩子就已经在绝望中挣扎了。女孩子们通常被教导要自食其力、要找个好工作。世俗媒体常常以男人作为取笑的题材。当大家都认为男人不需要努力尽责任的时候，他们很容易就以这种态度生活。

他们或许也根本不认为需要在生活中负责任。盼望与异象都从神而来。美满的家庭从祂而来。但是除非我们教会的领袖开始把对于敬虔家庭的异象传递给神的百姓，而不是让他们到处去听，这个牧师怎么做、那个长老怎么做，神的百姓至终会落于绝望里。

或许对大多数人来说，一个更好的问题是，有没有什么真实理由让我们对拥有一个美满家庭怀抱盼望？的确是有的。这就是我们这本训练教材「如何用圣经原则教养孩子」愿意在教会中所扮演的一个重要角色。我们想要知道神对家庭怎么说，而不是心理学家怎么说。因为只有神的真理才能

像两刃的利剑，在这凶猛的文化战争中开出一条血路。神不只给我们解决办法，祂也要帮助我们了解，祂大能的真理运作的过程。

我们的孩子就是我们教养过程中的产物。如果我们失败了，我们自己以及孩子都会付出代价。但是，当我们转回神的道路，诚实的在自己的生活中实践出来，我们可以看到几乎是立即性、戏剧性的永久改变。在下面几页中，我们会看到对于一些最重要观念的解释，因为这些观念都是目前在社会中公开被质疑的。但这些基础却是神定的真理，只有当我们自己深信它们的确出于神，我们才会去护卫它们，在这些质疑的浪潮之下这些真理才能继续坚立。

在解释神的真理在我们家中所当扮演角色的同时，我们也提供许多实务性的教导，从如何带领全家面对一种困难，到神给全家的目标。大多数的人都很惊讶，一些简单的改变就足以在孩子的身上带来戏剧性的不同。

现在心理学的教养方式无法为它们反覆无常的哲学提出任何实例。在我们身边有许许多多的证据，让我们看到那些按照以自我为中心的方法生活所带来的悲惨后果。把这种情况与神简单又直接的真理相对比较，许多家庭都会为他们过去所犯的失败而惊讶。我们听过许多的父母一再的跟我们说「我真希望能早点知道这些真理」。

事实上，我们自己也希望我们能早点知道这些真理。我们每个人都曾经历过错误应用神的真理的情况。神给了我们第二次机会。在我们生了第二个孩子后，祂开始光照我们，看见藏在祂话语中的原则。这给我们更大的盼望，得以知道

的确存在一个带著信心训练孩子的方法。现在我们有八个孩子。我们找出许多错误的观念，也弃绝了它们，并转向神话语中美好的祝福。

身为牧师或宣教士不会自动产生一个美好的家庭。必须要按照神活泼的话语来生活才能得到。当你学习这一系列的教导时，带著极大的盼望回转向神。记住，你被呼召作一个顺服的儿女。我们只是对读者指明真理，但是你自己必须接受考验，来证明你是否真的爱主你的神。全心爱祂。让神大能真理之光照进你的生活，祂的祝福也将从你的家庭中流到这个需要神的世界。

Paul Bucknell 包恩富                     2010 年五月

# 培养敬虔的后代
## 幼儿以上

## 第一章

# 教养的目的

目的： 帮助父母亲，更加了解神在祂的国度中对家庭的心意以及父母在塑造敬虔孩子的事上所具有的关键角色，并且采用神的方法来过家庭生活。

## 了解神对家庭的计划

### 神的计划是最棒的！

任何事物的发明者通常是最了解他自己的产品的人。当然他可以跟其它人解释这个产品的功能，但是最后只有他自己才完全了解每个单独的部分如何整合成一个整体，完成发明者的计

划。想要明白家庭的目的，我们需要回到家庭的创造主面前。神创造了男人与女人，命令他们组成家庭。当他们生了一个孩子，具有父亲与母亲联合起来的各种特征，神对这对夫妻的祝福就显明出来。神借着命令父母要「生养众多」来鼓励这个繁衍的过程。

> 「神就照着自己的形像造人、乃是照着他的形像造男造女。神就赐福给他们、又对他们说、要生养众多、遍满地面、治理这地、也要管理海里的鱼、空中的鸟、和地上各样行动的活物。」（创一27-28)

当我的打印机坏了，我不会去翻我的收音机的说明书去找相关数据，我会找打印机的说明书。关于家庭也是一样的。如果我们对于如何带领家庭有疑惑，不论是某个小部分或是关于家庭整体的计划，我们应该去找圣经，就是神的话，在其中我们的创造主很清楚的说明了我们所需要知道关于家庭的一切（提后三16-17）。

我们需要时常聆听神的话。有时候我们关心孩子们的物质需要，却忽略他们里面的需求。他们里面的需求是什么?

神在经文里面告诉我们，人与其它受造物是不同的。男人与女人是照着神的形像造的。并且人借着里面的灵可以与神沟通。人不只有身体，他还有一个看不见的部分，由心（情感的所在）、意志、良知所组成。例如，人与动物的一个分别就是自我意识。神也同样是家庭的设计者。

# 神对家庭的计划

神不只造了个别的男人和女人，神也设计经由婚姻与家庭来完成他完全的旨意。

## a) 神对家庭的计划

家庭在神的国度的计划中占了很重要的部分。家庭是神交通、保存并且扩张他圣洁影响力的一个方式。家庭是神的话语被教导与被实践的所在。如果你拜访一个基督徒的家庭，你应该可以在其中窥见神的良善、神的爱、神的秩序、合一、供应和律法。

暂停并回想：如果一个人待在你家一个礼拜，他可以从其中体会哪些关于神和神的道路的事情？举出三件。

## b) 简短回顾关于家庭的历史

神创造了第一个家庭，亚当是头，夏娃是他的帮手。这是世界上第一个家庭，也是其它家庭的源头。亚当，男人，需要为这个家庭所做的一切决定负责。当他做了智慧的决定，他的家就兴盛；当他选择违背神的规则，他的家，以及所有从这个家源出的家庭都受到了影响。

更好的制订
目标的作法
**事先计画**

目标：
按照计画好
的样式生活

「这就如罪是从一人入了世界，死又是从罪来
的，于是死就临到众人，因为众人都犯了罪。」
（罗五12）

因此，亚当的后代，不只从他们的父母遗传了生理上以
及心灵上的特征，也遗传了罪的本性（违背神的倾向）。看
起来神似乎无法藉由人来完成他的旨意，但神没有放弃家
庭。

当神在创世记十二章开始一个新的家庭时，我们开始明
白神的心意。当时的社会混乱又悖逆，但神拣选一个人，透
过他的后代，神圣洁的旨意可以保存并且扩增。神拣选亚伯
拉罕，吩咐他离开那地，往祂所指示他的地去。

亚伯拉罕不是完美的人，然而神能，神也愿意用他和他
的家为这个世界带来一个极大的祝福。即使今天，神仍然使
用家庭作为伸展他的圣洁良善旨意的平台。

透过许多这些美好的家庭的其中之一，神赐下他的独生
爱子耶稣基督。这对敬虔的夫妇活出神的话，也把神的话教
导耶稣。之后耶稣大大的使用他小时候所学的关于神的话
语。神也造了一个新的家庭，叫做教会。父神牺牲他的爱
子，使得我们可以进入神的家庭称为神的儿女。

**「凡接待他的，就是信他名的人，
他就赐他们权柄，作 神的儿女。」
（约一12）**

神很清楚教导了教会以及家庭，如何过成功的生活。没
有坚固的家庭，教会和社会都会十分软弱无力。当每个家庭

强盛的时候，基督才能发展他对教会完美的计划。神给了我们圣灵和他的话，靠着圣灵和神的话，我们可以有敬虔的家庭和教会。手中有了神的话，我们就不能推诿说神没有告诉我们如何产生敬虔的家庭。

暂停并回想：我们需要什么使我们的家庭强健？你的家庭需要加强哪一件或哪两件事情，使得神可以更大使用你们的家？

# 学习用神的方法拯救家庭

## 神能帮助每一个家庭！

神所选择要用来帮助我们破碎家庭的方式通常是令我们惊讶的。神结合了他的智慧、能力与恩典，兴起家庭，并且透过它完成神的旨意。我们可能不能完全了解神的计划，但是当我们决定与神同工的时候，我们会赞叹他是如何的帮助我们。

许多家庭开始的状况都不尽相同，但是当父母亲决定要在家中遵照神的旨意行，我们都看到神的话如何发挥美好的功效，使他们的家庭变得更好。例如，提摩太并没有一个基督徒的父亲。他的妈妈是个犹太人，他的爸爸明显的是个未信主的希腊人。然而神的恩典仍然透过他的妈妈和外婆发挥影响力。下面这段经文中，保罗期盼提摩太持守哪些他妈妈和外婆所拥有的特质？

> 「想到你心里无伪之信．这信是先在你外祖母罗
> 以、和你母亲友尼基心他的．我深信也在你的心
> 他。」（提后一5）

「无伪之信」远超过话语所能描述。它是一种活泼的信心。当神的话被活出来的时候，他的话带有极大的功效。对我们任何一个家庭来说也是一样。父母对他们的孩子有极大的影响，当父母决定转向永活神，神会开始帮助整个家庭。

我太太与我因为过去曾犯许多错误而懂得谦卑。我们看到我们孩子生命中有许多伤痕。我们教导这门课是希望各位不用再浪费廿年继续犯错在你们的孩子身上。我们必须悔改，重新研读神的话，并更加贯彻的把我们的生活形态转向主[1]。当然这是一个过程。我们仍然在这个过程中。然而，当我们谦卑寻求神的帮助时，可以使这个过程更快通过。

## 塑造敬虔家庭的困难

有些基督徒父母可能想，我们已经非常努力尝试过了，但仍然发现这样做没什么用。我们希望透过这堂课，分享一些重要的圣经原则，来帮助有这样情况的人。的确有许多困难的处境需要解决。

最近有人问我有关个人的得救的问题：「有些非基督徒说，基督教信仰只是他们父母的事而不是他们的事，你要如何回答他们？」这个问题点出了一个在基督徒家庭中的一个主要问题。许多基督徒父母认为他们只要口头上教导孩子该做什么与不该做什么，他们就尽了他们的责任。问题在于真

---

[1]分享我们的失败常常是不容易的。当我们与其它人敞开的承认我们的失败，包括我们的孩子，我们不只是公开负责我们所做的，更是能够鼓励其它人靠着神的恩典来得胜生活中任何一点小罪。这是在我们的孩子身上塑造「悔改」的方法，并教导他们如何面对失败。

理并不是经由口头的指示而传递下去的。教导神的命令可以陈明真理，但是并没有彰显真理。

许多年轻人，父母是基督徒，可是他们不跟随主，因为在他们父母的生活中他们找不到可被吸引的地方。这是今天世上世俗主义一部份的原因。在一两代之前，曾有许多的人都是基督徒。

这表示家庭失去了基督荣耀的丰满。我们在新约里看到耶稣，众人总是蜂拥向他，抢着要认识他、听他的道。我们要使家成为一个孩子喜爱的地方：一个神的爱、神的关心、神的赦免明白彰显，一个他们喜欢停留的地方。

**言教&身教**

**教导性**

教导

重要的
有意识的
可以被改变

从别人所说的话中学习

**示范性**

以身作则

有影响力的
无意识的
很难改变

从别人所做的事情上学习

暂停并回想：你的孩子喜欢在家跟你在一起吗？他们喜欢把他们的朋友一起带回家，分享在家中他们所得到的爱吗？

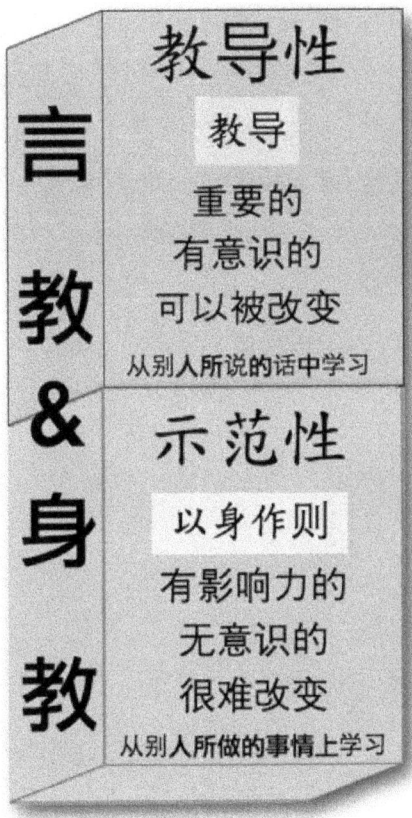

# 「身教与言教」：问题与解决方法

我们需要有更敞开的心来了解基本的真理与价值观如何传承给我们的孩子。有人说真理是靠身教而非言教。这说到了一个很重要的真理，强调父母自身的生活型态对于孩子们的影响。我们在下面会谈到。然而，我们也要说，向儿女教导神的话语也有同样的重要性。提摩太不只看到了好榜样，同时也在真理上受了好的教导（提后三15）。

这里的重点在于，如果孩子们所听到的与他们所看到的不相符，他们会照他们所看到的去行，他们不会记住他们所听到的教导。

如果父亲顺服神，那么每一个人都会知道神在他每天的生活中所占的重要性。然而，如果父亲只有在星期天看起来很属灵，在一个礼拜其它的日子都与神所说的话违背，他的家人就会产生一个结论：神只是一个宗教性的神，只存在在教会中。他们会觉得神与他们每日生活没有太大关连。

我们来描述一下为什么孩子们所看到的事情是如此的重要。许多思想都根源于以下的几点发展出来。下面这三点说明孩子们如何无意识的从他们父母那里学习，也就是，他们如何抓到父母亲的价值观，或者，如何「抓到真理」[2]。

---

[2]我们必须了解，父母能传递坏的价值观给孩子，也能传递基于真理的好的价值观。如果他们前后不一致，他们的孩子的生命不会有好的根基。我们用「真理」一词来描述他们所学到关于神的正面事物，正如圣经所记载的。父神启示他的话，耶稣表现他的话，圣灵教导我们祂的话。

## (1) 位置性学习 （响应权威）

父母亲主要借着活出神所给他们做为父母的角色来在孩子了解神的事上塑造孩子。原因是因为父母亲是孩子前几年人生的唯一权威的来源。他们借着观察父母如何响应神，学习如何响应权威。

* 父亲是全家的权柄。孩子最早对于权柄的认知来自于他们的父亲如何在家庭使用权柄以及如何在生命中回应权柄。

* 母亲展现属神特质中温柔与关怀的典范。孩子会学到一个会自我控制的人如何在刚强与坦率的同时也保持圆融、慈爱，并且喜爱建立关系。

* 丈夫藉由爱他的妻子表现一个有权柄的人如何爱人

* 妻子展现与有权柄的人如何相处。她忠心的支持她的先生甚至当他们的意见不同的时候[3]。她在孩子身上形塑如何尊重权柄。

暂停并回想：许多孩子认为神是遥远的，对我漠不关心。会不会是因为他们的父亲在家里从来不打开口与孩子们分享他的生活？神喜爱与他的孩子们交通吗？（创三8）

## (2) 关系性学习 （与他人的关系）

孩子们也借着观察父母如何回应外面的世界来学习如何对生活中各种状况作反应。这跟父母口头说的无关。孩子们藉由观察父母亲真正做了什么来了解他们的价值观。如果父

---

[3]妻子需要在主里顺服丈夫。这是说，如果主在他的话语里没有另外的教导，她必须顺服且支持丈夫的决定。

母的榜样与所说的相违背，孩子们会忘记他们说的话。我们来看看下面这几个情况如何形塑孩子的生命与态度。

* 当某人对爸爸很坏，他是如何反应的？他赦免他们还是报复他们？

* 当妈妈遇到某些她不喜欢或无法掌控的环境，她如何面对？她信靠神吗？或是一直抱怨、担忧？

* 爸爸对于他已有的一切满足吗？他需要藉由买很多东西使自己快乐吗？

* 妈妈会因为害怕其它人的说法或想法而改变她自己本来想说或想做的事吗？她敬畏神吗？

当一个孩子亲眼看到神的话被活出来，他就会得到同样的信心与理解，知道生活应该怎么过。这并不会使他们马上成为基督徒，但是会培养他们一个热爱真理的心。他们会看到基督徒信靠神的甜美，会渴望拥有这种平安与生活方式，远超过世界所能给的。

## (3) 回应式学习 （深耕道德）

第三，孩子们经由观察父母如何与孩子相处而学习。多半我们会想到通常是母亲在孩子早期的生活中给予照顾，然而，父亲对孩子的照顾也是不可少的。这些事情会带给孩子极大的影响，影响他们感受生命中什么事情是重要的，什么是对的与错的。

* 当小婴儿哭的时候，妈妈会做什么？她会每次都忙着帮他换尿布，还是有时候会让他哭一会儿，如果他只是要吸引父母的注意？

* 当孩子们用一些滑稽的动作打断了父亲与母亲相处的时间，爸爸会如何处理？他会把妈妈丢在一边而与孩子玩，还是会把他与妻子的关系摆在前面，等一下再与孩子玩？

* 当孩子激怒妈妈的时候，妈妈会如何反应？她会逃避面对孩子还是仍然有耐心的与他相处？

* 当小孩子很固执己见的时候，爸爸会怎么做？他会放弃吗？还是用贿赂的方法使孩子安静？或是安静的坐着等风浪平息？

自从孩子们还是小婴儿的时候，他们就一直在潜意识中学习许多事情。当我们把正确的生活方式与正确的教导相结合，就是正确的教养方式。我们所教育的不只是心灵，更是在形塑孩子们的心与灵魂。

暂停并回想：列出你对儿女所作的一项正确的示范与一项错误的示范。

| 位置性学习 | 关系性学习 | 回应式学习 |
|---|---|---|
| 父母如何回应神与权柄 | 父母如何回应外面的世界 | 父母如何与孩子相处而学习 |
| 回应权威 | 与他人的关系 | 深耕道德 |

# 良好教养的方式

当然，孩子们并不会有意的问父母以上的问题。他们只是无意识的观察并且模仿父母的行为。这就是为什么大部分最基本的训练早在孩子们学会读与写之前就已经发生了。良好的教养方式包含下面三个基本步骤：

- 了解神的真理（知道）

- 当我们作父母的时候，实践这些真理（形塑）

- 用神的话教导我们的孩子[4]（教导）

孩子们会模仿我们的行为，不论好的或坏的。如果作父母的在处理人际关系上没有设立好榜样，我们的孩子就不知道如何处理人际冲突。我们没有给他们工具、自信心，以及如何处理这些问题的知识。我们作父母的没有给他们应有或可以拥有的信心。神在提摩太的生命中所作的拯救家庭的工作，今天一样可以成功在我们身上！

暂停并回想：想想你如何解决你与配偶的冲突，以及与其它人的冲突。你的孩子如何处理类似的人际冲突？

# 神对家庭的目标

## 神的目标就是我的目标！

很多时候，我们常常是问题导向，而不是以神为导向，所以我们无法长期持守某些良善的目标。当然，我们能解决问题、抚养孩子是很不错，但这些与神所计划的相差还很远！

我们想要解决的问题往往将我们的注意力集中在我们自己的挫折。我们需要把眼目转向神所要求我们的。我们需要

---

[4]教导中有一部份是纠正，就是父母要坚持孩子必须作他们所要他做的。有时父母除了用说的之外，还需要另外做些事以加强他们的命令。透过我们的纠正，孩子会学到我们所相信与所教导的事情是何等的重要。如果没有纠正，孩子会觉得这些东西无关紧要。

看他的标准以及他对我们的孩子所设的目标。我们要问「神希望我的孩子成为怎样的男人与女人？」

使徒保罗「教养」提摩太的方式很有趣。我们看到保罗常常称呼提摩太为他的儿子（提前一2）。或许提摩太的亲身父亲在他小的时候就去世了。不论如何，保罗对提摩太而言就像一个属灵的父亲。保罗告诉提摩太三件他教导的目标：

神的话语给了清楚的方向，使孩子可以跟随

> 「但命令的总归就是爱．这爱是从清洁的心、和无亏的良心、无伪的信心、生出来的。」（提前一5）

下面几段我们会专注在保罗认为对信徒重要的几个方面。我们会发现对于父母教养儿女，这几点仍然适用。

# 教养的目标

我们可以教我们的孩子各种各样的技能，但是没有一样技能比得上神要放在他们里面的品格，这些品格包括：良善、顺服、爱、服从、敬重、自制、柔顺、敏锐与智慧。我们不需要那些能让他们赚大钱的技能，而要给他们一种技能，能够恰当运用神所赐给他们的资源的能力

神乐意赐福给我们的孩子，使他们勇敢、慈爱、信实的服事神以及世上的人。神使用我们的家庭扩展他属于爱的国度。

为了帮助我们一起思想神要我们教养出怎样的孩子，让我们从圣经里看几段重要的经文及想法。毕竟我们为孩子所设立的目标必须来自神对孩子的目标。我们不知道祂对每一个个别的孩子有什么样的计划，但我们要为每个孩子奠定根基，使得不论神未来引导他们去哪里，他们都能成功的把神的祝福传递出去。我们从提前一章5节归纳出三个目标：

a) 从清洁的心生发爱心（可十二29-31）

b) 发展无亏的良心 （箴一7-8）

c) 塑造无伪的信心 （加五22-23）

## a) 从清洁的心生发爱心（可十二29-31）

没有任何目标比使孩子向耶稣更重要的了。耶稣借着总结律法的要义来表明他的心

> 耶稣回答说、第一要紧的、就是说、以色列阿、你要听．主我们神、是独一的主。你要尽心、尽性、尽意、尽力、爱主你的神。其次、就是说、要爱人如己。再没有比这两条诫命更大的了。

上文中哪一个字重复了两次，藉此教导我们对神对人应有的态度？答对了，就是「爱」。我们应该爱神及爱人。耶稣把它们称为一条诫命因为这两者不可分开。世界的人坚持我们可以单单爱人，不必爱神。耶稣说唯有人爱神的时候，他才可能爱人。

我们的爱要能被人接受，必须来自一个清洁的心。因为神是一，我们的委身也是不可分割的。我们全部的生活都必须用在讨神喜悦的事情上。我们全心、全性、全意以及全力都必须正确的用来爱神爱人。这个模式非常明显。真正的爱是不可分割的，需要我们全部的情感与意志。

神创造我们周遭的一切让我们享受，也让我们有充足的供应。神只要我们对于他所给的一切存感恩及满足的心。他要我们使用我们已有的来关怀别人。主在寻找我们的爱。如果我们真的爱主，我们会遵守他的命令。我们需要向我们的孩子指出爱神以及爱人的生活目标，像耶稣一样的生活。

## b) 发展无亏的良心　（箴一7-8）

真正的学习奠基于某些对神的态度与看法。态度（心）是保存真理的所在。这就像我们玩跳棋，如果棋盘是用木头作的，通常在上面会有刻痕，让我们知道棋子可以放在哪些地方，不能放在哪些地方。如果没有刻痕，就没有次序，就没有规则可以遵循，当然游戏就玩不成了。箴言一章7-8节给我们一个清楚的图画，了解无亏的良心是如何发展出来的。

> 敬畏耶和华是知识的开端、愚妄人藐视智慧和训诲。我儿、要听你父亲的训诲、不可离弃你母亲的法则。

无亏的良心的基础是敬畏神。这不只是知识而已。这是我们对神的感觉。没有这种属灵的知识，我们的孩子无法得到过敬虔生活所需的智慧与训诲。

当孩子敬畏神，他会有无亏的良心，因为以下两个原因：

(1) 神的标准铭刻在他的良心中。他敬畏神，胜于敬畏人。神无所不在，因此不论他做什么，他身在何处，他都会行正确的事。

(2) 一个敬畏神的人会听他良心的声音。这是说，当他做了错事，他会自动改正。首先，他会因罪恶感感到不舒服，而且他也知道神将会带来管教，所以那些敬畏神的人是有智慧的，因为他们经由顺服来躲避罪恶。

敬畏神是对主有一种专注的顺从。一个敬畏神的人了解神命令的重要性，因此渴慕神的命令，进而使他的生活与神的命令相符。一个敬畏神的人，他的所做、所想、所说都会受神的心意、神的目的的影响。不敬畏神的意思，是一个人不让神的心意影响自己的生活。他不惧怕违背神所带来的后果。

敬畏神的态度是由父母培育出来的。从下一节（箴一8）我们看到敬畏神的态度如何在孩子的生活中培育出来。神使父母亲成为他的孩子感受神、感受世界的一个媒介。即使是摩西，神的一个最伟大的先知，在幼年时也是经由敬畏神的妈妈带大的[5]。

父母亲响应神的方式，会大大的影响孩子。如果父母敬畏神，孩子也会模仿他们，照样而行。反之，则孩子也不会敬畏神，这个孩子会把他自己的意见视为最重要的。在这个被撒旦深深影响的世俗世界中，我们的孩子们常常被教导自

---

[5]这个原则在圣经里一再的出现。在以弗所书六章1~3节清楚的把孩子对父母的顺从视为一个好行为。「要孝敬父母，使你得福，在世长寿。这是第一条带应许的诫命。」

己的欲望与野心是最重要的；灌输孩子敬畏神的观念对他们是一种极大的保护。

暂停并回想：这个问题很值得反省：「我们传承给孩子怎样的观念？」我们要如何才能把敬畏神的态度传承给他们？我们身为父母的人，有没有真的活在敬畏神的生活中？列出一个你的孩子曾观察到你是敬畏神的情境。

## c) 塑造无伪的信心　（加五22-23）

父母也要培育一个无伪的信心。对神无伪的信心会产生保罗所说的圣灵的果子。这些果子反映了一个人单纯、真诚的信心。没有信心，绝对结不出任何果子。果子是应由我们对神的信靠而来。

> 圣灵所结的果子、就是仁爱、喜乐、和平、忍耐、恩慈、良善、信实、温柔、节制．这样的事、没有律法禁止。

那些在神的道路中被教养长大的孩子是有自信的，因为他们了解他们与神与人以及与被造之物的正确关系。

我们越学习神的话，越会觉得神的话宝贵。关于教养孩子，有许多事情要学，但我们绝不能，万万不可，忘记神的旨意，别忘了透过渴慕按照神的方式抚养小孩的父母，神可以成就何等的事。

- 他们会爱人，因为借着信，他们相信所有人都是照神的形象造的，因此都不可轻视。

- 他们会喜乐，因为他们知道神，他们的天父在天上眷顾他们。

- 他们有平安，因为在任何光景中他们确信神与他们同在。

- 他们能忍耐，因为他们相信照着神的时刻，神的美意，他们所有的需要终必满足。

- 他们有恩慈，因为他们经历过在基督里神向他们所显出的恩典与慈爱。

- 他们良善，因为他们返照神的形像，以良善的方式对待别人。

- 他们信实，因为借着学习神的信实并表现在他们的前后一致的生活态度上，他们可以荣耀神。

- 他们温柔，借着拒绝用手段控制人，他们温和的满足其它人的需要。

- 他们操练节制，因为他们学会如何凭信心节制自己的欲望。

按照圣经教养孩子，就是把最好的东西拿出来，传承给孩子。我们的目标很高，但是做得到。当他们无法做到这些高标准的时候，我们需要温和的把他们的需要导向基督。在那里他们会找到神的慈爱及圣灵的能力。

## d) 专注于内心

我们要注意，神并不只是关心如何改变一个孩子外表的行为。他更关心那些能够塑造孩子自我形象的事情，以及使他们做出某些事情的原因。神期待父母适当的浇灌爱、良知与信心给他们的孩子。我们必须避免仅仅专注于发展孩子的某些技能或者仅仅提供他们生理上的需要。这些是重要的但是还达不到神对孩子的目的。这样的作法是世人的方法，并且导致许多悲哀的故事。

如果神告诉你一个可以正确训练孩子心灵的方法，你愿意把握这个机会吗？透过我们的课程，我们可以告诉你如何做，但我们鼓励你下决心，用你最大的力量，按照神的心意来抚养孩子。以下是一个很重要的功课，当你学习越来越多的时候，我们会继续修改这个功课，但不论如何，你的决心必须从头到尾保持一致。

## 我们的回应：

反省以上的教导，写下你对你的孩子期待的属灵目标，并且和你的配偶讨论。记得借着祷告来思想为什么你想要这些目标。

如果你愿意，靠着神的恩典与大能，训练你的孩子成为耶稣的样式，请在下面签名：

父亲＿＿＿＿＿＿＿＿＿＿＿＿＿＿＿＿＿＿＿

母亲＿＿＿＿＿＿＿＿＿＿＿＿＿＿＿＿＿＿＿

## 总结

不知你是否了解，所有的训练，不论好坏，都是在家中发生的。教养训练是在于灌输价值观、态度、响应以及提供对于孩子生活的一个概观，家庭才是真正训练的基地。

今日你在孩子的心中种下什么，将来你就会收割什么。我们必须时常自问：「我们在孩子心中正种下什么？我们会喜悦将来我们所收割的吗？」我们很多人都做得不好。事实

上，我们可能常被引诱，想要放弃，因为似乎为时已晚，但其实并不晚。

幸好，靠神奇异的恩典，他可以改变我们，进而改变我们的孩子。我们需要赶紧加强我们对他话语的了解，更完全的顺服他并小心教导我们的孩子。很多人已经把他们的家庭从世界中拯救出来。毕竟，我们的孩子正眼睁睁的看着，我们的信仰如何与我们与世人有分别。如果我们为孩子们培育这个信仰，他们将来就不会抗拒它。神的爱是荣耀的，可喜爱的。我们只需要温和的解释我们生活改变的原因，并坚定的持续下去。

# 教养原则

- 神对于父母如何养育孩子有他的计划。

- 为达到他的旨意，神大大的使用父母来训练孩子。

- 在训练孩子的过程中，神借着他的话与他的灵来引导父母。

- 年幼的孩子大部分是借着观察父母的行为来学习，而非经由父母口头的教导。

- 神借着圣经中正面的教导来训练孩子的内心。

- 训练孩子终极目的是要更像耶稣基督。

# 教养问题

1.　在扩张神今日的国度的事上，家庭占有什么样的地位？为什么？

2.　为什么很多孩子现在都不喜欢待在家里？

3.　「身教而非言教」与教育孩子有什么关系？

4.　孩子从哪里得到对于神的认识？怎么得到？

5.　良好教养的三个步骤是什么？

6.　神对我们孩子的目标是什么？为什么？

## 培养敬虔的后代
### 幼儿以上

## 第二章

# 一个最好的团队：爸爸和妈妈

目的：以圣经的角度来了解，为了产生敬虔的孩子，丈夫有责任，需要，也有能力与他的妻子同心合意成为一个伟大的团队。

# 成为最佳拍档

当我们听到「团队」这个字，我们常会想到某个运动比赛的队伍。我们很少会想到丈夫与妻子是一个团队。然而，神的计划是要丈夫和妻子成为世上最好的团队。

我们来想想一个好的团队的要素有哪些。一个好的团队合作无间。他们喜欢相聚在一起。他们做事情如同一人。他们有共同的目标。对我来说，听起来就像是一桩美满婚姻！但你们可能会奇怪，我们为什么要在教养孩子的课程中讨论婚姻的事情？

一个小孩子的世界完全局限在他在家里所看到的一切事情。他们不知道外面的事。当他们还是婴儿的时候，他们不知道什么是上班、邻居，甚至教会。他们只认得几个声音，就是爸爸、妈妈、兄弟姊妹，或者祖父母。他们不知道什么是好，什么是坏，什么是高，什么是矮。他们当然也不会因为他们穿了很漂亮的衣服而很高兴。父母就是小孩子的一切。

父母对于小孩子的好与坏有极大的影响力。在本课中我们会详细解释父母亲之间的关系对于孩子的重要性。当你们的婚姻更好，你们的家庭也会更好。因此，我们想要提出一些能帮助增进夫妻之间同工的建议。如果一个小孩子成功的教养有赖于父母的婚姻，那么当父母亲同心合意一起做事，很多主要教养的问题将会自动解决。

我和我太太还记得我们第一次听到这个信息的时候，我们的儿子正因为晚上常常做恶梦而睡不着觉。我们也常被他

的尖叫吓到。那对教导我们的夫妇建议我们，在我们的孩子面前多花点时间互相陪伴对方[6]。

我太太和我通常会在孩子们上床之后一起花一个小时的时间检讨我们的生活，并一起祷告。但是我们的孩子很少看到我们坐在一起讨论我们家里的情况。我们故意要在很晚的时候作这件事因为我们不想被打扰。然而，我们认为他们的劝告中有智慧，所以我们决定接受这个挑战，开始每个星期有几个晚上，在孩子的面前相处十分钟（并不长）。

在这段时间，我们的孩子常常想要打岔，把我们对彼此的注意力转移到他们身上，但我们已经事先先被警告过这个问题。我们遵照老师的建议，跟孩子们解释这是属于父母亲的时间。我们可以等会再跟他们聊天或祷告。过了一个礼拜，我们儿子的问题自动解决了。可能有人会认为这是个巧合，但我们可以跟你保证这不是巧合。事实上，当他做恶梦的习惯后来又回来的时候，我们在想究竟哪里出了问题。猜猜看是什么？对了，我们又停止了在孩子们面前的父母时间。当我们又重新在孩子面前常常在一起，我们儿子的问题就解决了。

为什么许多在我们孩子身上奇怪的习惯，光靠父母亲在孩子面前坐在一块讲讲话，就可以解决？

---

[6]我们非常感谢Ezzos给我们许多教养方面基础的教导。在www.gfi.org可以找到更多信息。在这门课里面我们以圣经的角度，整合了许多资源，包括我们自己的经验。

# 圣经对于婚姻中合一的教导

夫妻之间的团队精神是奠基于神为婚姻建立的基础。许多夫妻对于婚姻感到失望，因为他们把婚姻的基础放在浪漫之爱上面。虽然每对夫妻都有机会可以重新聚焦在这个合一的基础，但不幸的，很少人这样做。

合一是一个很基础的教导，它能对婚姻与家庭产生深远的影响。在世界里这个教导已经被扭曲，但是神的话语给我们清楚的命令。

当我们谈到婚姻的起源与本质，我们必须看创世记的前几章，看看神在创造男女之后，祂又说了什么。

因此，人要离开父母与妻子连合，二人成为一体。（创二24）

创世记事实上是说：「他们要成为一体」。「他们」在这里当然是指世界上最初的两个人，亚当与夏娃，但是也可以应用在任何一桩婚姻中的丈夫与妻子。耶稣对这个教导的进一步的解说可以加强对这个合一以及最佳拍档的观念。

耶稣回答说、那起初造人的、是造男造女、并且说、『因此、人要离开父母、与妻子连合、二人成为一体。』这经你们没有念过么。既然如此、夫妻不再是两个人、乃是一体的了．所以神配合的、人不可分开。（太十九4-6）

耶稣在这里不是说「他们」，而是说「二人」。「二人要成为一体…．夫妻不再是两个人、乃是一体的了．所以神配合的、人不可分开。」婚姻关系是一个超级强力胶，使两个原来是两个分别的物体从此再也不分开。他们今生今世永远结合在一起。

合一的观念内含在婚姻之中，但我们需要让这个事实（真理）能够影响塑造我们对彼此以及对自己的想法。比如说，既然二人是一体，那两个人就应该不再是两个独立的人，过着独立的生活。在基督徒的传统中，其中之一的结果就是太太常常会放弃自己原来的姓，而冠夫姓。我记得我们结婚时，我们很高兴能放弃各自的银行账号，一起用一个联合的账号。我仍然记得当我太太用她新的名字签支票的时候，她眼中闪烁的光芒。

暂停并回想：你们认为你们自己是两个人还是一个人？在你们的婚姻中你们实行哪些方法来证明这一点？举一两个例子。

我们的改变必须比这些更多。合一的观念必须改变我们对彼此的感觉。比方说，我们必须避免彼此比较，反之，应该以合作的态度来生活在一起。你有没有听过一对夫妻其中一人对另一人说：「那我的时间怎么办？」或「那我的钱怎么办？」这是一种比较的价值观，与合一的灵是相违背的。

使徒保罗提到丈夫和妻子像一个身体，这可以帮助我们更了解这点。当他们关心对方，他们就是在关心自己。

> 丈夫也当照样爱妻子、如同爱自己的身子．爱妻子、便是爱自己了。从来没有人恨恶自己的身子、总是保养顾惜、正像基督待教会一样。
> （弗五28-29）

保罗对于身体的观念绝对可以帮助我们去思想身为夫妻的我们所会遇到的各种困境。基本上他只是告诉我们一个早已知道的事实：你一定会好好对待你身体上的肢体。如果你的手指受伤了，你会好好的照顾它。因为这个事实，我们决定将我们所有的思想、言语、行为导向彼此建造的方向。我们小心翼翼的不要彼此比较批评，反而是尽量互补。

# 对于婚姻合一的错误教导

世界并不了解也不接受这个合一的观念。一般的夫妻生活像是对立的两造而不是一个人。有冲突是正常的，比较批评是常有的。这样扭曲的婚姻观所导致的想法如下：

- 50/50 婚姻。每个人都只需要为婚姻付出一半的努力。

- 情欲导向。他们在一起是为了快乐。不保证天长地久。

- 金钱导向。结婚是为了带给两人经济上的保障。

- 常有争论：没有仲裁者的两造。讲话大声、力气大的一边赢。

- 没有令人信服的领导。因为两人都抢着当头，没有一个令人全心信服的领导模式。

- 属世。神对他们的生活没有什么影响力。

- 常有压迫：妻子好像是一个奴仆而不是最佳拍档。

- 不被尊重：丈夫做头带领的时候不被尊重。

- 无解的冲突：夫妻的隔阂拿走了婚姻的喜悦

- 孩子加入战局：父母会把孩子拉进来支持自己这一边

  我们来看看这些扭曲的想法的几个细节：

# 扭曲一：合一与肉体的联合一样

有些人没有仔细思想关于合一的教导，以为合一只是代表肉体的联合。然而，耶稣很清楚的教导「合一」是指一对夫妻的婚姻状态，不是一种联合的活动。即使一对夫妻分隔两地，例如一个在广东，一个在匹兹堡，两人还是一体。这不像是拉炼，拉起来之后还可以再分开；反而像是焊接，另有一个物质融解进入原来的两个物质，把他们变成一体[7]。一个基督徒的婚姻是由神自己把他们焊接在一起，形成一个「三位一体」[8]。

---

[7]这样的合一在他们的孩子生命中可以很明显看出来。藉由对人体细胞知识的进步，我们现在知道每一个孩子的细胞都是由等量的父亲与母亲的基因为基础产生出来的。因此可以说，父亲与母亲融合为一体，产生另一个新生命。

[8]三位一体是用来描述在主里的婚姻。我们在以弗所书第五章看到在主的保护下丈夫行使领导，妻子在主里面顺服。并且吩咐丈夫要爱妻子，如同基督爱教会一样。

# 扭曲二：婚姻中的合一无法应用在非基督徒身上

有些基督徒问：这个合一的原则也适用于非基督徒的婚姻吗？如果婚姻是一件属灵的事情，夫妻的合一会与他们的信仰有关吗？不会，神介入在自古到今所有人的所有事情当中。如果两个人结婚，不论他们认不认识神，他们仍然会受神对于婚姻的属灵定律的限制。不信主的人无法正确的活出合一，但他们仍然会按照他们依据这个原则生活的程度而受到祝福。

# 扭曲三：婚姻的合一会自动带来祝福

另有人问：为什么有些非基督徒的婚姻比基督徒还好？我们承认有时候这会发生。耶稣在他的登山宝训的结语中，说明这个现象：

> 所以凡听见我这话就去行的、好比一个聪明人、把房子盖在盘石上。雨淋、水冲、风吹、撞着那房子、房子总不倒塌．因为根基立在盘石上。凡听见我这话不去行的、好比一个无知的人、把房子盖在沙土上。雨淋、水冲、风吹、撞着那房子、房子就倒塌了．并且倒塌得很大。（太七24-27）

神永不失败。人种的是什么，收的也是什么（加六7）。如果任何人按照圣经的原则建立他的生活和家庭，他们也同样会开花结果。另一方面，不论信徒或非信徒，如果他们忽略神对婚姻的原则，他们的婚姻同样会有许多问题。

　　神为了我们的好处赐下婚姻的原则。所有神的原则都会在我们的生活中带来祝福与良善。一旦我们更加了解神与祂的真理的关连，我们就更能实际运用这些原则。

　　这个真理从反面来看也成立。任何夫妻，如果坚持自己的权利，为自己的喜好而不惜吵架、争闹，一定会在婚姻中受苦。他们的婚姻会变得丑陋。他们违反了神的合一的真理。

# 扭曲四：住在一起代表合一

有越来越多的人住在一起却没有结婚。这对夫妻关系和孩子都带来极大的破坏。首先，我们必须了解，他们不是一体。他们没有融合在一起。两个人还是两个人。当我们分析这些情况时，可以看得更清楚。婚姻之所以有效因为奠基于合一的承诺上。同居是不道德的行为，因为它奠基于满足自己的需要而不是满足对方的需要。在我们讨论这对孩子的影响时，我们会看到这种生活方式所带给孩子们的伤害。

## 总结
我们在其它的宗教或哲学里找不到像这样对于婚姻的真理。文化或许会给我们一些传统，但是它们无法解释为什么这些传统很重要。这些文化上的教导无法抵挡当代社会对于婚姻的冲击。然而，神的话语解释了神如何在婚姻中创立合一的关系。这是超越文化的教导。当孩子加入了家庭结构之中，夫妻之间的合一会变成家庭中更重要的根基。

# 合一对于孩子的重要性

父母的合一不单为你们的婚姻奠定基础，同时也是家庭的基础。这个联合不能被打断或威胁。丈夫与妻子的一切言语行为都必须与这个事实相符合。当这个根基表现于日常生活的行动时，孩子们会在充满爱与安全感的自信心中长大。孩子们永不必担心父母讨厌对方或者会与对方分居。为什么合一对孩子们这么重要？

父母的生活就是孩子们的世界。当夫妻开始争吵的时候，对孩子们的世界来说就像是两个陆地板块开始发生碰撞挤压。一个心理上的地震开始发生，恐惧也产生了。在今天的世界，大部分的孩子都认识某个经历过离婚的家庭。所以当他们看到父母吵架，就像是地震之前的轻微震波，他们似乎可以感觉到马上有一个更大的灾难会来临。孩子们的安全感不是来自家庭，也不是来自世界，而是来自父母承诺要一直照顾他们。他们害怕这份爱与关怀有一天离开他们，然后他们会被遗弃，靠自己活着。

那些没有看到父母亲对彼此合一委身的孩子们，会无意识的发展出一些奇怪的行为，以避免父母一再争吵最终撕裂他们的世界。对孩子们来说，每一件争吵都在危险关头。他们宁愿做一些出糗的事情，例如尿床、尖叫，以使父母的注意力一直保持在他们的需要上面。

父母们常常很少会把孩子的古怪行为归因于他们缺乏合一。正确的解决方法不是改变孩子，而是要改变自己。只要父母们试着让家里更和谐，就会产生很大的效果。

暂停并回想：身为夫妻，你们花多少时间在一起说话、散步？有多少时候是表现在孩子面前？

# 三个操练合一的机会

神计划要让夫妻以一种互补的方式生活，而不是一种互相竞比较的方式。当我们指出只有良好的婚姻才能产生良好的教育，那是因为只有良好的婚姻才能使角色模范不断持续下去[9]。以下有三个方面的重要性，说明为何夫妻关系对于养育良好与快乐的孩子是如此的重要：

## 操练一般性的合一

夫妻们有很多的机会可以在孩子面前表现他们的合一。有时候丈夫或妻子的心情不好。他（她）会变得自私、郁郁寡欢，只想到自己的需要。在这时候我们可以做些什么吗？有的。

我们必须小心不要成为我们配偶的「控告者」。「撒旦」这个字的意思就是控告者。当我们在控告的时候，我们就不会支持、帮助我们的配偶，反倒是在摧毁他们。

> 大龙就是那古蛇，名叫魔鬼，又叫撒但，是迷惑普天下的。他被摔在地上，他的使者也一同被摔下去。我听见在天上有大声音说："我 神的救

---

[9]第一课中提到角色模范影响的三个层面：位置性、关系性以及责任。

恩、能力、国度，并他基督的权柄，现在都来到了，因为那在我们　神面前昼夜控告我们弟兄的，已经被摔下去了。弟兄胜过他，是因羔羊的血和自己所见证的道。他们虽至于死，也不爱惜性命。所以诸天和住在其中的，你们都快乐吧！只是地与海有祸了，因为魔鬼知道自己的时候不多，就气忿忿地下到你们那里去了。"（启十二9-12）

不但不应该指责我们的配偶，反而我们应该与他们站在同一边。我们必须凭信而活在合一的事实里面，不活在区分的灵里。这不是说我们不能表达对我们配偶的担忧或者我们因为他们所受到的痛苦。这是不诚实。问题在于我们常常用骄傲与自私的字眼，最终导致争吵。加入诽谤的字眼会让一个客观的说法掺杂恶意。

不要毁谤，不要争竞，总要和平，向众人大显温柔。（提三2）

看下面这两句话有什么不同？

「你又要旧事重提了是不是？我就知道你对我不老实。」

「我知道你又在想以前那个问题。如果你要找我聊聊，请告诉我，我真的很关心你。」

这两种说法，一种能够带来良好沟通，另一种关闭沟通。我们需要提醒自己委身于我们的合一。这样我们可以让

自己始终支持配偶，并且使我们的言语行为都支持我们的合一。

　　暂停并回想：你和你的配偶的行为举止看起来像两个人还是一个人？当你的配偶沮丧、内向、自私的时候，你如何表现？

　　我们中有些人甚至不自觉的会指控别人。我们很可能从我们自己的父母身上学会如何指责、审判自己的配偶。这包括我们所说的话，音量大小，叫喊，脸部表情以及肢体语言，比如敲东西。

　　孩子们会从我们身上承继分裂的灵。如果我们给他们看到的是当一个人做错事的时候我们严厉指责或是大骂他们，将来他们会对他们的配偶，甚至对我们做同样的事。

　　暂停并回想：在你们上一次讨论事情的时候，你有对你的最佳拍档说任何负面的话吗？如果有，你有跟他道歉请他饶恕，以重建你们所失去的根基吗？

# 透过丈夫表达如何爱

孩子们透过他们的父母如何互动来学习如何爱人，特别是透过爸爸如何爱妈妈来学习。透过妈妈轻柔的抚摸所表现的亲密、温暖与爱，使孩子们学会爱与温柔的天性。这份爱根源于一个特别的关系。

　　「只在你们中间存心温柔，如同母亲乳养自己的孩子。我们既是这样爱你们……因你们是我们所疼爱的。」（帖前二7-8）

在这个罪恶与自私的世界，唯有丈夫永不止息的爱他的妻子，才能让孩子看到真爱所拥有的力量。这个爱是从对彼此的委身而来，不是靠感觉。当遇到一些困难的事情时，这个对合一的委身会更加散发光芒，就像只有当石头与其它的石头相摩擦的时候，才能磨去上面的污垢。神命令丈夫要爱妻子，即使他的妻子不可爱或者不受欢迎。丈夫的榜样就是耶稣基督，耶稣在最需要人帮助的时候，被他的同胞钉死在十字架上，然而，他还是爱他们。

你们作丈夫的，要爱你们的妻子，正如基督爱教
会，为教会舍己。（弗五25）

妻子常需要丈夫格外的鼓励与温柔的对待。因为她们的思想与情感紧密的交织在一起，因此这种格外的爱使她能经历生命。彼得这样来描述这个事实：

你们作丈夫的也要按情理和妻子同住（注："情
理"原文作"知识"），因她比你软弱，与你一同承
受生命之恩的，所以要敬重她。这样，便叫你们
的祷告没有阻碍。（彼前三7）

丈夫们请注意，你们对你们太太的委身在某些情况下会受到严厉的考验。你需要像神一样的信实，使得即使太太对你不好，你仍然可以温柔。

身为丈夫，我发现有一些小小的操练可以帮助我。我告诉主以及我的太太说，不论任何情况，我都爱我太太。我在我心里坚定的说，即使在心情最低落的时候，我仍然要鼓励支持她。之后，我采取实际的行动爱她，并持续不断的爱她。靠着神的恩典，我不对她生气。我用恩慈的方式说话。

我很温和。在我内心深处，我下定决心要爱我太太，不论有多大的风暴都不能改变我。当我这么做的时候，我的心中满有平安，我拒绝一切引诱我把我们俩想成是两个个体的思想。我靠着这个真理活着—我们是一体。我太太总是对我这一点很感恩。

丈夫们不应该低估妻子对你们的重要性。妻子是丈夫珍贵的队友。在丈夫执行他的工作的时候，他需要妻子作为陪伴，同时妻子也是帮手。当先生知道妻子是他无价的资产，这样的认知会帮助先生热切的对妻子委身。如果失去她，损失将是无可挽回的。丈夫需要把妻子当成一个好的队友。

在圣经中有一幅图画描述这个想法。亚当被放在一个完美的世界里，所有事物都是为他造的。神甚至说他所造的一切都甚好，没有瑕疵。但是，为了不让亚当孤独，神为他造了一个帮手。

> 耶和华　神说：那人独居不好，我要为他造一个
> 配偶帮助他。（创二18）

当孩子在家中看到父亲示范这件美好的事情，他就拥有了在世上爱所有人所需的信心。孩子的安全感建立在父母相互的委身上。他们从小就知道，即使别人不可爱，他们仍然可以爱他们。

当他长大，他就知道如何用自己的方法来爱妻子。他会找到属于自己的方法来帮助兄弟姊妹，邻居，以及陌生人。

我记得曾看过一个教会长老爱他的妻子。他很有恩赐，他也应该因他的恩赐而被人纪念。然而，他对他沮丧、忧郁的妻子的怜悯与关爱，成为教会中一个极美的榜样，告诉我

们即使一个人还有很多教会和工作的责任，他仍然应该把妻子的需要摆在第一。我可以想象他的女儿，当她长大到适婚年龄的时候，一定也自然的会寻找一个像爸爸一样能爱妻子的对象。

耶稣很有耐心的对待并医治那些围绕在他身边，有许多问题的人。丈夫拥有神给的特权把这样的爱灌输在孩子身上。

暂停并回想：爸爸对妈妈的爱稳定持续吗？如果你女儿将来嫁给拥有这种爱的特质的男人，你会高兴吗？父亲要如何让他对妻子的爱能不断增长？

# 透过妻子表达如何顺服

父母常教导孩子们要听话，但顺服的灵主要是透过孩子们观察母亲是如何顺服他的丈夫而逐渐学来的。她很喜乐的去作任何

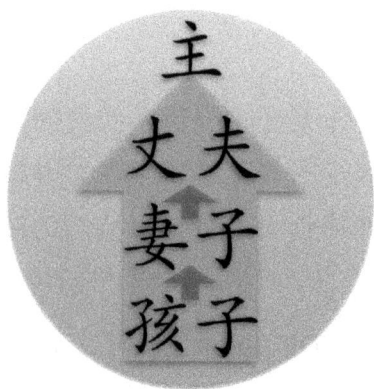

先生所说或所建议的事情吗？还是她有一个愤恨的灵？圣经特别吩咐妻子要顺服他的丈夫。

你们作妻子的，当顺服自己的丈夫，这在主里面是相宜的。（西三18）

这里的「顺服」，希腊文的意思是降服，或者把自己的控制权交出来。妻子应该顺服她先生所要的，超过她自己的喜好。这不容易做到。因为先生常常会很自私。

　　神按照自己的形象造人，男女都一样。他们都是有价值的。然而，为了达到合一的目的，神设立男人做为领袖，女人作为他的帮手。虽然许多人质疑这样降服有什么好处，但是耶稣借着谦卑自己来完成更美的目标，已经清楚的示范了这一点。耶稣放弃自己的喜好，使祂能够服事天上的父神（腓立比书二章4-11）。耶稣常常寻求父的意思，而非自己的意思。

　　我在地上已经荣耀你，你所托付我的事，我已成全了。（约十七4）

　　当妻子像耶稣一样谦卑自己，她就已经准备好可以在任何需要的地方帮助他的家人。不幸的是，我们的确看到很多时候丈夫妻子两方面都常常没有做好，或滥用权柄。但是当丈夫爱妻子，妻子顺服丈夫的带领，我们看到他们就像一个完美的团队和谐的运作[10]。

　　当孩子的妈响应父亲的要求，孩子看到了什么？他会观察到妈妈的好榜样，知道顺服是应该的也是好的。他们知道虽然妈妈已经很累，但还是愿意做一顿好吃的晚餐，没有怨言。

　　透过一个忠心的妈妈，孩子们学会如何为他人的益处而活。当然，妈妈有自己对事情的看法，但是她会把这些想法放在神的手中，信靠他的安排。孩子们看到神是如何的信实，能看顾一切妈妈所信靠他的大小事情。她会身处在平安

---

[10]当丈夫与妻子的角色互换的时候，孩子会产生混淆。双亲角色的混淆已经被认为是与孩子同性恋倾向的产生有一定的关连。

中。她寻求神的旨意，不是自己的意思。她深信在适当的时候，神会听她的祷告，并且成就一切的事。

如果一个孩子在妈妈的身上看过这样的信心，他将来能够与任何人同工。他们学会如何为他人的缘故牺牲自己。没有问题。这就是耶稣基督完成父神旨意的方式。

当然，妈妈也有自己的挑战。但是藉由否定自己的欲望，她彰显合一。抱怨、大惊小怪、或者固执的不愿意顺服丈夫，会彰显不合一。不好的态度很快的会感染到孩子的身上，当这种态度影响他们的行为时，我们会看到他们的服从很缓慢，同时也会有抱怨、发牢骚的灵。

暂停并回想：妈妈对她的丈夫表现出多少的尊重？当她服事先生的时候有抱怨吗？当先生做一些她不同意的事情，她反应如何？

在这两种情形中，丈夫与妻子都必须放下他们自己的喜好，以达到上帝呼召他们的目标。他们追求的不是自己的愿望，而是神的旨意。他们一起做事，如同一个团队。他们就是一个团队。

孩子透过父母学习许多事情。我们已经看过会帮助孩子准备面对真实生活的几点重要原则。我们知道，若没有主耶稣，这些牺牲奉献都是不可能做到的。但是当父母亲朝向更像耶稣基督的方向继续成长，他们的孩子将会看到极多基督的榜样，以致于他们渴慕且愿意来认识、服事他。

总结

神建立了婚姻中的合一：二人要成为一体。对孩子而言，父母彰显合一能完成两件重要的事：

孩子们的世界会有安全感。当他们有安全感的时候，他们就能在生活中照顾其它人的需要。

孩子们学会如何以谦卑、慈爱、温和的态度来对待其它人。他深信一个人即使在困难的环境，或者不如意的环境中，仍然能够与他人相处融洽。

世上可能会有战争，人们可能会彼此恨恶，但是当一个孩子亲眼看到他的父母在他面前活出合一的生活，他将能够挺身站在这个黑暗的世代中，好像一盏明灯一样。

# 教养原则

- 神建立婚姻关系中的合一。

- 唯有当「合一」在言语以及生活中被实践出来，婚姻才能美满。

- 父母之间的不和谐会在孩子身上产生极大的问题。和谐会使他们得到益处。

- 神在他的话语中所赐下的命令能帮助父母维持婚姻中的合一。

# 教养问题

1. 丈夫与妻子互为队员这个观念是从哪来的?

2. 列举一项人们对婚姻合一的扭曲的想法。

3. 孩子如何被父母所表现出的合一所影响?

4. 当配偶变得自私的时候,该如何处理?

5. 丈夫的爱如何塑造孩子?

6. 妈妈对她丈夫的顺服如何帮助孩子与其它人和睦相处?

第三章

# 父母的权柄

目的：以圣经的角度来了解父母亲管理、照顾孩子们的责任。

## 在你们家里谁作主？谁应该作主？

我们常常看到这两个问题的答案是不同的。父母们常说他们自己应该作主，但是他们却常常让他们的孩子作主。然而，最大的问题并非孩子们把整个家庭的控制权牢牢抓住并且要求父母

亲满足他们每一个要求。更糟糕的是，父母亲一再容忍这种反抗的行为而没有意识到它已经发生了。

在本课中，我们会学习从神的角度来看家庭的权柄。我们不只会看一些为何父母需要在家里作主的实际理由，我们也会学习一些具体的步骤来帮助每一个家庭重建属神的次序。

# 神对世界的命定

权柄是什么？权柄是领导、治理与管理的特权。为了神能够在地上实现祂完美的旨意，神以自己的命令吩咐设立并传承权柄。尤其神为了在家庭中实现祂的旨意，特别设立父母亲做为家中的权柄。

## 抗拒父母的权柄

一般普遍的教导通常是反对父母亲的权柄，认为这是一种被过度与滥用的态度与行为，与爱、关怀的目标冲突。为什么许多人相信这种说法？有两个原因：

首先，他们看到滥用权柄。他们知道很多太太和孩子挨揍的故事。

第二，他们也倾向于自己管自己。无论是孩子或是成人，只要是人，都很难把自己的主权降服在另一个人之下。

## 神的良善透过权柄表现出来

然而，神却亲自示范了，真正的权柄并不是坏的。有时候我们会听到旧约圣经的神是不慈爱的，但是这是因为人们没有看完

整本圣经，没有看到神极大的爱与宽容。想想看，神所创造的世界曾经是如何的？它反应神的愤怒、严厉、小气，还是反应祂的喜乐、慈爱与丰富？神所创造的世界绝对是奇妙的！我们来看看神如何描述他自己：（出 34:6-7)

| | |
|---|---|
| 耶和华在他面前宣告说、耶和华、耶和华、是有怜悯、有恩典的神、不轻易发怒、并有丰盛的慈爱和诚实。为千万人存留慈爱… | 赦免罪孽、过犯、和罪恶、万不以有罪的为无罪、必追讨他的罪、自父及子、直到三四代。<br><br>（出 34:6-7) |

# 充充满满地有恩典有真理

让我们来看看当人违背伟大的造物主的时候发生了什么事。神有没有立刻毁灭他用尘土所造的人？没有，事实上，我们发现神选择一再地容忍人，甚至到最后，神赐下他的独生爱子耶稣基督为人类而死，好使人能够永远享受神的爱、良善与喜乐。我们不是说神从来不会表达他的愤怒。他会。耶和华是绝对公义的。但是神为了使我们不致遭受审判，特别花了一番功夫，那就是爱的表现。

神用他至高无上的权柄延后他的审判，带来恩典与怜悯。这正是我们在婚姻与家庭中所需要的。神设立父母亲在家中作为权柄管理儿女是为了带给儿女们最大的好处。

## 神透过他的权柄来彰显良善

神以他伟大、绝对的权柄，延缓了末世的审判，带给我们恩典与怜悯。这正是我们在家庭以及婚姻中所需要的。神设立父母

做家中的权柄，使得最良善的事能成就在孩子身上。让我们以四点来总结这些。

- 神是造物主，因此他有权柄也有责任管理、领导所有的受造之物，包括我们。

- 我们与我们的孩子都不喜欢被人家管。这是因为我们里面的罪性使我们喜欢自己管自己，好使我们满足自己的欲望（例如自私）。

- 为了神的受造之物（孩子是受造物的其中之一）能被适当的照顾，神把权柄赐与父母，使父母来管理孩子。

- 因此，父母必须使用神所赐予的权柄，好好的以爱与智慧来保护、照顾孩子。

# 圣经中对于父母的权柄的教导

神把治理孩子的权柄交托给父母。十诫的第四诫告诉孩子们要孝敬父母。

> 当孝敬父母，使你的日子在耶和华你　神所赐你的地上，得以长久。（出 20:12）

如果我们对这个命令有怀疑，神在圣经中还有许多次提到类似的命令。

> 你们作儿女的、要在主他听从父母、这是理所当然的。（弗 6:1）
> 你们作儿女的、要凡事听从父母、因为这是主所喜悦的。（西 3:20）

「孝敬」这个字在希伯来文中和「荣耀」是同一个字。换句话说，父母所说的任何话对孩子来说应该是最重要的。这条诫命的前提是父母有对孩子的权柄，所以给他们一个责

任，要他们一生供应孩子、引导孩子、责备孩子、也保护、装备孩子。在实际生活中，这也是说父母有时候需要强迫孩子去做某些事。

不顺服父母是一个邪恶世代的特征。当一个社会在最好的状态时，通常年轻人对长辈以及他们自己的父母都有十分尊敬的态度。孩子们公开的反对、藐视父母亲的话显示整个社会、以及这群孩子们，已经堕落到一个很差的状况。

你该知道、末世必有危险的日子来到。因为那时
人要专顾自己、贪爱钱财、自夸、狂傲、谤讟、
违背父母、忘恩负义、心不圣洁（提后三1-2）

事实上，即使一个社会或是某些父母能够容忍这样的不尊重，也没有任何人会喜欢这种事发生。带着轻蔑态度的孩子通常会侮辱人，不理会别人的需要，自高自大。为这缘故，神对具有这种态度的人设立了审判。

戏笑父亲、藐视而不听从母亲的、他的眼睛、必
为谷中的乌鸦啄出来、为鹰雏所吃。（箴 30:17）

神设立父母为权柄，要他们小心的看顾孩子，以使得这种不尊敬的态度不会滋长出来。

父母应该治理他们责任范围之中的一切（家庭），如同神治理全地一样。他们不只要发命令，纠正（管教），也需要有耐心与温柔。他们有责任尽他们所有的力量抚养敬虔的后代。使得孩子们成为喜爱神的道路的人，将来长大成为委身于神，并服事别人的人。

暂停并回想：　想想看你孩子所说的话，脸上的表情。他（们）尊敬你吗？列出一项需要改进的地方。

# 神对家庭的命令

神的路永远是最好的。我们可能会看到对权柄的误解以及滥用，但这不表示应该废掉权柄。

试试看这个小实验。想想那些你羡慕的家庭以及你不喜欢的家庭。能适当的运用权柄在孩子身上的父母总是会让人喜欢。当父母不遵守他们的权柄与责任，孩子就会变得鲁莽、悖逆与傲慢。真正的解决之道不是放弃父母的权柄[11]。

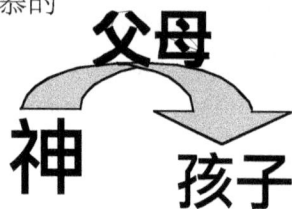

## 父母权柄的必要性

父母亲用他们的权柄塑造一个孩子。因为他们在许多年的经验中学到了智能与知识，他们知道什么东西对小孩子最好[12]。他们的影响力、对孩子的命令与纠正，都对产生一个好孩子具有贡献。这是他们的责任。

适当的运用权柄的父母会培养出这世上最优秀的后代。这些孩子会致力于使周围的人更好，而不只是自己的利益。他们会尊敬政府以及其它的权柄，能融入社会成为优秀的公民。

---

[11] 「平等主义」是不合圣经的，因为它否认了父母所承继的权柄。他们把价值与权力混淆了。当孩子的权力被高举时，他们放弃了父母对于孩子应有的权柄。

[12] 当然，父母亲也会犯错。然而，当我们把父母和孩子的智慧拿来作比较，父母总是有智慧得多。

# 我们如何训练孩子？

对于权柄的看法在生活的早期就已经被塑造进入孩子的内心。甚至在父母亲还没有察觉到的时候就已经发生。

我们来看这个情况：当一个父亲叫他的孩子，而孩子却跑掉。父亲可能会因为孩子跑走的可爱模样而发笑。但是如果这位父亲不把他的孩子抓回来，叫他听话，事实上他是在训练孩子学习不顺服。或许这个情况并没有什么严重的，但是如果这个孩子的不顺服没有受到对付，他内心中的悖逆会逐渐增长。这位父亲已经让孩子学会不要把他的话太当真。孩子也学会拒绝让父亲管理他幼小的生命。

父母亲在执行家庭规则时如果不能始终一致，会为家里带来许多不顺服与混淆。当父母亲对于如何养育孩子意见不一，这种不一致会一直存在在家庭里。

暂停并回想：　你与你的配偶在教养的事上同心吗？当你们有意见不同的时候你们如何处理？

神的原则越早被确立，父母与孩子越容易遵循这个原则。父母亲必须在所有面对孩子的教养问题上都有一致的态度。他们需要一同努力，以一个权柄的样子呈现在孩子面前。如果他们表现得像是两个分开的权柄，孩子会游移于他们两者之间以想办法得到他想要的东西。

父母必须决定哪些事是最优先的，非执行不可的。同时，我们应该记住，　提早教孩子一样功课，能够减低他们将会面对的挑战的难度。如果是对已经大了的孩子，持续不断的训练能帮助他们逐渐朝向父母的教导前进。

# 不容易

如果父母已经容让孩子照他们自己想要的去作，也没有在家中使用权柄，他们必须了解当他们开始使用新的标准的时候，将会爆发一场大战。一开始，父母按照神的方式生活的决心会受到严厉考验。父母绝不能让步。

即使小婴儿以及刚学会走路的孩子都会想要反叛—他们想要测试父母所设立的规定。他们会要求他们应有的权力，告诉父母亲他们要什么，什么时候要给他们。刚开始的时候会相当困难。我记得我们刚开始宠坏孩子的时候（我忘了是哪个孩子），我太太在晚上都在不同的时间起床照顾小孩。她很累，但是没办法，她非起来不可。

我告诉她说这样不对，并且决定我们要有一个「哭喊之夜」。我自愿把小孩带到家里的另一个角落，我和孩子一起在那儿睡觉。我可以忍受他们的哭声。孩子不喜欢这样，我也不喜欢（甚至在楼上的太太也不喜欢）。但是最终，孩子总算哭累了，睡着了。孩子后来还会继续试探我的原则，但每次他的哭闹时间都越来越短，强度越来越弱。最后在几天之中，小孩就能睡过夜了。这个例子说明了一开始坚守原则能帮助你获得最后神所预定的平安。

暂停并回想：　有没有什么事情你认为应该要改变，却害怕孩子们的反应而不敢做？把这些事以及你害怕的原因列出来。

但是也有其它来自父母身教的因素会影响孩子。我们也需要帮助父母好好了解这些因素之间的相关性。

# 神对人际关系的设计

尊重权柄能帮助我们在教养孩子的事上向前走很长久的路，但如何与身为权柄的人保持亲密关系也是同样重要的事。

或许这样解释会更清楚：当父母关心孩子的时候，通常有两种极端：极权主义与放纵。

| 极权主义 | 神的方法 | 纵容 |
|---|---|---|
| • 严厉 | • 以爱来管教 | • 软趴趴 |
| • 严格的规矩 | • 前后一致 | • 缺乏规矩 |
| • 不敏感 | • 敏感 | • 超级敏感 |
| • 吼叫 | • 教导 | • 讨价还价 |
| • 规矩导向 | • 训练导向 | • 情感导向 |

## 极权主义

极权主义听起来有点过份，因为它真的很过份。这种父母不准他们的孩子对他们的权柄发出任何质疑。如果他们的命令没有被执行到一字不差，他们就会十分严厉的责备孩子。在这种家庭我们看不到怜悯、温和与体谅，只有严厉。这种情况的父母看起来很像警察或者部队里的士官长。

这种家庭的孩子们的确会尊敬、服从父母，但却是出于惧怕。这里的问题出在父母没有下命令的同时付出他们的

爱，并且在他们与儿女之间产生了代沟。这样的孩子不会想要和父母多说甚么话。相反的，憎恨的态度会滋长。

# 放纵

这是指过度的关心孩子的需求。放纵会导致一团混乱，并在家里养出一个小霸王。Bonding这个字是形容父母与孩子分享一样的经历与情感。这些父母相信孩子有所求就给他，让他凡事高兴，从来不会哭，这样就可以教出最棒的孩子。世俗的哲学告诉他们，这就是爱[13]。

这些孩子对父母不会尊敬。这些父母没有骨气。他们不敢做对小孩最好的事情。这种「软趴趴」的爱会在父母与孩子之间产生苦毒，进一步造成隔阂。最应该被期待的事情---一个良好的亲子关系，最后变成「我好高兴他们要去上学，这样我可以喘一口气。」

# 调和的作法

我们的主亲自教导同时也示范了这两种教养的方式的组合：权柄与爱。我们在耶稣基督，这位充满恩典与真理的人身上看到这种调和。

---

[13] Bonding是一种反权柄的思想，因为它想产生平等主义。孩子们的意见被视为与父母相等。父母会花很多的时间与孩子讨价还价。当孩子的罪性一直坚持他们所想要的条件，父母们会心烦意乱，不知所措。

道成了肉身、住在我们中间、充充满满的有恩典有真理。我们也见过他的荣光、正是父独生子的荣光。（约 1:14）

在行动中，恩典显得更有恩典。恩典之中充满良善。在另一方面，真理往往是会有摩擦性的，有力的。他是毫不含糊的。许多人反对所谓的基督教因为它的绝对性的真理。这是很不幸的一件事，因为他们从未看过真理在爱与恩典的包装下被活出来。他们没有见过耶稣基督的荣耀。

纵容

极权主义

神使用家庭来帮助我们与在上对我们有权柄的人能够建立亲密的关系。不久之前，我那个三岁的小儿子趁我躺在沙发上的时候爬到我身上，我变成了他的大枕头。我们花了几分钟搔对方的痒，有一段美好的时光。

虽然从外在的标准而言，我可能算是个严父，但是我的孩子知道他们可以拥抱我，亲我，跟我恶作剧，并信任我。很多人无法跟在上有权柄的人经历如此亲密的关系。神要每一个孩子都能体会这种强而有力，不容妥协的权柄，同时在权柄中也包含温柔与慈爱。

**当一个人能从在他上面的权柄体会到慈爱恐惧就离开，爱与尊敬会进来。**

我们全能的神在创世记第一章创造了这个宇宙，然而，在创世记二章四节，神开始用祂的名字—雅威[14]，来描述他自己。耶和华是在培养一个与人（亚当）的亲密关系。这位全能神按着自己的形象造人，使得他能够与人有关系。这位用说话就创造宇宙万有的主竟愿意屈身俯伏与人交谈，与人同行。

> 天起了凉风、耶和华　神在园中行走。那人和他
> 妻子听见　神的声音…（创 3:8）

如果这样还不足以使我们相信神渴望与我们建立个人性的关系，或许我们可以想想神喜欢怎样描述他与自己的子民之间的关系。基督被称为新郎；教会是祂的新妇。

基督拥有一切的能力与权柄，然而，为了使我们与祂亲近，他愿意死在十架上。歌罗西书第一章清楚的告诉我们这两种事情的关连—权柄与爱。

> 他在万有之先．万有也靠他而立。…使他可以在
> 凡事上居首位。（西1:17-18）

> 既然借着他在十字架上所流的血、成就了和平…
> （西 1:20）

如果我们要正确的运用权柄，它必须伴随着爱与关怀，这是神所设计的。为这缘故，我相信需要有男人与女人。丈夫在家里是头，施行权柄，而妻子在神的计划中是特别敏感于孩子的需要。借着妻子的怜恤，神小心的保护了丈夫，使他们不至于光有权柄而没有爱。我们并不是说

---

[14] 「雅威」在英文圣经中被翻成「主」，在其它版本的圣经翻成「耶和华」。

丈夫不应该有怜悯之心或者妻子不该运用她对于孩子的权柄。我们是说，神使两人合为一使得他们能一同向孩子彰显神完美的形象，就像耶稣用祂的生命所彰显的一样。

父母需要运用他们的权柄与能力来与处在他们权柄之下的孩子建立一个美好的关系。我们曾听过一些滥用权柄的故事，这使得我们对权柄的观念变得错误。这限制了我们了解在神的大能与大爱之下生活是多么的荣耀与美好。

暂停并回想：　你们的家庭的模式是哪一种？极权主义或是纵容？如果是其中一种，这样的模式之下所教出来的孩子有什么样的特点？

我们之中已经有很多人，透过耶稣基督经历神的爱。透过耶稣和他在十字架上的死，神向我们证明了他的爱，并且更重要的是，他的爱用正确的方式进入我们的生命中。

我们爱，因为神先爱我们（约翰壹书4:19）

在之后的课程我们会讲到更多在家庭中爱的能力。在这之前，让我们很快的回想一下神是怎样为我们的孩子设计了一个最好的身教环境。

# 平衡的作为

孩子们能够藉由有怜悯、同时正确使用权柄的父母，而不是极权主义的父母，学习到他们所最需要的事物。借着这样的父母他们可以学到所需的智慧，也得到爱。

在这样的情况中，信任才能产生。没有爱，只会产生惧怕。反之，如果一个人只与人有好关系，他无法学到生活所需的坚毅。极权主义与纵容都会产生偏颇的孩子。透过父母

而展现的神的爱能够教养出对神的单纯信靠，对人的关怀体恤，以及一种对于大是大非的坚持。年长的使徒约翰清楚的提到这一点：

> 爱他没有惧怕．爱既完全、就把惧怕除去．因为
> 惧怕他含着刑罚．惧怕的人在爱他未得完全。
>
> （约一 4:18）

让我们来看看两个例子，如果这种平衡失去了会产生何种后果。

政府：如果政府想要取代扮演家庭的角色，至终一定会失败。他们只提供了权柄的一面（即使是权柄这一面，对个人而言通常也是太遥远而不可及，因为对于个人行为的纠正通常需要快速有效的处罚）。他们只有律法而没有恩典。它无法提供与小孩子个人性的关系。

职业妇女：当妈妈选择出外上班的时候，同样的情况也会发生。因为没有太多的时间来与孩子建立亲密的关系。保母、幼儿园都不可能提供及时有效的照顾以及处罚。提供孩子物质上的需要无法取代他们对于爱的需求。爱是需要时间以及亲密的关系才能产生出来的。

暂停并回想：　在你家中，需要采取什么样的步骤，以建立一个恩慈与权柄相调和的模式？想一想你比较容易倾向于哪一个极端？要如何做才能取得更好的平衡？

# 不会太迟

如果我们在家中没有适当的建立权柄，下面有一些忠告：

要知道，即使孩子们已经大了，现在帮助他们了解权柄仍然不算太晚[15]。很多父母读到这里可能会想「我已经犯了这么多错误，现在还来得及吗？」如果你现在就开始改变，绝对来得及。

我们需要在主面前悔改。这是说我们需要知道并承认我们过去所做的方式不讨祂喜悦，并且从现在开始我们要照正确的方式来做。或许我们不能完全了解改变所需要付出的代价有多大，但我们就从踏出第一步开始。

父母可能会对于他们的失败感到有罪恶感，但如果他们因为他们的罪恶感而不自觉的向孩子让步那就更糟了。孩子所需要的是固定的规律。他们需要知道我们已经改变了。唯有父母与孩子都按照神的标准生活才是执行改变的最好方式。这使得在父母与孩子心中所需要的安全感都能同时增加。

## 总结

许多父母容让许多错误持续发生。他们需要重新夺回他们在家里的主导权，并且在爱中施行权柄。父母必须按照神话语的原则与榜样而行，而不是按他们自己的感觉。对妈妈来说可能比爸爸要困难一些，因此，爸爸需要起头带领。请留意，如果可能的话，丈夫应该在他进行任何计划之前，都先与妻子进行详细的沟通。

在未来的几堂课，我们会讨论如何处理某些特殊的情况。我们会尽我们所能的列出大纲，来帮助大家恢复家庭中

---

[15]青少年自杀率越来越高。如果等到他们自杀了，就真的来不及了。

应有的次序与关系。我们的信心来自于神的话，而非我们的经验。

我们没办法一次解决所有的问题。就像天父如何慈爱的对待我们，我们也需要按部就班的来接受神所赐的权柄，并学习使用它。父母需要多祷告以了解神对孩子们的心意。我们的盼望是透过我们的生活，孩子们可以看到神的良善与慈爱。

当父母运用神所赋予的权柄，孩子们会发出挑战；然而，如果父母可以在爱与怜悯中运用权柄，孩子们最终会明白并感谢神这样的安排。

# 教养原则

- 权柄是神所赐给父母亲的，用来照顾他们的孩子。

- 父母不正确的施行权柄，会使孩子的自私倾向不断增长，导致现在与将来许多的冲突和问题。

- 神借着怜悯与权柄的调和，把最完美的良善带到人间。父母亲应该效法耶稣基督的榜样，把最完美的良善带给他们的孩子。

# 教养问

1. 为什么有些父母认为权柄是不好的？

2. 权柄是不好的吗？为什么是，或者为什么不是？

3. 神如何亲自示范正确的使用权柄？

4. 描述或者定义什么是极权主义以及纵容。

5. 父母不应该让孩子掌管全家？列出至少两个理由。

6. 现在再补救、恢复家庭的次序会不会太晚？为什么？

## 第四章

# 在我们的孩子身上培养自制的能力

目的：以属灵的角度来了解在幼儿时期在我们的孩子身上培养自制能力的重要性以及方法，使得他们能过一个好的，敬畏神的生活以讨神喜悦并能以服事他人为目的。

这是一个有挑战性的题目，有几个原因可以解释这点。

我们不认为自制是很重要的。

身为父母，我们自己缺少自制，并且怀疑小孩子怎么能有自制的能力。

我们对于如何养成自制的能力一无所知。

我们不想自制。我们在自己生活的某些方面喜欢无所节制。

我们在这章的挑战是分享自制在我们每日生活中的重要性，告诉你们自制是如何形成的，以及在我们的孩子身上培养自制的好处。

# 自制的重要性

大多数的父母没有想到自制的必要性，直等到他们被他们孩子不好的行为所激怒。甚至在那时候，他们可能还不知道这与自制有关。典型的父母认为他们应该容忍他们无法控制的孩子，或许认为「他本来就是这样」，他们相信这是父母该做的事的一部份。

这种作法的一个主要的问题是，一旦父母发现他们的孩子是如何的顽固与自私的时候，他们就会开始恐慌。当一对经验老道的夫妻看到另一对夫妻新生了一个小孩子，他们微笑着分享那对父母的喜悦，然而，在心中深处，他们可能也会想到，在不久的时间后，这个可爱的小朋友将会如何的使父母讨厌。毕竟，这是许多夫妻经历过的。

这就是为什么「可怕的两岁儿」这句话会这么流行。

暂停并回想：你要你的孩子学习自制吗？你有想过如果你不训练他们自制，他们将会有什么后果吗？你知道什么是

自制吗？你知道一个两岁大的小孩如果有自制的能力会是如何的吗？

事实上，自制在我们所有人的生活中都扮演了重要的角色。没有它我们活不下去。许多箴言强调拥有自制力的重要性。如果我们缺乏自制，我们会遇到各种的问题。

- 无法控制自己时间的人不会成为一个努力的工作者。

- 懒惰人的道像荆棘的篱笆；正直人的路是平坦的大道。（箴言十五19）

- 做工懈怠的，与浪费人为弟兄。（箴言十八9）

- 无法控制自己话语的人会毁了自己的生活。

- 愚昧人的口自取败坏；他的嘴是他生命的网罗。（箴言十八7）

- 缺乏自制的人常落入一些可怕的习惯中，像是酗酒与贪食。

- 因为好酒贪食的，必致贫穷；好睡觉的，必穿破烂衣服。（箴言廿三21）

- 愚昧人不会控制自己的怒气。

- 愚妄人怒气全发；智慧人忍气含怒。（箴言廿九11）

- 缺乏纪律的人不遵照神的原则，只按照自己的喜好行事。他按着情欲而不是神的原则生活。

- 因为诫命是灯，法则是光，训诲的责备是生命的道，能保你远离恶妇，远离外女谄媚的舌头。你心中不要恋慕他的美色，也不要被他眼皮勾引。因为，妓女能使人只剩一块饼；淫妇猎取人宝贵的生命。（箴言六23-26）

我们不需要读许多箴言就可以了解自制在我们以及我们孩子的生活中有多么重要。当孩子很小的时候，自制的习惯很容易养成，但是对于成人，我们知道，要改变就比较困难。

# 自制是什么？

自制是一种控制我们思想与行为的能力，使得我们的眼、耳、口、手与脚以及我们的愿望朝向导致良善而非罪恶的方向而行

神呼召每对父母对他们的孩子教导如何自制，使得孩子们可以实现神的计划。对孩子们示范这个原则是很重要的。

> 我儿，要谨守你父亲的诫命；不可离弃你母亲的
> 法则。要常系在你心上，挂在你项上。你行走，
> 他必引导你；你躺卧，他必保守你；你睡醒，他
> 必与你谈论。因为诫命是灯，法则是光，训诲的
> 责备是生命的道（箴言六20-23）

自制是一种使人们对神、他人以及自己负责的工具。自制是表明一个人身上有一种能力，能够掌管自己的欲望，使得自己能完成良善与正直的事情。许多社会上所尊敬的美好品行，例如信实、专注、忠心、慷慨、勤勉、忍耐等等，都需要正确的掌管自己。

> 圣灵所结的果子，就是仁爱、喜乐、和平、忍
> 耐、恩慈、良善、信实、温柔、节制。（加拉太
> 书五23）

自制的人承认别人比自己更重要。他们学会为了服事他人而放下自己的喜好。一个自由又有秩序的社会唯有依靠

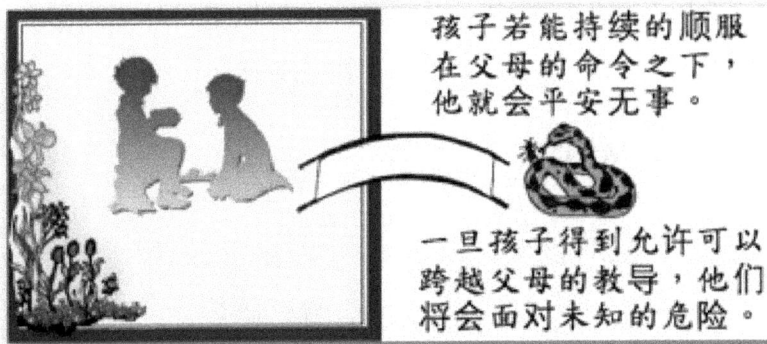

孩子若能持续的顺服在父母的命令之下，他就会平安无事。

一旦孩子得到允许可以跨越父母的教导，他们将会面对未知的危险。

这种美德才能建立起来。没有这种美德，人无法按着他的良心或社会的准则行事。如果没有自制，就没有真正的自由，因为不受控制的人老是觉得自己的欲望比其它人的需要更重要，并且压迫别人来满足他的欲望。

你知道所有人际关系中的吵架与冲突来自何处？圣经说是来自我们自私的欲望。我们再一次看到欲望会控制人。

> 你们贪恋，还是得不着；你们杀害嫉妒，又斗殴
> 争战，也不能得。你们得不着，是因为你们不
> 求。（雅各布书四2）

暂停并回想：　复习在第一课中，神对你的儿女所设定的目标。现在就为你每一个儿女能达到目标祷告。

# 两种孩子

有些人怀疑自制是否真的是好的、必须的；在我们继续谈下去之前，先来看看他们的想法。他们相信自我表达是重要的，并且那是根源于创造力以及快乐。他们大错特错。相反的方向才正确。最伟大的作家、画家、运动员、讲员都是非常有纪律的。他们十分注意如何好好的使用他们的每一秒。我们来看看

自我表达与自制的三个不同点。我们把第一种人叫做 A)要求型的孩子，第二种叫做B)满足型的孩子。

# 1·孩子对自己的态度

### A) 要求型的孩子

他要什么，就要什么

要求型的孩子以为得到他想要的东西是容易的。如果他要人家抱，别人非得抱他不可。如果他想看一个电视节目，他非看不可。这种孩子只需要哭闹，吵着他周围的人专注于他的需要。他被灌输的想法是他自己的意见与需要比周围的人更重要。

### 满足型的孩子

他尊重别人的需要

有自制的孩子知道他只是许多人中的一份子，有时候他需要等一下。这没有关系。他可以先做别的事情。他知道周围的人没有忘记他。他们爱他。在适当的时刻，他们会来满足他的需要。

---

# 2·孩子对权柄的态度

### A) 要求型的孩子

他不尊重权柄

要求型的孩子着迷于自己的想法。这种孩子觉得自己的意见是最重要的，甚至比父母的意见与判断还重要。他藐视父母的权柄，认为父母是为了满足他的各种念头而存在。

满足型的孩子

他宝贵权柄

有自制的孩子知道有的时候他无法按着自己的方法行。即使他可能不知道为什么不行，他仍然可以满足。他尊重父母的权柄。他待在他们的保护之下，能够从其它人身上学习。

---

# 3•孩子对世界的态度

## A) 要求型的孩子

### 世界是绕着他转的

要求型的孩子十分急切于照自己的方法做事，以致于地球好像是为了他的需要而存在。这个孩子为了得到自己想要的，会变成别人的操纵者。这样的孩子，除非得到他想要的，否则永不满足，甚至当他已经得到他要的，他仍然没有真的满足。

## B) 满足型的孩子

### 世界是一个值得探索的地方

有自制的孩子可以自我满足，并且可以很自然的，充满好奇心的向他的环境学习。他能够专注。这样的孩子即使他的愿望没有达成仍可以快乐。

---

自制是一种控制自己的行为以达到更高目标的一种能力。你有看过现代艺术吗？现代艺术非常的随性。一个画家拿着一个有漏洞的桶子，里面装了画图的颜料，在画布上任

意挥洒，然后就把出现的图案叫做艺术。然而，真正的自制，来自于训练。训练需要纪律，以及因纪律而带来的专注、牺牲、决心、坚忍。这会产生有智慧、有原则的孩子，并充满了喜乐与爱心。神要我们能够顺服他，以致于我们可以服事他以及他人。

　　暂停并回想：　自我表达很多时候是自私的同义字，你有在孩子身上鼓励或容忍这种行为吗？如果有，要悔改。承认你的罪并且求神训练你能够适当的培养一个能满足的孩子。

# 自制的发展过程

（我以前不知道我也能做到）

我们可能会问，自制是如何在一个人的生命中发展出来？凡是曾经试过要改掉某个坏习惯的人都认为要建立自制几乎是不可能的。其实不然，至少靠神的恩典可以。我们的确承认在某些方面要得胜比另一些方面困难。不同人有不同的软弱。我们每个人都极需要在小时候就被训练成能够自制。我们来注意一下关于建立自制习惯的几个方面。

# 问题

自制的必要性来自于两个问题：1)犯罪的倾向 2)缺乏训练

## 1) 犯罪的倾向

因为我们生来就有罪，我们都有按照自私的欲望生活的倾向。我们会自然倾向于邪恶，就像植物会朝向光线生长一样。这些欲望会在某些方面掌控我们。如果一个人有贪念，他会愿意用他的言语、行为及思想来得到他想要的东西。结果就是他可能

会用偷的或者说谎。这种欲望会把他拉到一种境况，使得他对于自己原本所知道对与错的价值观妥协。参孙的一生告诉我们如果不把自己的欲望与神的心意看齐会造成什么下场。

小孩子也有这些罪恶的倾向，但是这些倾向因孩子的年龄大小而有不同的发展程度。他还不能把身体的行为与自己所想的做完美的协调。他常常会被逮到。

## 2) 缺乏训练

我们必须诚实的承认，小孩子不可能自然而然得到完成某些任务所必须的经验与知识。训练就是一种传递知识、技能与信心的过程，使他们能去完成某些任务。

比如说，一个孩子可能不知道怎样把衣服折好，虽然这只是一个简单的工作。他不明了这件事的重要性，也不知道怎么做。他没有被训练，所以不知道怎么用他的手和眼把衣服按照他妈妈喜欢的方法放好。还没有人教他这种技巧。当他长大了，他会有做这件事的能力，但仍然缺乏训练。

在好的一面来说，可能母亲会帮他做。母亲借着这种方法显明她对他的爱。从坏的一面来说，这个孩子可能永远都不会自己整理床单。他将来会是一个乱七八糟、不懂得体贴别人的室友。

暂停必回想：　　你在你孩子身上有看到什么罪性的证据吗？你打心里愿意控制这种罪性的表现吗？为你自己和孩子祷告，求主成就。

# 动机

如果我们想自我控制，我们就自然会做。凡是我们所愿意的，就会去做它。因此，自制的动机来自外在与内在两个来源。

## 外在动机

了解这点很重要。大多数的人只是因为外在的压力才有某种型态的自制。如果没有外在的力量，他们就不会有自制的行为。他们不明白在生活中有这些压力对他们有什么好处。

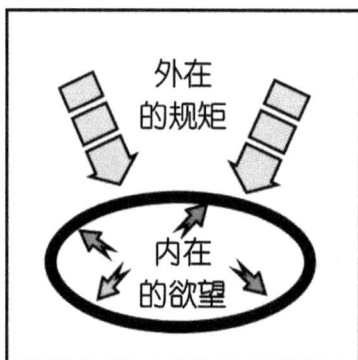

我最近才刚听到一个讲员说，一个孩子离家越远，家里的价值观和教导对他的影响越小[16]。当父母在身旁的时候，孩子们比较会听从他们的想法。因为被父母亲接纳对孩子来说很重要，促使孩子愿意照父母的想法去做。

警察与上司也会帮助人发展出自制。一个警察出现在路边，所有的车辆会自动减速到它们该有的速度。驾驶人怕他会收到罚单。因此，他愿意控制他采油门的脚，使车子开慢一点。路边的时速限制的牌子还不足以提供某些人足够的动力来保持在限速之内。

当一个上司从办公室走出来的时候，所有的员工都会开始好好的工作。员工会在意他们的工作与薪水。如果老板看

---

[16] 这就是都市化所面临的问题，这种问题在小乡村不会发生。在都市的人们远离来自亲人与好友的压力与影响。

到他们非常认真工作，他们可能可以加薪。然而，如果上司看到他们不努力工作，他们可能会被炒鱿鱼。他们对于高薪与安全感的期待使得他们在上司来的时候，会用他们的双手和全心努力的工作。

这类塑造性格的影响力称做外在的，因为动力是来自于他们自身以外的事物。在这些例子中，人之所以会去做某件事是因为某些外在的原因。这些原因使得这些人去控制自身的行为。我们可能不认为这些人是有自制的，因为他们是靠别人来控制自己，但是事实上，他们仍然可以掌握自己的生活。

# 内在动机

内在动机所谈的是来自里面的动力。这可能是因为神透过人的良心或这些行为的内化来工作。如果一个人把这些行为的原则内化到他心中，在许多情况中，这会产生对他们生活中某种程度的控制，如同有一个人站在他们身边监督他们一样。这是真的自制。当没有人在看的时候，你会做什么事？在上面的例子中，依照生活的原则，从里面产生动力的人，不论何时，都会努力工作，也会在时速限制之内开车。

我们在第一课曾经说过「敬畏神」。圣经列出许多由于敬畏神而产生的美好果子。

敬畏神会塑造一个人的思想，因为他知道如果做错事会有什么反面的结果。我们可能会把这种因素看成是负面的，但其实不必这样看。神藉由塑造我们的生命来帮助我们。他知道我们犯罪的倾向，因为这样，他用负面的后果来使我们

减少这些不好的行为[17]。如果他真要马上除去我们坏的行为，他只需要除去我们的生命就行了。敬畏神帮助我们做好事，避免做坏事。因为神在任何时间都存在，这种生活方式很容易被内化到心里。

这也是它本来应该发挥功效的地方。父母亲持续一致的训练形塑他们的小孩以致于他们学会顺从。当他们长大了，他们藉由观察父母如何按神的方式生活了解什么是神的道路。敬畏父母转变成一种健康的敬畏神的态度。当这种结果出现时，即使孩子离父母很远，他仍然会顺服他们。培养对主的敬畏的过程十分重要，圣经里谈到很多。在其它的课程中我们会讨论更多。我们可以来看一个例子。

## 总结

这些内在与外在的「模子」会塑造我们心中的渴望，影响我们所下的决定。

一个小男孩可能会想得到别人的东西，但是由于以前他拿别人的玩具而被处罚的痛苦经验，他有一种逃避痛苦的渴望。他就会决定这次他不要拿了。一旦受过训练，他就开始了解，其它人的东西并没有那么重要。即使没有那个东西他仍可以满足。他或许也会开始发现他里面的罪性曾经欺骗了他自己。

---

[17]当人不按照良心行事的时候，他们心中会有罪恶感。疾病常会与忧虑、惧怕一同临到一个人的生命。顺从情欲生活的人常会染上STD。STD就是经由性行为传染的疾病。这是常见的情况，这种后果严重得足以吓阻人们不去作不道德的事。神也用这种方法保护婚姻以及年轻男女。

我们的动机会对我们如何使用我们的人生产生决定性的影响。当我们了解作了一些事情之后的负面结果，我们就更能、也更愿意使自己远离这些坏习惯。当我们发现自己可以躲避某些坏习惯，我们就发现顺服所带来的祝福。

圣经中的箴言告诉我们许多愚昧的负面后果，以及做好事所带来的正面奖赏。当一个人适当的掌管自己去做好事，这种控制的能力就成为真正的自制。对与错的观念已经深深嵌入他们里面以致于他们很自然的就会做某些行为。

孩子不该被感觉所引导，应该被神的话所引导。孩子应该要温和的说话，诚实、谦卑，并关心他人的需要。圣经的标准强迫他们外在的行为，直到他们的里面也一起合作，以带来他们所需要的自制。

# 在我们的孩子身上训练自制

神对年轻男女的心意是要他们能够自制。

> 好指教少年妇人，爱丈夫，爱儿女，谨守（或自制），贞洁，料理家务，待人有恩，顺服自己的丈夫，免得神的道理被毁谤。又劝少年人要谨守（或自制）。（提多书二4-6）

那么接下来的问题是，「如何在孩子身上训练自制？」

## #1 孝敬父母

在孩子身上建立自制的关键，在于使他们孝敬父母，尊重父母给他们的指导。现阶段叫孩子遵守我们所说的去作，并期待他们长大以后可以自动自发去做这些事，听起来好像不太合理，可是这正是我们训练孩子产生自制的方法。请听圣经所说的。

> 教养孩童，使他走当行的道，就是到老他也不偏
> 离。（箴言廿二6）

我们现在训练我们的孩子所做的事，他们将来长大了也很可能会继续作。因为他们很熟悉，也很习惯去做这些事。相反来说也一样。如果我们训练他们养成某些坏习惯—例如暴怒，当他们长大后他们也会作一样的事。

为了在孩子身上建立自制的习惯，我们需要让他们持续去作对的事情（就是我们所说的事）。可以用一个花园来帮助我们了解这件事。孩子在花园内玩耍是很安全的。在围墙的外面，我们不知道会有什么危险。父母亲的规定就是这个花园的界线。父母会尽所有的力量保守孩子在这个花园里面。或许孩子会哭闹，吵着要出去，但明智的父母亲不会区从于他们无理的要求。

我们帮助孩子顺服在我们的规则与引导之下。我们需要两方面的行动来完成这件事：正面与负面的行动。要记得，目标是要保护我们的孩子。我们并不是为规定而活，如果这样则是威权主义。我们也不是为选择的「自由」而活，因为这样会带来危险。孩子并不懂什么对他们最好。我们要使他们顺服在父母的判断之下，直到他们可以把这些规则内化[18]。

---

[18]神很有智慧的设计小孩子的身体，使他们缓慢的成长，以致于在他们可以独立生活之前，他们必须与父母一起生活一段很长的时间。孩子有很多东西需要学的。

## #2 管教：把疼痛与某些你所不希望他们作的事情连接起来

父母必须时常强迫孩子停留在这个界线之内。他们必须使用所有的资源与力量使孩子在不顺服的时候感到不舒服。我们绝不能奖励他们的不顺服，或者与他们讨价还价。只要使他们不舒服就行了。一般而言，这是管教的目的。在另一堂课中，我们会在这方面有更多探讨。

我们的目的是把不顺服的行为与痛苦、难过在孩子心中建立连结。事实上，我们在告诉他们一个真理：当他们选择不顺服的时候，他们绝不会好受。这在往后他们的生命中会内化成一个真理，每当他们不顺服神，他们就得承受所产生的恶果。一定要使他们不顺服的时候非常不舒服。非常不舒服以致于他们绝不想要重蹈覆辙。小孩子学东西是非常快的！

## #3 教导他们你要他们作的事

父母必须先想好他们要他们的孩子作些什么。不要等到孩子作得不对、需要纠正的时候才告诉他们。告诉他该做什么事，他就不需要太多的纠正。我们也必须训练孩子，不可以超过我们所设定的规矩与界线。我们必须很具体的告诉他们、教他们怎么做某些工作。我们需要很清楚自己想要什么。我们必须大方的以微笑和鼓励奖励他们的顺从 [19]。

---

[19] 奖赏不是贿赂。贿赂会控制人。至终人还是寻求自己的欲望。奖赏是在人心甘情愿而非受外来强迫完成工作之后所给的。我们要避免固定性的用奖赏来使孩子作某些事情。我们是要训练他们能出自心甘情愿的

## #4) 没有选择：在重要的事情上不要给他们选择的机会

我们的目标应该清楚简洁。「选择性」或「劝告性」的言语会使孩子混淆。你有没有听过父母问一个孩子说「我们去…可以吗？」那是一种劝告式的言语。如果父母真的希望孩子去作某件事，他们应该直接告诉孩子，不要给他们在这件事上有选择的机会。

我们来解释一下为什么这种选择是完全行不通的。我们希望藉由告诉他们某件事的重要性，他们会同意我们的说法并去作我们所要他们做的。绝大情况下这种作法不管用因为这牵涉到自我的意志。当我们给他们选择或劝告，我们就给了他们说不的自由。孩子会视此为一个拥有自己自由的一个机会。我们是家庭中的领导者，在作重要决定时应该以这个身份来作决定。

我们的目的不是让孩子一直待在被父母亲看管的花园中。有些父母把孩子控制在自己的世界里，而不在他们长大成熟后释放他们。父母的目标应该是把神的良善的目标种进孩子的心田。如果从很小的时候起，父母就以正确的方式来做这件事，孩子会很快的长大成熟，父母亲也可以渐渐放松某些领域让孩子们可以自己管理自己。我们在后面的「自由与界线」的课程中会更深入探讨这一点。

暂停并回想：    有些父母非常挑剔。他们只会说负面的话，伤害了他们与孩子的关系。如果你是这样的父母，一定

要悔改，求神在你的心中做特别的工作，使你能鼓励每一个你看到的孩子[20]。

# 培养自制的能力

自制是藉由许多训练而得来的。刚开始最需要对付的重点，是要让孩子听从父母的话。当父母说话的时候，孩子必须顺从。如果在我们的孩子还只是小婴儿的时候就开始训练，他们从小就知道除了顺从没有其它选择，许多亲子间的冲突与挫折就不会发生。不论如何，训练都是需要很长的时间，重复的过程。

　　有些父母反对孩子必须随时顺从父母，他们认为这样的压力会伤害孩子。事实上，相反的说法才正确。假如所有的父母都会吩咐孩子做某些事。大部分的父母都会稍微让步，并不完全坚持孩子必须完全遵照他们所说的每一个命令。每一次我们做父母的开始前后不一致的时候，我们事实上是在传递一种混淆的信息给孩子。在训练过程中的不一致传递一种信息，让孩子们觉得这种训练并不重要。所以他们会更不听话。所以这带来更多的不顺服、责打，并且需要花更长的时间来训练。留心的父母可以借着前后一致来避免这些问题。

　　父母越早开始训练孩子越好。我们应该把训练的过程看成是一个持续不断进行的过程。从孩子一出生开始，我们总是在训练他们某方面的自制。如果我们及早设立目标，我们可以有一个比较平静的家庭，并与孩子们有更美好的关系。

---

[20]要注意，负面的话语常常是反映出在你自己生活中的某部份，你没有顺服神。我们会在自己失败的地方特别容易挑剔别人的错。

如果在孩子很小的时候就给了他们错误的训练，会导致后来他们行为上的许多问题。我们来探讨一个小婴儿，当她哭的时候所发出的声音的类型有哪些。

# 基督的榜样

### 基督如何彰显这个特质？

耶稣经常彰显出自制的性格。他只说他的天父要他说的话。他只做他在天上的父所定意的事。他做的每一件事都是根据天父的旨意。他只对某一部份的人讲说真理。其它的人他就用比喻告诉他们。他不被神迹冲昏头，他也不让群众拥戴他作王。

他不因别人冤枉他而报复。他愿意为了别人的益处而努力作工，牺牲睡眠。他常常整夜祷告。耶稣愿意过不舒适的生活，为了能更清楚明白天父的旨意，并服事他人。

在十字架上，当他身上的压力达到最高点，基督十分明显的彰显了自制的性格。他仍然坚持做正确的事情，即使这样的决定十分不容易。他从不妥协，他只说真理。

自制的性格能塑造出既坚强又美好的男女。身为父母，我们的责任是确保我们的儿女拥有这个性格。首先，我们节制自己的意志，去实现天父的旨意。每一个念头，所说的每个字，所做的行为，以及生活态度都必须符合我的神所要我做的。我们的孩子会跟随我们走这条荣耀的道路！

暂停并回想：　你渴望自己能像耶稣一样吗？渴望你的孩子能像他吗？

## 总结

自制的能力是创造伟人的基石，它重要到一个程度，甚至我们可以说，只要我们在生活中有不受控制的地方，我们就是在示范不公义的生活。我们训练孩子去作我们要他们做的事。我们用许多鼓励的话语，但同时也需要用小棍子来加强我们的话语。当他们长大了，他们会因为认识神而把这些规则内化到里面。他们也会更容易相信他们的确需要一位救主来赦免他们的罪。趁早开始。前后一致。跟随基督。剩下的事情就会自然发生，正如神在他的话语中所说的。

# 教 养 原 则

- 在孩子身上培养自制的能力是我们爱孩子的一个很重要的部分。

- 要培养自制的能力，训练是必须的。

- 自制的能力是必须的，因为人有罪性，且缺乏训练。

- 当父母结合正面的鼓励以及责罚并且始终如一的实行，孩子们很快会学会自制。

- 我们越早开始训练孩子，对每个人来说都会更好。

# 教养问题

1. 为什么发展自制是很重要的?

2. 描述一下缺乏自制的孩子是怎样的。这种孩子的父母面对什么问题?

3. 自制是什么? 请用一到两种方法定义它。

4. 解释一下要求型的孩子与满足型的孩子对于世界的态度有何不同。

5. 有罪的天性如何使得训练自制成为必须做的事情?

6. 为什么父母亲的目标是在于让自制变成由内里自发的而非外在的?

7. 父母亲可以常做哪两件事来帮助他们的孩子发展自制?

8. 为什么有围墙的花园是解释这个过程的一个好例子?

9. 解释抱怨通常如何开始。

10. 如果一个人从早期就开始训练,为什么可以避免许多管教?

## 第五章

# 孩子的训练以及生活作息

目的：帮助父母学会如何建立并维持孩子的生活规律。

我们可以有两种选择。一种是我们好好训练孩子，使他们懂得自制，另一种则是他们永远不会操练自制。有些人以为在生活中每一个领域都没有节制自己的能力才叫做缺乏自制。他们错了。一个父亲只要在他生活中一个领域缺乏自制，就可以搞垮他的婚姻或家庭。无论是赌博、奸淫、怒气或是偷窃，只要任何一个领域他缺乏自制，结果就是他会被这些事情所控制。随之而来的是败坏。以下两段经文提醒我们自制的重要性。

人不制伏自己的心、好像毁坏的城邑、没有墙
垣。（箴 25:28）

不轻易发怒的、胜过勇士、治服己心的、强如取
城。（箴 16:32）

为了有效的在孩子身上建立自制的能力，我们需要训练
孩子，建立生活规律以及时间表。重复不断的训练过程，对
于建立自信、经验以及相信这是他们生活中该做的事，有很
大的帮助。他们所熟悉的生活模式，在他们长大之后，会很
自然的变成他们他们愿意采纳的生活方式。他们会对这些规
律产生质疑，在后面几章，我们会谈到怎样化解冲突。

在最后一章我们会看到关于训练孩子的一些重要的一般
性原则。但是在这一章里面，我们会经由几个例子来看几个
重要的方法帮助我们训练、建立规律以及时间表，以及这些
方法如何发挥彼此加乘的效果。

# 有效的训练

自制是经由许多重复性的训练渐渐发展出来的。首先需要对付
的一个最重要的方面，在于让孩子遵守父母亲的话。当父母说
话时，孩子应该顺服。当我们从孩子还只是小婴儿的时候就开
始训练，他们就会知道顺服是唯一的选择。这会省了亲子间许
多的麻烦。在所有的情况中，训练都需要时间，需要重复去
做。

有些父母不认为孩子需要每件事都顺从父母，他们认为
这种压力会伤害孩子。事实上，相反的想法才是对的。我们
假设绝大多数的父母都会教他们的孩子一些事情。大部分的

父母，因为没有贯彻他们所发出的每一个命令，使得他们的教导打了折扣。有时他们可能说一些话，但是容让孩子不顺服。每一次父母的前后不一致，他们就是在把混淆不清的信息传给孩子。在训练过程中，如果你前后不一致，会让孩子觉得这个训练不重要。所以他们就更加不顺服。这样结果导致更多的管教、更多的不顺服，以及要花更久的时间训练孩子。细心的父母可以借着前后一致来避免这些困扰。把孩子只训练到一半的这种训练，事实上是训练他们不顺服，并与父母敌对。

父母越早开始训练孩子越好。我们应该知道，训练是一个持续不断进行的过程。从孩子一生出来，我们总有事情要训练他们。如果我们趁早建立我们的目标，我们就会有一个比较平静、安详的家，父母也可以与孩子有比较好的关系。

在小时候错误的训练，会在长大后产生很严重的行为上的问题。我们来看看当一个孩子还是小婴儿的时候，他的哭声有怎样的特征。

# 从哭到抱怨

所有人都同意，小婴儿应该受到好好的照顾。有智慧的母亲在孩子小时候就知道，有时孩子哭是因为他们真的有需要，而另外一些时候则是用哭来操纵妈妈。当孩子才几个月大的时候，他们就已经想尝试用哭来坚持自己的想法。发出很大的吵闹声，并含着眼泪，这是一个小婴孩唯一拥有的能力。这种藉由哭来控制周围的环境，以满足他们自己的欲望，是孩子第一个罪性的表现。

小婴儿有几种不同的哭

尿布湿了而哭　受伤而哭　饿了而哭　"我要这样"而哭　受惊吓而哭

我太太说，小婴儿有几种不同的哭：饿了而哭，受伤而哭，尿布湿了而哭，受惊吓而哭，以及「我要这样」而哭。如果父母亲不仔细分辨这些不同的哭，孩子会开使用这些哭声来操纵父母。比如说，孩子们都喜欢妈妈温暖的拥抱。如果他哭了，他通常能够获得妈妈温暖的拥抱作为回馈，或许还可以多吃一块饼干！

当然，妈妈的拥抱并非坏事。那是全世界最温暖的一幅图画。但是当孩子在半夜仍然坚持要妈妈抱的时候，妈妈将无法好好休息。有时候妈妈会把孩子交给爸爸。这样两个人都无法休息。为了避免与孩子的冲突，或者避免听不见孩子的声音，有些父母会让孩子与他们一起睡。这会导致更多的问题。当问题不是被解决而只是被躲开，将会有更大的麻烦产生。

父母亲必须识破这个「诡计」。当孩子越来越大，小婴儿的哭声渐渐变成哀嚎，然后变成抱怨。如果容让他继续下去，就会变成要求与吼叫。过度的无法达成的要求就是闹脾气。请留意，当孩子所发出的吵闹声没有经过训练对付时，有什么坏习惯会渐渐养成？

以正常的「喂食、清醒与睡眠」的规律作息，父母能够更简单的明白婴儿的哭声，以及如何适当的响应他们。那么，当小婴儿一切都很好，没生病、没有饿到，尿布没湿的

情况下，仍然哭个不停，我们应该怎么办？我们需要让他们哭一会儿。放着他们哭一会儿，会让他们学会，他们的欲望并非全世界唯一最重要的事情。他们自己也不是最重要的。其它人比他们更重要。他们可以学会等待，甚至暂时终止他们的欲望。结果是什么？

- 孩子在学习自制的功课上上了很好的一课。

- 小婴儿学会靠自己入睡。

- 疲倦的父母亲可以好好休息。

当我们面对年龄稍大的孩子时，我们需要知道，哭喊、抱怨、哀

哭 → 喊叫 → 抱怨 → 要求 → 发脾气

嚎都是由不满与要求的种子生出来的。他们不应该因他们想要得到注意的无理要求而被奖励。他们绝不应该得到他们要求的东西。如果孩子的要求的时候大吵大闹，他们绝对不能得到他们要的东西。否则，我们就是在训练他们以后吵得更凶。

> 一个孩子说：「我想要看那个电视节目。」父母亲回答：「今天不行。」孩子抗议说：「我想要看！！」父母亲温和的提醒这个孩子：「你知道，每当你对爸爸或妈妈大喊大叫的时候，你都不能得到你想要的。如果你再继续下去，你明天也不能看了。」

孩子需要借着遵守父母安排的时间表以及他们的意思，来敬重父母。当然，时间表的安排需要考虑到孩子的需要。我们需要帮助孩子借着孝敬父母来顺服神。这件事情能否容

易的达成取决于我们是否前后一致。不要给孩子有例外的情况。每次的例外都使得训练孩子的过程加倍的困难。

### 总结

父母亲总是不断的训练孩子。当我们没有按照目标好好训练孩子，许多令人沮丧的坏习惯就会渐渐出现。就像一个「无知人的葡萄园」（箴言廿四30-34）

如果父母没有好好训练孩子，那么实际上就变成孩子在训练父母！

暂停并回想：你的孩子会哀嚎或抱怨吗？首先省察你自己的生活有没有类似的抱怨。求神在你自己的心中先赐下喜乐。

# 对我们孩子的期望

我们应该对于两三岁幼儿有多大的期待？我们先提几件事。你可以把你的想法继续加进来。

## 能自己一个人高兴的玩

我们的孩子应该学会满足的自己一个人玩。这不会自然发生的。他们必须受过训练。所以很多人会跟我们说，你们的孩子天生就很安静。他们以为他们的个性就是这样。他们不知道在背后我们花了多大的工夫训练他们。

## 乖乖的坐在高椅子上

当你把孩子放在高椅子上准备吃饭时，他们有没有大吵大闹，以致于你需要把他们抱出来？或者甚至更糟的情况是，你以后

再也不想把他们放在高椅子上吃饭，以避免过去这些冲突的场面重新又出现。

应用: 你的孩子能够乖乖的坐在他的高椅子上吗?

## 不会一直吵着要出去

不论我们要让孩子待在哪个地方，我们的孩子都应该要能接受。是的，他们经过一段测试你耐心的时间，但总体来说，他们要学会，不论父母要他们待在哪里，他们都可以满足，不论是儿童游戏围栏，某个房间，或是儿童安全座椅上。一开始他们可能会吵闹，但是在两分钟之内他们就应该安静下来。

应用:当我们把孩子放在儿童游戏围栏中或者别的地方，他们是不是不断吵闹直到他们可以出来为止?

# 你如何使他们做到？

## 在家里：不可以随便碰「贵重物品」

孩子从小就应该学会知道，有些东西他们不可以随便碰。我们应该还不需要小孩子来帮我们移动家中的贵重物品。我们都知道，小孩子可能会把植物弄死了或者把整个花瓶打碎。经过训练可以让他们不去碰某些东西。

应用: 你是否曾经从客厅中把一些东西搬走免得孩子把他们弄坏?

## 在户外：不跑到超过父母允许的范围

当我们把孩子带到户外，我们需要知道，孩子能否完全遵守我们所吩咐的去做。根据孩子年纪的大小，我们会以门口的走廊、院子的走道、屋外的人行道、以及更外面的马路作为不同的界线。在孩子每长到一个年龄，我们就根据不同的界线来训练他们。

应用：你是否需要陪着你的孩子以确保他的安全？

我可以给大家一个例子。就在几个月前，当我的小女儿Rebekah只有十五个月大的时候，她刚在学走路，现在她已经到处走了。有的时候她会在我的书房玩耍。她看得到在走廊上面有很多有趣的东西与事情，例如其它的兄姐们在玩。她想要离开我的书房，但是她仍然留在我的书房里玩。她会挨着门看着外面，但是不会走出房门外，跑到走廊上。我让她可以自由的开门或关门。我不需要把门关着，她也能自动待在房间里。

我可以安心的完成我在书房的工作，因为在她身上已经内建了一种规则，会管理她。我不需要在旁边当警察，一直监视她。这是怎么做到的？当一个孩子有自制的能力，有两件因素正在发挥作用。

## (1) 他可以一个人自得其乐的玩耍。

她愿意自己一个人独处，也能够自得其乐。我们并没有什么特别的玩具。即使我们真的有，孩子还是比较喜欢普通的玩具。有经验的父母知道这一点。但是她能够以这些玩具来打发很多时间。不只是五分钟，而是一直玩到吃晚饭。当我在书房里写

这篇自制的文章，她能够在我的书房玩一个小时以上。她在我的书房玩很多不同的玩具和书。我不需要陪着她玩。她可以自得其乐。

### (2) 他遵守规则，管理自己

她遵守规则，不让自己超越。她才15个月大，可是她不会自己走出房门，除非我批准，或者有别的大人带她出去。她知道这些规矩。什么规矩？最重要的一项是，她不能走出大门口，还有很多其她的。我在这里需要澄清几项。

有时候她会过来摸摸我的鼠标或者书桌上其它的东西。我没有为这些东西特别定规矩。如果这些东西只是暂时的放在那里，我会把它挪开。但如果是我的书或者键盘，我会直接告诉她「不可以」。有时候，我轻轻的拍掌以强调这件事的重要。她有时候会噘嘴，或者哭个15秒钟，之后她就会走开去玩别的东西。

你可能认为她可能是非常安静的孩子，但这样想就错了。当然，因为她是我们的孩子，我们会认为她很特别，就像所有的父母一样。但我的重点是，你的孩子也可以做到一样的事。她们不比她更差。每个孩子都可以被训练。让我们来看几个具体的步骤以学习怎么样把这些控制法建立在孩子身上。

## 训练的具体步骤

让我们从一个场景开始。到达开始会走路的阶段。一个孩子会变得好动，并且马上察觉周围有很多值得探索的空间。我们的情况不一样，不过雷同。比如说，我们有一个在客厅的火炉，

在冬天的时候，24小时开着，使家里温暖。这不是一个建在墙里面的普通火炉。这个火炉有一部份延伸到客厅里面，它的炉边突出墙面有四英尺长。

你会怎么做？你的孩子刚刚学会爬。你看到潜在的危险。有的人会用围栏把客厅分开，但是要分开我们的客厅，需要15英尺长的围栏。另外的人可能想，就不要用火炉了。这可能很安全，但我们不想这样。因为，要等到孩子大到知道不要靠近火炉，要等很长的时间。其它的一些建议也都是比较没有效果的方法。一个孩子只要拉倒一个花瓶或者碰到火炉一次，就足以造成够多的麻烦。让我告诉你我们怎么做，并且从中发掘一些具体可行的步骤来训练孩子。

琳达很聪明。她觉得只是设定一个界线让孩子碰不到火炉是不够的。毕竟，这并非是个好的训练地点。训练包括矫正错误。她决定让我们的宝宝不可以靠近火炉前面的那张小地毯。她指着小地毯，告诉孩子，不可以走到地毯上。她指着地毯，说「不可以」。她有一个小棍子，可以在孩子碰地毯的时候，在她的手心上轻轻拍一下。然后她会把孩子的手挪开。要注意的是，在刚开始训练的前几天，她需要陪在孩子身边。你知道，当妈妈没有在注意看的时候，小孩子会偷偷的看一下地毯，然后爬过去。但是一旦妈妈发现，并且按照刚刚的方法处罚，孩子会慢慢学会，不去碰地毯是比较好的。到后来，她就不会再去碰那个地毯。我们的火炉烧得火红，而她连前面的地毯也不会靠近。这件事是发生在她刚开始爬的时候。

现在，当她在爬的时候，她会小心的避开火炉的地毯，以及整个木制火炉的范围。

因为她从小开始就被训练过，她知道「不可以」的意思。光有话语，并不足以变更她心中的欲望。我们需要把「不可以」这句话与用小棍子在她手心打一下的感觉连接在一起。并且，我们还会把她的小手从地毯上移到其它的地方。

她会吵闹、哭一会，不是因为被打痛，而是因为她不能按照自己的意愿作事情。以这种方式，「不可以」这个词与小棍子所产生的轻微的不舒服感觉连在一起。这样做过几次之后，我们就再也不需要用小棍子，只需要简单的说「不可以」。她仍然会有「我不高兴」的哭喊，但是会很快安静下来，做她该做的事。

让我用一张图来总结上面所说的几点。我们的问题是，「当你的小孩开始学会爬与走路的时候，你该做些什么？」我们会列出五个具体的步骤来训练他们。

# 1) 参与：你会面对哪些潜在的问题？

我们需要先发制人，而不是被动反应。先发制人的态度让我们可以冷静的计划。被动反应通常伴随吼叫、怒骂与尖叫。「不，不要这样做！」「我上次不是跟你说过⋯」

当孩子开始会爬，要检视整个房间的环境。有哪些东西该拿走？要特别注意那些危险的、或者易碎的物品。父母亲必须为着整个空间订出一套规矩。每个规矩都需要训练孩子做到。一旦一种训练的模式在孩子身上实行了几次，在其它的环境中再训练就容易多了。

这种事先找寻问题的方法，在我们拜访朋友、买东西或去教会的时候都会一再重复使用。他们在家里学习，然后在其它的地方也按照这些规矩而行。当我们带孩子到一个新的地方，或者当他们开始会做一些新的事情，比如会走路了，我们需要再教导他们。如果我们遇到困难，我们应该看看我们是否有在某些场合中好好训练他们。

# 2) 做决定：为了达到我们所希望的目标，需要设定哪些界线？

在上面那个例子中，我们不仅只限制孩子不能靠近火炉，而是限制他不能靠近地毯。年纪较大的孩子懂得，如果他们小心，靠近地毯其实无所谓。对我们而言这没关系。我们只是用地毯作为训练她的第一个地方。我们知道她会想办法试探我们。

如果在一个桌子上有个花瓶，我们也应该把这张桌子列为禁止区，或许甚至整块区域都列入。我们只是需要确保孩子能分得清楚什么事情可以做，什么不行。当孩子在我书房的时候，有不同样式的地毯让他们分得出来，他们现在在房间内还是在房间外。我们可能有时候需要用易黏胶带或者一根杖，来标出分界线。如果我们决定要画出界线，那我们就等于已经决定要始终一贯的做下去。如果我们前后不一致，那就是告诉孩子，这个界线只是有时候有用。不够专注的训练，等于是训练孩子去做某些不该的事情。

# 3)训练：把这些规则成功的训练在他们身上，最好的方法是什么？

虽然我们在前面已经很具体的讲出该做哪些步骤，让我在这里再做一次总结。我们需要不断演练直到我们不再觉得「我不知道该怎么做」。

## 要有好的规律与时间表

要有好的规律。这样子孩子与父母都会开始了解，怎样做才是正常状态。这样当发生某些问题的时候，父母亲会更快的发现。我们在这堂课的后面会讲得更多。

## 要从很小的时候开始

尽可能在孩子很小的时候，就给他们独处的机会。睡觉的时候也一样。除了你想和他玩以外，不要把婴儿带到你的床上跟你睡。在清醒的时候也一样。如果没有什么特别需要，让小婴儿哭一会没关系。有时候他们有一种疲倦的情绪因而需要哭一会。

我们越早开始，对孩子与对我们来说都会越容易。孩子被训练的过程仅是被轻轻打一下，而不是厉害的打。他们很小的时候就受训练，他们的意志力会比较快降服。父母也不会有挫折感而想要放弃。

## 参与家庭活动（例如：祷告）

当小婴儿或小孩子醒着的时候，让他们参与全家的祷告。我们通常会有一个人，牵着孩子的手，放在我们的膝盖上。如果孩子还不能坐起来，我们就扶着他，让他在我们身旁。连我们的

两岁小女儿都能够参加我们家中学校的主要课程。当然，我们对他们的期待也不会过高。

## 训练他们知道，哪些事不能做、哪些东西不能碰，哪里不能去

当婴儿渐渐长大，会有一些他不能咬、不能拿的东西。我们尽我们的力量不让孩子有机会去拿，但是有时候仍然要靠规矩的训练。当孩子正在做一些不该做的行为，我们通常会特别指出那件事（用手指着），温和的说「不可以」。当我们把那个东西拿走，孩子就知道原因在哪了。

孩子要学会，有些他们想要的东西，是他们现在不能拥有的。有些地方他们想去，但是不可以去。他们会学到这个生命中很重要的功课。从中「忍耐」的品格会被建立起来。

## 「不可以」

这是一个特殊的词汇，提示他们什么事不能做。小棍子在手上的拍打，与我们口里所出的话，会在他们心中产生连结。最后，他们只要听到我们口头的提示，就会很快的有回应。

## 轻轻打

从树上拔一根小小的，直的树枝，把表皮的分枝全部去掉，使其光滑，用这个小棍子在孩子身上轻轻的拍他。如果他拿了某些不该拿的东西，我们打他的手。如果他去某些不该去的地方，我们打他的脚。如果他坐在某些不该坐的地方（例如坐在其它兄弟的手上）我们打他的屁股[21]。

---

[21] 这种打与痛的程度无关，主要是要强调这种训练。我们会在另外一章里面格外谈到管教的问题。

## 叫他拿去还

如果孩子拿了某些不该拿的东西，他们有责任去归还。如果我们在很小的时候就教他们，这可以一种游戏的方式进行。父母亲用跟小孩子玩的口气说：「这个东西应该放哪里？」孩子把书放回原处，父母也趁机夸奖他正确的反应。

## 其它的情况

父母亲一定要让孩子做错事情的时候，会得到某些负面的结果，足以胜过他按照自己的心愿去做事情所得到的快乐。如果孩子最后知道这样做得不到什么好处，他们就会放弃。在训练过程中，父母亲越能保持始终如一，孩子会学得越快。

　　我们来看一些实际生活的案例。

## 坐在高椅子上

有个小女孩，当妈妈要让她坐在高椅子上吃晚饭时，让妈妈很不高兴。当妈妈要让她坐在高椅子上的时候，她一直吵闹，扭着身体。她想要坐在大椅子上。让她坐大椅子当然很容易，但是这就失去了一次可以训练她的机会。这样她以后永远都不会想要坐高椅子了。妈妈把她的小棍子拿出来（是一个小小的树枝做的）。当小女儿看到那根棍子，她就乖乖的安静坐下，好像什么事都没发生一样。妈妈其实并没有用棍子打。她只要看到那根小棍子，她就知道妈妈对这件事是认真的，因而放弃了「试探」的态度。

## 戴一个漂亮的帽子

有一次我们想要把人家送给我们的一件好看的外套以及一顶帽子，穿在女儿身上。我们要她穿上。我们的孩子却认为穿她自己的夹克比较好。她吵了一下，但是愿意为我们的缘故穿上外

套。她的兄弟姊妹们都在旁边说这件外套以及帽子多么好看，但是都没什么用。她仍然不愿意戴上帽子。她把帽子拉下来（当我们从家里出发要去教会的路上）。

在我心中，我知道如果我们在这里认输了，从今天以后我们家里就会开始有问题。我们就回家去把棍子拿出来，女儿马上顺从了，立刻把帽子戴好。更重要的是她里面叛逆的试探的态度马上改变成顺从、欢乐的态度。

## 总结

规矩与限制是爱的表现。如果我们不教导我们的孩子建立自制的态度，我们就是在制造一个时常抵抗权柄的孩子。当孩子在某个阶段，会尝试着挑战权柄。尤其是当他们发现做事情可以有别种选择，例如他们可以有自己的自由意志（从两岁开始）或者看到他们的朋友躲过父母的惩罚等等。

那些没有好好训练孩子的父母，最后会用某些不好的名词叫他们的孩子，例如小鬼。（在我们家里，我们不用这种词）。虽然看起来我们好像失败了，其实正好相反。只要仔细的再重新确认你所立的规则。 管教他（后面会谈到更多）。忍受一些哭闹，孩子最后会回到原来的顺服的态度。他会向我们道歉，当然，我们也会原谅。所有的事情都恢复正常了。我们成功的调和了恩典与真理。孩子又能开心的生活了！

暂停并回想：当我们想到我们没有好好的从起头就训练孩子，因而亏负了主，以及我们大多数的孩子，我们就不得不谦卑自己。「神啊！请你赦免我。从现在起帮助我们能始终如一的训练，以致于我们可以让孩子所受的痛苦降到最小。

阿门。」我们越早开始，对于参与其中的每个人来说都会越容易。

# 建立孩子的生活规矩

如果孩子从小婴儿时期开始，就能有一套规律的生活规矩，自制的能力就慢慢的种在孩子的性格中。规律的生活使得良好的习惯易于养成，并且在其中自制的能力渐渐茁壮。如果生活没有规律，小婴儿或者孩子就不知道现在该做什么。然后他就会把这看成是任意而行、放纵自己的欲望的机会。训练的基础是要有良好的作息。

## 生活规矩是一整套的每天日常生活具體應做事項。孩子必須受過訓練以做好其中每一件事。

生活规矩的意思是什么？生活规矩是说我们在固定的时间，用同样的方式，做某些事情。比方说，从第一次你把孩子放在高椅子上时，你总是说：「吃饭时间到了，来坐你的高椅子」。这是一种吩咐。然后很高兴的把她放进去，把安全带系好，即使他吵、扭动身体，或者你觉得他不喜欢坐。不论如何，都按照同样的方法作。

如果你总是用同样的规矩作事情，他就会发现吵是没用的，会慢慢接受这就是父母做事情的方式。

神在大自然中也设立了规律。我们看到白天、黑夜、月亮、星辰都规律的运转。他们有时候会稍微有变化，但是整个过程总是固定的。在冬天，太阳比较早下山。然而，太阳

一定会下山。黑暗笼罩大地，人与动物都进入安眠。只是这个过程在冬天比较早开始。四季之中包括了许多不同的事件。当一个走了，另一个接着来。

孩子一定会有不愿意做某些事情的时候。在那时，决不要给他他想要的东西。如果他吵、不听话、大哭或哀嚎，仍然按照生活规矩去做该做

生活规矩

吃饭
玩耍时间
到外面去玩
欢迎爸爸回家
父母两人单独出去
清醒
做指定的工作
个人卫生
就寝时间
整理床铺
离开朋友家
如厕训练
全家灵修
午睡
道歉
排队等候

的事。如果他知道你不论如何都始终一贯的做事，他会放弃吵闹。决不要更改生活规矩。他正在试着用自己的方法敌挡你的方法。父母必须决定怎样做才是对的。如果我们开了一个例外，会让整件事都变得更困难。一定要前后一致。在孩子的生活规矩中有许多的事要做。

生活规矩要按照孩子的需要来制订。当一个孩子慢慢长大，生活规矩也应随之调整。每次提出新的生活规矩时，记得要用快乐的话语及口气。在孩子很累的时候，如果你用快乐的词语告诉他该睡觉了，他会很高兴。

如果你过去忽略了某些生活规矩，而且孩子已经习惯于自己决定有关饮食、睡眠、玩乐等等的事情，你需要把你丧失的权柄再次夺回。了解孩子的需要之后，决定你想要他应该有的生活规矩，然后采取一些步骤。以下是几个需要生活规矩的地方：

- 训练孩子上厕所，需要用规律的生活才能达成
- 良好的饮食习惯
- 良好的睡眠习惯
- 顺服的态度可以借着生活规矩而被加强

以上的图点出了许多为了要让孩子知道自己的角色而需要有的生活规矩。如果在小婴儿的阶段就已经开始有规律的作息，他们根本不会有任何知觉，并且也不会有什么反抗挣扎。他们会知道「这就是我们家做事情的方法」。

# 生活规矩的崩解

我们要记得，每一条生活规矩都是由许多个别的成分所组成。比方说「兴起，发光」或者起床时刻：

- 清醒（孩子怎么醒过来？自己起来？靠闹钟？或者靠人叫？）
- 起床（实际上花了多少时间才离开床？）
- 整理床铺（按照母亲的要求整理床铺）.
- 穿衣服（用对的方法穿对的衣服）.
- 收拾要洗的衣服（把睡衣以及脏的衣服拿去洗）.
- 个人卫生（上厕所（另一个小规律）刷牙、洗头、洗澡）.

每一个生活规矩项目都可以把它分解成许多细部的工作。当孩子对于每个小工作都受过训练，整个作息就会很顺畅。比如说，我们的孩子如果没有刷牙，他们会很不高兴。有时候训练的过程需要花时间。刷牙的过程包括：叫他们走进浴室，拿牙刷，倒一小杯水，把牙刷弄湿，在牙刷上放一

点牙膏，把牙膏盖子盖好放回去，用正确的方法刷牙，漱口，喝一点水，冲洗牙刷，把牙刷放回原位，把杯子放回原位，离开浴室。父母亲要解释这些事情给孩子听，并鼓励他们用他们的力量来做到。父母刚开始需要帮孩子做一段时间，直到孩子能够自己做为止。之后，孩子可以自己做，父母在旁观察。当孩子能做好某件工作，并且之后在没有父母观察的情况下能够自己完成整个过程，自制的品格就渐渐培养出来了。

## 挫折的原因

当你感到挫折，可能是因为在一个生活规矩项目中的某一个小工作没有做对，或者少了某些工作。训练是必要的。比如说，当孩子到家时，对于外套、靴子、帽子应该怎么做？如果你对于这些衣物最后放置的地方不满意，你需要更有效的训练孩子。

你可以检讨整个「进门规则」以及你希望完成的每个小项目。这能使你对于有哪些需要做的工作以及整个「进门规则」的目的有更全面的看见。要记得，要使孩子愿意配合，你需要有耐心、喜乐的态度以及坚持。没有人愿意和一个爱抱怨的人在一起，你的孩子也不愿意。

## 生活规矩是工具，不是主人

我们很容易把我们定的生活规矩视为快乐教养的最终目标。这样的作法会带来困扰。神是设立父母来管理孩子，不是用一堆的规条。生活规矩是为了帮助孩子与父母。神设立父母来管理，是因为他们有智慧，能够明辨神的目标，并且在适当的时候作调整。

我们发现，好的生活规律使得父母在必要时能有比较多的弹性。这礼拜五，我们要参加一个晚上的感恩礼拜。因为我们的孩子都在固定的时间上床睡觉，这是不是代表我们不应该去参加这个聚会？绝对不是。我们可以在白天让他们增加一段午睡时间，或者让他们明天早上可以睡晚一点，因为与神的百姓聚集一起赞美神的良善是很重要的。这件事比较重要。所以我们按照神的目的调整作息。有的时候会因为某些缘故，小孩子无法参加聚会（例如生病，时间安排有冲突等等），但绝不应该是我们要过于严苛的执行我们的生活规律。

我们需要让神的旨意来掌管我们的生活。我们需要做些调整，孩子也会看到我们以神的事情为优先。他们就学会要把神放在生命中的首位。

# 孩子每日作息表

在每一天，有太多的事情要忙，妈妈很容易就会忙得晕头转向。如果能有一个良好的生活作息表，能够有效的陈明她每天的目标，也能帮助她在别的事物打岔的时候，重新回到该注意的事情。

每日作息表包含了许多的规矩。我们在一天中可能会有九项固定的规矩，例如起床、吃饭等等，以及几项不固定的规矩，根据今天是礼拜几而有不同。我们可能会把去买东西以及拜访朋友也包括在其中。作息表把所有该做的事情按照顺序列出，使得父母与孩子都明白现在我们该做什么。以下的时间表是我们对于在家上学的孩子们所设计的。并非一定

要如此。当孩子渐渐长大，他们学习的时间可能会延长到下午。我们比较大的孩子也有他们自己的时间表。有时候我们需要核对一下彼此的时间表以确定能彼此配合，例如要开车接送某个孩子或者要有全家的灵修时间。然而，每个孩子都有自己的时间表。

7:00 兴起发光：起床(起床，整理床铺，穿衣服，收拾睡衣，个人卫生)

7:30 早餐餐桌上：全家灵修时间(集合、祷告、唱诗、读经)

7:45-8:30 早餐 (吃饭，做指定的工作)

8:45-12 学习 (聚集或分开)

Noon 午餐 (集合，吃饭，做指定的工作)

1:00 午睡

1-3 计算机时间

3-5 朋友/ 图书馆/ 玩耍

5:00 收拾指定的区域 / 看PBS TV 或者某些影带

5:30 摆碗筷 （指定的人）

6:00 晚餐 （集合、吃饭，做指定的工作）

7:30 上床准备 (穿衣、个人卫生、收拾房间)

7:45 全家灵修 (集合、唱诗、读经、祷告)

8:15-9:30 上床　8:15 Rebekah;　8:30 Isaac;　8:45 Kathryn, Benjamin; 9:00 Daniel; 9:30 Allison

　　加入一些弹性。我们常提醒我们的孩子，虽然我们常常在固定的时间作固定的活动，但这不代表我们永远都要这样做。孩子有时会以为时间表的权柄比父母还要高。我们需要

让他们清楚，作主的是父母，如果父母认为有必要，他们可以改变时间表。

**工作事项**

我太太在厨房的入口放了一个小白板，每天的工作都记在上面。这是一个记录「谁该做什么」的白板。这样他就不会常常听到这句名言：「我刚刚没听到你说的！」他不需要一个一个的讲。我们训练每个孩子要去读白板。

以上的时间表是一个半固定型每日计划。其实还有很多该做的事里面没提到。父母自己也有时间表。父母不该以孩子的时间表为中心来安排自己的时间，而是以自己的时间表为中心，来安排孩子的。这会使生活变得简单。当然，当孩子长大了，他们会有比较多的活动，这些活动可能变成比较重要的事情。总之我们应该使得生活尽量简单。

**运动与娱乐**

有的父母，当孩子一有任何机会可以参加一些活动，就觉得非让他们去参加不可。很快的，运动、学业、娱乐活动（看电影，参加party）就会扼杀所有其它的家庭生活。结果除了护送孩子去参加下一个活动的空档以外，从来没有任何全家性的活动。我们建议你要特意的营造一个以家为主的家庭。

我们的孩子可以骑脚踏车绕着附近转。但是若要参加某个运动球队，可能会因为压力太多而不可行。身为牧师，我常常看到很多父母尽他们所能的参加孩子的每个运动活动，即使在主日也一样。「我儿子要参加一个比赛，所以我今天不能来教会」。

我在想他们是否知道，他们正在训练孩子拥有属世的想法。讨教练的喜悦比敬拜神重要吗？父亲需要决定哪些事情对他的家庭比较重要。他需要对全能的主负责任。愿神帮助我们做正确的决定，而不是走世界的道路。

## 总结

神已经给了我们训练孩子的工具，好让我们训练他们，不论我们是否在他们身边，都去做正确的事情。我们不需要陪着我们的孩子去每一个地方（尤其当你有八个孩子的时候）。借着训练、生活规矩与时间表，他们大多都能按照我们所期待的去做，不会吵闹。我们需要设立规矩、列出我们想完成的细部工作，找出问题，增强训练，最后我们的规矩会被建立起来，正常运作。这使得我们的孩子能达成我们看为最好的生活。

这样的训练以及时间表的安排，使我们有许多的自由时间去作我们工作上或者家庭上该做的工作。我们也有分配时间来陪着孩子，享受与他们同在的时光。父亲可能会带他们去公园玩。母亲可能会做一些甜点。我们尽力发展与他们之间的关系，而不是「总是」在批评他们还有哪些事情没做好。

# 教 养 原 则

* 孩子在成长过程中不断受到父母的训练，若不是变得越来越好，就是越来越糟。

* 正在爬与刚学会走路的孩子，应该要能够明白并且去做我们要他们做的事情。

* 良好训练的先决条件是事先设想周全的生活作息表。

* 训练包括了教导并强制执行某些行为与态度。

* 生活规矩是父母训练孩子必须去做的一套重复性的工作。

* 父母需要让生活作息表有弹性，以达到神的旨意。

# 教 养 问 题

1. 如果父母亲没有刻意的去培养孩子自制的性格，会有什么后果？

2. 如果父母没有训练孩子正确的使用他们的声音，会发生什么事？

3. 写出两件我们可以要求会走路的孩子做的事情。

4. 训练孩子的五个步骤是什么?

5. 当一个孩子表现出哪两件事的时候,我们可以知道他开始有自制的能力了?

6. 生活规矩是什么?

7. 生活时间表与生活规矩有什么不同?

8. 如果某些事情打乱了孩子的生活时间表,父母该怎么做?

9. 当孩子做了某些事,或者忘了做某些事,使父母觉得很挫折的时候,父母应该怎么做?

10. 太多的活动对于家庭生活会带来什么危机?

# 培养敬虔的后代
## 幼儿以上

## 第六章

# 纠正孩子的恶习

目的：以圣经的观点来了解如何处理不顺服的孩子，使得他们能够成为欢乐家庭中的一员。

父母亲必须在孩子面前不断持守他们对孩子的目标。他们不但需要为孩子敬虔的成长祷告，也需要在孩子们做出一些小小的进步时不断的赞美鼓励他们。

当我们来学习如何处理不顺服的孩子，若单单注意个别的事件，我们会很容易受打岔。因为训练孩子本来就是一个长期的过程，父母亲必须把他们的眼光放远，不能只看目前处理的单独事件。

在我们上这堂课的同时，我们心中必须记得，小孩子有两种的不顺服。

首先，我们会来看当父母要纠正孩子的时候的一般性原则。因为人有罪性，所以每一个孩子，在某些时候，都会想要背离他们原本会遵守的规矩。我们会在下一堂课中谈到有关管教（肉体上的纠正），今天我们要来谈与管教相辅相成的几个一般性的原则。

第二，我们会谈到如何处理那些从未受过训练的孩子。他们的自制能力很弱，藐视所有妨碍他们欲望的权柄。他们的父母需要一些特别具体的帮助来训练他们的孩子。

父母应该是家中的权柄，可是孩子会挑战他们。当我们要把孩子带回到他们本来应该表现的情况时，我们会遇到反抗、喊叫、无礼的言词、哭闹等等。父母们必须深信，他们是按着神的方法来教养孩子。否则，父母们将会倾向于妥协、前后不一致。在不知不觉中，他们又回到他们本来的样子了。父母们必须同心协力，使得在纠正孩子的过程中，能坚决的面对孩子的反抗。

暂停并回想：　你的孩子有挑战你身为父母的权柄吗？你如何回应他？

父母亲训练孩子的最终目标，是要使他们长大成熟的孩子满有神的慈爱，遵守神的原则，并且与他们有极美的关系。所以让我们来看看要达到这些终极目标所需要走过的几个阶段。在任何时间我们都应该知道我们的孩子目前处于哪个阶段，以及我们应该与他们保持怎样的关系。

# 美好亲子关系的长程目标

医生必须清楚知道，他的最终目标并非只是为病人动手术。如果他真的想，他可以在同一个病人身上动五次不同的手术。但是他必须严格的限制动手术的次数与过程，使得他的更重要的目标—病人的健康与痊愈—可以达成。

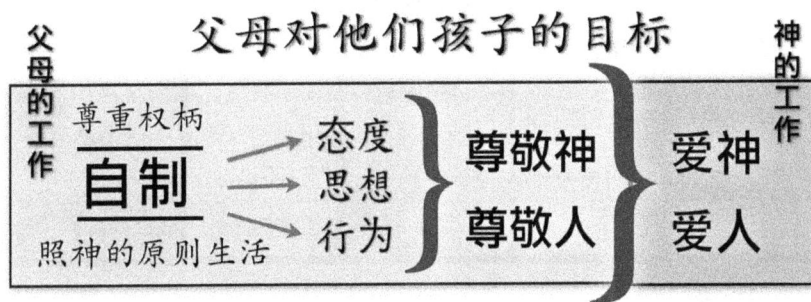

父母对他们孩子的目标

父母的工作：尊重权柄 自制 照神的原则生活 → 态度 思想 行为 } 尊敬神 尊敬人 } 爱神 爱人 神的工作

父母们也必须有比单单纠正孩子更高的目标。我们有责任教养孩子，使他们尊重权柄，有自制的能力，能表达他们对神对人的爱。要达到这些，必须透过以身教与言教来教导神的慈爱与公义，并且训练他们节制自己的欲望以便能服事神与其它人。

「你要尽心、尽性、尽意、尽力爱主你的神。'其次就是说：'要爱人如己。」（马可福音十二30-31）

父母可以在孩子面前活出对神和人的爱，但是他们无法改变孩子的心。他们必须为孩子祷告，循循善诱，甚至请求他们能够好好爱主，但是至终，我们必须让神的灵自己来做这个工作。

| 亲子关系的发展 | | | | |
|---|---|---|---|---|
| 出生前~五个月 | 六个月~两岁半 | 3~11岁 | 12~19岁 | 20岁之后 |
| 1<br>照顾者 | 2<br>训练者 | 3<br>老师 | 4<br>教练 | 5<br>朋友 |
| 父母给予孩子丰富的爱与关怀。孩子学习信任父母的话。 | 父母仔细的告诉孩子，需要遵守哪些规定，以及不顺服的后果。 | 父母教导孩子，圣经的原则与他们所持守的命令有何关连。 | 父母指导孩子学习如何把神的原则应用在生活的不同层面。 | 父母是孩子的好朋友，聆听他们的孩子畅谈生活中的各种故事。 |
| 爱 | 学习 | 塑造价值观 | 分辨 | 分享 |

让我们来看看父母与孩子应该保持的关系。我们标出孩子成长中的五个阶段。请记得，里面所提到的年龄只是概略的而非一成不变的。我们只是用它们来强调父母与孩子在不同阶段中的关系。不幸的是，许多父母从未让孩子离开第一个阶段，最后导致他们与孩子从来没有建立真正的关系。

我们对孩子的最终目标，是希望他们成为我们在世上最好的朋友之一。我们已经长大的孩子与我们的关系，是我们过去教养成功或失败的最佳试验。

暂停并回想：　在这几个阶段中，你希望与你的孩子保持怎样的关系？可能吗？你要如何达到这些目标？

在我们家，每天晚上十点或十点半的时候，我和我太太通常准备好要开始祷告，突然从楼上传来一些响声。很大声的怦怦走路声音。我们的两个最大的女儿会从楼梯冲下来加入我们，与我们有一段交谈的时间。他们其中一个常会欺负

爸爸，可能会坐在他的大腿上。有时候两个人都会！我们都开怀大笑，开心的聊天。有时候也会谈一些严肃的事。我们都很高兴我们是一家人。

圣经一再地应许要透过我们孩子的生命为整个家带来祝福。孩子们不只是一个带来欢乐与爱的群体（诗篇127:3-5），他们也延伸了神赋予家庭的使命（诗篇103:17）。

儿女是耶和华所赐的产业，所怀的胎是他所给的赏赐。少年时所生的儿女，好像勇士手中的箭。箭袋充满的人便为有福。他们在城门口和仇敌说话的时候，必不至于羞愧。（诗篇127:3-5）

但耶和华的慈爱归于敬畏他的人，从亘古到永远；他的公义也归于子子孙孙（诗篇103:17）

神的心意是要透过孩子带来祝福，并且不只是在他们还未满六个月大，还很可爱的时候。我们身为父母的人，应该训练孩子以致于他们能成为我们生命中的喜悦。透过孩子，我们的工作、爱与喜乐可以传递给世人。透过他们，世人可以听见赞美神的声音。

因为，他在雅各布中立法度，在以色列中设律法，是他吩咐我们祖宗要传给子孙的（诗篇78:5）

所有能帮助我们建立这种关系的重要观念都与这个大架构相合。第二与第三个阶段是最重要的。如果前三个阶段都确实做到，后两个阶段会很自然的达成。第二个阶段主要是让纠正与口头的命令产生关连。第三个阶段是以圣经的原则来帮助孩子肯定父母的教导以及价值观。当孩子明白背后的原则时，他们通常都愿意遵守。

圣经一再重复且毫无保留的说道，孩子是神的祝福。但是现今很少人会这样想。他们想要有小孩，但是害怕孩子长到两三岁的时候的顽皮，又惧怕十几岁青少年时期的叛逆，不知如何是好。

这种情况听起来一点都不像是祝福。一个充满喜乐的家庭，同时每个人都乐于是其中的一份子，这样的情况才是祝福。我们需要让我们的眼目专注在我们所设定的目标上，持之以恒的以此正确的训练我们的孩子，并且纠正他们不顺服的态度。

现在我们已经有了一个大方向，我们需要来看有哪些实际的步骤是可以实行以帮助我们达成目的。我们会在下一堂课中特别提到关于管教的问题。我们现在首先要来看几个也是很重要却常常被忽略的主题。

# 深入探讨：触摸孩子的心

孩子不会自然而然的顺服。有些孩子比较容易顺服，但是他们都常与不顺服的天性交战。顺服不是自然而有的，悖逆才是！

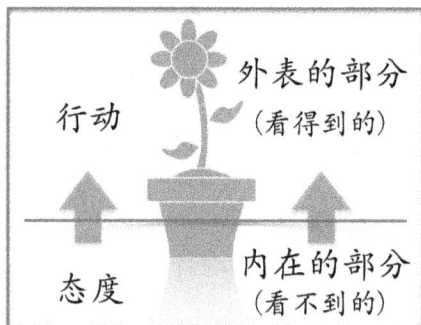

事实上，每一个孩子，不论好坏，都会在某些时候展现出他们悖逆的灵。他们自父母继承了悖逆的天性。他们不做我们希望他们做的，或者不照我们希望的方式来达成。有些父母可能会认为他们的孩子是个例外。他们说

他们的孩子没这么坏。其实，是因为他们不够仔细观察。

骄傲与比较的态度常常蒙蔽了父母的眼睛。他们的标准比较低。他们会说：「我知道我的乔伊绝对不会做…」。可能他们说的是真的，但是很多父母其实并不清楚自己的孩子在做些什么事，他们可能也不知道以神的标准而言，他们应该为孩子负多大的责任。我们必须以圣经中所记载神的话语来判断我们的孩子。

另外，有些父母抱持相对主义，或者他们强调表达自我。他们没有绝对的标准。他们认为不论孩子做了什么事，他们都是好孩子。当然，这样的想法并没有帮助孩子达到神的目标，反而伤害了他们。

暂停并回想： 你的孩子表现得多好？真正足以衡量的标准是神对他们的评价。因为这比较难判断，我们可以以另一个比较容易可行的方法来判断：你的邻居认为你的孩子如何？

另外有一些父母，他们认为他们的孩子没这么坏，因为他们只注意孩子外表的行为，这是我们今天所要谈的重点之一。他们从未检验孩子内心的态度。因此，许多父母暗暗的在家中种下了悖逆的种子。一场大战即将到来，平安已经失去。以下是几个例子：

- 在斥责或管教之后，孩子耸耸肩，慢步离去，显示出他根本不在乎父母说了什么。

- 女儿说「借过」，但是是用一种无礼的口气，让人感觉十分不舒服。

- 父母警告孩子要赶快把房间收拾干净，但是他仍然继续玩着玩具，就好像没听到一样。

- 妈妈告诉儿子，不要再看电视了，快点去做功课。儿子起身，用力的踱着步走回房间。

悖逆会在人的态度里生根，然后在行为中表现出来。就像一个植物，他的根深埋在土里。虽然我们看不到根，但是只要我们看到一株植物，我们知道它的根就在下面。圣经常说到一个人所说以及所做的一切，其实正反映出这个人内在的情况（也就是他的心）。当我们训练孩子时，我们常常只注意到他们的行为而忽略了态度。我们可以发现他们傲慢的语气、不悦的表情、慢吞吞的动作正显示出他们不好的态度。态度，与行为一样，可以是恶的而需要被彻底移除以享有一个平静的家。

> 泉源从一个眼里能发出甜苦两样的水吗？我的弟兄们，无花果树能生橄榄吗？葡萄树能结无花果吗？咸水里也不能发出甜水来。（雅各布书三11,12）

> 善人从他心里所存的善就发出善来；恶人从他心里所存的恶就发出恶来；因为心里所充满的，口里就说出来。（路加福音六45）

泉水的性质是由地层下的东西所决定的。不是苦的，就是甜的。不可能同时又苦又甜。只有善才能产生善，恶只会产生恶。

你是否曾经看过一个孩子照着你要求的事情去做，但仍然觉得有些地方有问题？你不太能够确认到底什么地方有问

题。很有可能是你注意到他有不好的态度。他们用他们的态度与其它的反应来表达他们的悖逆。

如果我们容忍这些对我们父母权柄的微细的挑战，我们的孩子会持续这样做。如果我们希望他们有甜美、温和、良善的反应，我们必须训练他们。

只要我们还容忍这些悖逆的态度，我们永远不能成功的训练孩子的内心。身为父母，我们要的是他们真正心悦诚服。我们不能接受这些具有敌意的态度因为神不喜悦这样，而且这种态度会危害我们与孩子的关系。

我们需要确认问题所在，并且设立一些规矩来正确的处理这种情况。我们需要判断，怎样的态度与怎样的行为连在一起的时候构成了不尊敬的表现，并且这样的行为是不被允许的。这些标准必须很清楚的定出来，并且要让孩子很清楚，如果他们这样做会受到什么惩罚。不同的文化对于不尊敬的态度有不同的表达方式，但每个文化都具有这种态度的表现。

比方说，孩子可以用一种很坏的口气，噘着嘴说「谢谢」。他们的确说了谢谢，但态度不好。身为父母，我们需要模仿他们，让他们看看他们自己的表情与声音听起来如何。然后我们可以用有礼貌的态度说「谢谢」给他们看，让他们重复我们做的事。我们用一种良善、温暖的表情说「谢谢」，让他们知道应该要怎样讲才对。

# 生命中最令人失望的经历，就是看到一个孩子，外表顺服，心中却不然

暂停并回想：　　你能指出在你孩子身上的一些坏的态度吗？把它们写下来，找个适当的时机，与他们分享这些你观察到的态度。

## 我们应如何实际的做出改变？

我们必须为着过去不知道他们某些不好的态度是多么不可容忍而道歉。把这些态度列出来。他们现在已经很习惯如此做了，因此可能他们自己也不知道自己有这种态度。正是因为我们过去对这些态度缺乏管教使得这些坏习惯能形成。

让他们知道现在一切开始不同了。他们需要知道从现在开始你不再容忍他们这样的行为、声音、表情。告诉他们如果他们再这样做会有什么处罚。

帮助他们确认自己的问题。他们可能自己也没有发现问题所在。所以或许在头两次的时候，先不要处罚他们。当他们出现那种表情或态度的时候，学他们的样子给他们看，或者学他们的声音让他们听。提醒他们，下礼拜（或从某时开始）如果再犯就要管教。

我们的目标是要越过外在的悖逆的表现，达到深藏背后的态度。借着这样做，我们可以除去他们对父母权柄的细小

却明确的反抗。这无法改变人的心，但却能勒住他们，使得健康的亲子关系能够渐渐成长。

# 信任与自由的原则

神所赐的目标能帮助我们记住我们该做什么。当我们看到我们的孩子偏离了他该做的事情，我们需要判断哪里出了错，加以纠正。我们需要处理每一个不顺服的情况。每一个不顺服都像一颗种子，会渐渐长大并且破坏其余的部分。我们看到保罗所用的比喻。「一点酵能够使全团发起来」。当我在做面包的时候，只需两茶匙的酵母就能使三个大面包发起来！

以下的原则帮助我们分辨孩子的情况并纠正他们，从小到大都适用。让我们首先讨论原则，然后讨论为什么这些原则是可行的。自由是建立于我们信任他们会听话。

**如果我们无法在我们看得到的时候信任他们。**

**那我们也无法在我们看不到的时候信任他们。**

顺服会带来信任。一再地顺服产生自由。悖逆产生不信任，并且他们所得的自由将会减少。

孩子必须能够在父母亲在的情况下就能够很守规矩的照父母的意思做事，然后他才能被允许可以在父母亲不在的时候做某些事。如果孩子在父母亲在的时候都无法乖乖的遵守他们的话，当然他在邻居家里的时候也不可能会遵守。

孩子们能够了解这个逻辑。如果他们在家里不听话，当然大人无法相信他们在别人家会听话。我们还可以说得更具体。可以应用在许多事情上。如果孩子不能在他们自己的卧房里好好的玩，他们就必须在我们的监视之下玩耍。比较实

际的意义就是，他们需要整个下午都与我们在一起，或者一段足以使我们判断他们的态度与行为已经改变的时间。

圣经描述了这种成长过程。孩童首先被律法所看管，这只是暂时的状态。律法是一种外在的刺激，一种他们有义务达到的标准。律法就像是保护花园的四面围墙，保护他们的安全。我们的目标是要看到律法被内化在他们里面，以致于不论他们或近或远，他们都行在律法之内。这些律法可以用基督的生活方式来总结（亦即爱神与爱人）。

这样，律法是我们训蒙的师傅，引我们到基督那里，使我们因信称义。（加拉太书三24）

这种方法的好处，在于它把解决问题的担子放在孩子的身上。他们都希望有可以自己自由自在在卧室玩耍的权利，等大一点，他们希望能自由的和朋友在外面玩。他们知道父母的规则。因为过去他们曾经犯了错，他们只好失去以前有的自由。没有人愿意失去过去已经有的自由。他们不能责怪爸爸或妈妈。但是他们也知道解决的方法。如果他们希望重新得到自由，他们就需要纠正自己的行为。

这个解决方法强调他们必须持续不断的坚守自己会听话的承诺。他们会十分愿意去做。

顺服带来自由[22]。如果我们在他们不听话的时候限制他们原有的自由，并前后一致，他们就不太会不听话。他们对自由的渴望会使他们注意到顺服的价值与奖赏。

---

[22]我们最早是由Ezzo知道这个漏斗的原则，虽然他们使用这个原则的方法与我们稍稍不同。

# 责任与自由

用漏斗可以很清楚的描述这个原则。

不论孩子们在漏斗（生命）中的那个阶段，他们都有责任活在界线（父母的吩咐）之中，即使在父母不在身边的时候也一样[23]。在后面的课程，我们会谈到对不同的阶段，如何设立不同的界线。

当一个人从漏斗的小口往下走，他的自由开始增多。自由包括了可以去更远的地方，可以做更多的活动，可以和朋友来往。作一些父母或上帝所不喜悦的事情绝对不在自由的范围之内[24]。

当自由增加时，责任同时也增加。虽然孩子对父母的顺服程度并未改变，但是这个原则必须时常应用在更广的范围。父母必须帮助孩子定义这个原则如何应用在不同的情况中，孩子必须顺服，并且在父母没有提到的领域中同样应用这个原则。

前提是：不顺服的孩子拥有太多的自由。他太靠近下面的阔口，离真理（父母亲）的距离已经太远。他们没有遵照

---

[23] 请注意，这种自由的扩大刚好与孩子的自制能力的发展成正比，此时外在的律法逐渐内化进入内心。对于那些尚未证明自己在某些特殊情况下具备自制能力的孩子，我们不敢给他太多自由。

[24] 主告诉我们，这种「自由」是一种奴役。

父母的命令行，所以出了问题。解决之道是把他们带回到漏斗的头部。这代表在某些地方他们将会丧失某些自由。当然，我们可以对他们某些行为的结果提出警告。

圣经提到我们有一种与生俱来对自由的渴望。孩子渴望长大的原因是希望能更自由。然而，自由必须与我们愿意为他人，而非自己而活的责任感连结在一起。

> 弟兄们，你们蒙召是要得自由，只是不可将你们的自由当作放纵情欲的机会，总要用爱心互相服事。（加拉太书五13）

原则是：他们的自由取决于他们负责任的程度。生活不也是如此？这个原则可以解释给任何了解简单逻辑的孩子听，可以用在他们身上，不论年龄多大，都可以使用同一个原则[25]。父母的吩咐形成孩子生活的基本规矩。当孩子长大了，父母的吩咐会稍微调整。界线会渐渐扩大。

如果孩子老是不遵守规矩怎么办？这会让孩子慢慢变得没有责任感。孩子会有罪恶感，因为他的罪没有被对付。孩子会渐渐对神、对父母都变得刚硬、苦毒。他会想要脱离父母，而不是与父母同在。

有时我们会发现当孩子离家久了，他们会比较叛逆，不像以前在家的时候那么顺服。这很可能显示出一个刚硬的罪恶之心。在我们允许他们可以跟朋友一起玩之前，我们要求看到心（态度）的转变。因为我们不知道他们的「罪」在哪

---

[25]向那些尚无能力了解为什么的孩子解释道理是没有用的。父母常常试着对太小，还不懂事的孩子解释道理，最后让自己很生气。我们只需要设定规矩，然后去执行。（看上面的第三个阶段）

里，我们不能责打他们。但是这正是这个原则厉害的地方。他们不喜欢失去他们的自由，因此他们很愿意主动顺服。这也帮助他们看到悖逆是不划算的[26]。

　　暂停并回想：　　当孩子不在你身边的时候，你能信任他吗？如果不行，你的孩子还需要加强哪方面的自制能力？

## 一个小孩的例子

一个小孩刚学会走路。他非常爱走路。我们必须为他设定一个可以走的范围。有时候他必须被限制只能在一个房间或一个区域内玩耍。我们可能用门当作具体的界线或者画一条想象的界线，告诉他不可以跨越这条线。

　　当孩子习惯了这些界线，有时候可以让他有更大的玩耍空间。同样，在这个新的范围，孩子首先必须知道他们可以或不可以做哪些事。如果他们违反了一项清楚的规矩，他们就要被管教并且被限制回到原来的房间去玩。

　　游戏围栏是一个很适合训练的地方。很小且安全。他们可以常常被限制回到游戏围栏来加强他们对于自由与责任的观念。

　　这个训练也可以应用在他们没收好的玩具，被允许与朋友或兄弟姊妹一起玩的自由等等。

---

[26]老实说，当这种情况发生时，常见的情况是孩子继续在家里十分调皮，直到他们被责打，他们的良心被清洁为止。

## 一个大一点的小孩的例子

一个大一点的孩子可能已经很熟悉既有的界线，例如待在院子中，或者不要转到某几个有线电视的频道。我们如何在新的领域训练他们，例如在人行道上，或者在家中的另一块地方？

我们同样的告诉他们，我们希望他们要做或不要做的事情。我们必须观察他们一阵子，看看我们还需要再多加些什么命令，或者修正我们的命令。当然，我们会提醒他们，只有「长大且负责任」的孩子可以在街上的人行道玩。这代表他必须留意听从父母的话。我们会警告他不听话的后果：受管教，并且自由被收回，直到我们看到他顺服为止。

## 处理不顺服的孩子

我们经常使用这个原则在许多事上，例如看电视、打电动、吃饭、讲电话睡觉时间等等。任何事都可以。在每个领域，父母都可以设定规则，小的时候有规则，等他们大一点了，规则可以稍做修改。没有孩子愿意回到以前的规则。

如果他们在某个领域不听话，处罚他们，并确定他们的处罚与他们该受的相称。如果他们熬夜不睡，那么之后的几天他们每天晚上都必须提早上床。如果他们继续不听话，那么很清楚的，他们需要进一步的被训练，使他们能早点睡觉。

如果他们对朋友说话不礼貌，那么他们将无法在一段时间中跟朋友一起玩。如果一再地冒犯朋友，加长限制的时间。如果他们偷吃某个零食，罚他们某一段时间内都不能再吃这个零食（可能两天）。

我们的天父也时常做同样的事。在我们不顺服的时候他同样管教我们。我们看到亚伯拉罕，因害怕而牺牲自己的妻子，以致于后来很久都得不到他想要的东西（一个儿子）。雅各布这个欺骗者更惨，被他的岳父欺骗。骄傲的约瑟也因苦难而谦卑。

总结

类似的情况永远说不完。当孩子还小的时候，我们就只是限制他们的自由。我们并不需要解释。当孩子长大了，我们需要多一些解释他们的过犯所会导致的结果。我们继续加强他们自制的能力。我们需要知道，有一天，我们无法陪在他们身旁，漏斗的下缘继续扩大，希望到那时所有重要的原则都已经内化到他们的心中，使他们很容易顺服主的旨意。

暂停并回想：　你有机会可以开始操练这件事了吗？你有因为他们不顺服而限制他们的自由吗？你如何慢慢的给他们更多自由？你有向他们解释在各种情况中你对他们行为的新的要求吗？

# 认罪是灵魂清洁之道

要让孩子拥有一个健康快乐的生活，认罪是很重要的一部分。只要有罪还没有被对付，孩子们心中就有重担。有罪的人，不论老少，对人的反应都十分的激烈，并不谦卑。这使得要解决问题更加困难。

时常认罪，加上管教，使得大人与孩子能马上恢复和好的关系。孩子与父母都喜欢这样做。

罪就像拦阻在人与人之中的一道墙。罪让我们把自己藏起来。我们会想要尽量不遇到我们得罪的人。我们可以在亚当与夏娃犯罪的伊甸园里面很清楚看到这个原则，他们躲避神。约翰福音三章20节很清楚的教导我们，罪会使我们与神相离，因为「光明」会威胁「黑暗」的存在。

「凡作恶的便恨光、并不来就光、恐怕他的行为
受责备。」

你有没有想过人间最大的仇恨来自哪里？是在家庭里，当有许多错误没有被对付时。当人被家中很亲近的人伤害而问题没有解决，苦毒自然会累积到一个很大的程度。

暂停并回想：　你家中的人会因为他们做错事而道歉吗？这样做的结果如何？

这正是神的爱可以极美的流露的时候。借着耶稣基督，我们的罪可得着神的赦免，我们也可以把这种赦免借着对人的恩慈与怜悯继续传承下去[27]。

父母所需要做的一件大工程是要在孩子面前示范如何解决人际关系间的问题，并训练他们这样做。与人维持关系比维护自己的面子要重要得多。借着以身作则示范谦卑的榜样，我们正预备我们的孩子将来有一天愿意寻求主耶稣赦免他们的罪。

---

[27]彼此饶恕并不会挪去神对某个人所做某件错事而有的愤怒。神仍然会要他为此负责。然而，在神面前悔改并且相信耶稣基督为救主及生命的主，却可以彻底的清洁我们每一种罪。「我们若认自己的罪、神是信实的、是公义的、必要赦免我们的罪、洗净我们一切的不义。」（约翰壹书一9）

圣经中提到基督徒的一个使命是成为使人和睦者（哥林多后书五17-21）。我们被呼召要使我们自己与他人和好。真正的宗教是由这里开始的。

> 这就是神在基督里、叫世人与自己和好、不将他们的过犯归到他们身上．并且将这和好的道理托付了我们。所以我们作基督的使者、就好像神藉我们劝你们一般．我们替基督求你们与神和好。
>（哥林多后书五19-20）

> 所以你在祭坛上献礼物的时候、若想起弟兄向你怀怨、就把礼物留在坛前、先去同弟兄和好、然后来献礼物。（马太福音五23-24）

父母亲借着示范认罪的态度与行为来让孩子知道如何谦卑自己。孩子应该常看到父母常互相道歉，愿意对外人道歉，甚至当他们错待孩子的时候也愿意向孩子道歉。有这样的根基，孩子们就不会觉得道歉是很别扭的，反而认为这是日常生活中的一部份。

然而，如果父母亲对某人心中有苦毒，这个培育赦免之心的过程就会受阻碍。这样的孩子通常会对父母怀有苦毒。他们心中「罪恶之墙」从来没有被挪开。

让我们来练习一遍，当家中的两个孩子开始大哭且彼此互骂的时候，我们该做些什么。这些原则也同样可以应用在父母与孩子之间或者孩子与他们的朋友之间。

## 1) 召开会议

所有可能犯错的人都必须带到父母面前。有时候也需要有可作证的人，但不是必须的。通常此时他们的口都在控告对方的

错。我们要求他们，如果还没有轮到他说话，先安静。如果他们仍坚持要讲话，他们会被修理（下一课会谈得更多）。所有人安静下来之后，我们开始进行会议。

## 2) 举手认错

我通常藉由问这个问题开始：「有做错事的人请举手。」他们（通常有一个以上）会很快的彼此看看，之后举起手来。没有任何一个孩子有做错任何一件事的情况相当少见。他们通常都知道自己做错的一两件错事。

## 3) 认罪时间

我逐一询问每个人犯了什么错。我在此时会特别要求其它人不要透露任何消息。如果需要，我等会可以再回去问他们。我要在孩子心中耕耘一种能够承认错误的态度与能力。同时，他们也会看到，虽然他们控告其它人做错了某些事，他们自己也同样有错的地方。另一个好处是可以预备他们的心接受福音。借着认错，他们会看到他们需要基督。

## 4) 更详细的审查

通常我会由询问年纪最小的孩子开始。他通常已经说过他做错了什么。现在我需要明了整件事的来龙去脉以致于公义得以伸张，并且能圆满的解决整个冲突。通常藉由问最小的孩子可以达到这个目的。我集中注意力。我逐一询问（从最小的到最大的）为什么他们做了这些事，所以每一个孩子都有机会说出自己的怨言。

## 5) 纠正错误

有时候他们已经彼此修理得够了，以致于我几乎不需要多做任何事。他们已经做好了。我们不是要报复孩子。我们是要管教他们。但是很多情况下需要用鞭子来管教他们做错的地方。如果不严重，可以令他们为了自己所做错的事，或者自己不好的态度，向对方道歉。有时候是某人的玩具被抢走。有时候仅是一个需要被澄清的误会。我们处理过很多次！

## 6) 最重要的

我们对孩子的目标是要他们有清洁的良心与美好的关系。我们无法救赎他们，但我们可以让他们感到自己需要救恩。认罪与道歉并不能洁净他们的灵魂，但他们的良心可以得清洁。他们不用明明知道自己做了错事却假装自己很好。

当他们承认所犯的罪并且受过处罚之后，他们的态度会截然不同（如果不是这样，代表还有些问题没解决）。如果你还没有经验过这种由道歉与管教所带来的极大的改变，那么你和你的孩子错过了一段生命中最美好的经历。

每个人都必须向他冒犯过的人道歉，从最大的到最小的。父母不用做这件事，但有时候需要从旁提醒他们。如果某个孩子才刚学会说话，或者他搞不清楚状况，父母可以一句一句带着孩子道歉。他们该说什么？

• 「很抱歉我…（打了、伤害、很自私）」

要具体，把所有的罪都列出来，不论是不是很丢脸。

• 「请饶恕我」

不要忘了这重要的一步。不要让其它的人说这不重要。这句话很重要。如果其它人也有错，他们也应该道歉。

• 等候对方的答案。在对方说没关系之后，两个人互相拥抱

拥抱并非圣经规定我们要做的[28]，但是这是重建友谊的一个好方法。低于5％的情况下我们会看到不情愿的拥抱。这可能代表有些罪没被发现，有人认为自己没得到公正的对待。此时一定要回头去看还有哪些问题。

我们从小就按这种方法训练他们，所以之后每当我指出他们有哪些罪的时候他们都自动自发会这样做。事实上，我常常要他们（六岁到十二岁的孩子）自己去道歉与和解。他们通常都能做到。

暂停并回想：　在你家中，你需要采取什么步骤来建立这种认罪与道歉的习惯？最难的部分是什么？父母亲有常常彼此道歉吗？

关系的重建使得兄弟姊妹、朋友、亲子之间都能常保良好的关系。

# 对未受过训练的孩子施以训练

如果受过训练的孩子不听话，我们有上述的方法处理他。对于那些未受过训练的孩子怎么办呢？或者更特别的情况，对于那

---

[28]不同的文化有不同表达和解的方法。某些肢体动作的表示与饶恕的言语可以相辅相成。

些刚开始发现自己需要训练孩子顺服的父母而言，他们该做什么？

暂停并回想：　你有按照神的标准来训练孩子吗？如果没有，你准备好要采取适当的步骤来开始做吗？为什么？

如果孩子在成长中没有受过类似的训练，他可能会有一些严重的反抗。我们建议父母采取以下的步骤：

## (1) 在新计划上取得共识
父母两人必须在即将采取的行动上取得共识。哪些事情是神指教你，而你现在想要在家里实行出来的？认清楚神对你的家所设定的目标。

## (2) 设立榜样
身为父母，要以身作则示范这些原则。要记得，每个原则都有它实际上的用途。比如说，为了自己脸色不好而谦卑的向配偶道歉，可以让孩子看到我们每一个人所该有的谦卑的态度。如果我们错待了孩子，我们也应该向他们承认我们的罪。

## (3) 承认自己的错
父母需要解释为什么要改变原来对待孩子的方式。从认罪与道歉开始，为了之前没有好好训练他们道歉。根据孩子年龄大小，解释的方式可能会不同。解释是很重要的，因为这会让孩子知道你是很认真的。再次提醒，你愿意改变的心，会帮助孩子看到他们也应该在某方面开始改变。

## (4) 对孩子敏锐
让孩子有机会开始为了他们所做不对的事情认罪并道歉，但不要强求。为什么？我们是这样觉得，我们花了很长的时间才了

解这些原则。我们也应该给神一些时间在他们的心中做工。他们的确需要在某些行为上立刻开始运用这些原则，但是在另一些方面，可能没那么快。记得要像神一样有恩典与怜悯。

## (5) 解释圣经的原则

解释从今天开始，你会持续应用的圣经原则。包括某些行为、言语、态度会带来的惩罚。

(a) 如果孩子比较大了，很清楚的告诉他们为何要做这些改变的圣经根据。父母要解释，神对我们的命令要求我们这样做，并且我们自己也渴望与他们保持一个良好的关系。参考之前的图表，提醒自己关系发展的五阶段。身为父母，你对孩子永远有权柄，但是要用不同的方式表现出来。

(b) 找出他们不好的态度。记得神不只是要对的行为，他也要求对的态度。向他们解释我们要对的行为，也要对的态度。要具体。清楚的说明出来。比方说，如果我们要他们在吃饭时要求别人传递某盘菜的时候要有礼貌，我们不只是告诉他们，要讲「请传…过来」，我们也告诉他们用一种谦卑柔和的态度说这句话。

(c) 对他们解释，每个原则都很重要。如果我们没有看到他们有耐心的——达成父母的要求，那么他们在某方面的自由就必须受限制，直到他们能够老实的完成这些要求。

(d) 当他们做了不对的事，他们需要认罪并且向他们得罪的人道歉。

这听起来可能不容易，可是这会开始让孩子的态度产生很大的转变，因为他们看到你很认真，也希望与你的关系更好。他们可能会测试你，看你对此事是否很认真。要认真！

# 教养的原则

- 我们的终极目标是要产生出爱神、爱人的孩子

- 良好的教养会孕育亲子间的美好关系。

- 孩子的成长会有不同阶段，在不同阶段我们需要用不同方式对待他们

- 父母必须有效的对付孩子的叛逆、以及其它的行为，以维持良好的亲子关系。

- 对孩子的信任建立在他们的顺服上。

- 只有对于那些你相信会顺服你的孩子才能充分给他们自由。

- 要使孩子们的自由意志朝向顺服父母发展，必需限制他们的自由。

- 要保持良好的亲子关系，并且预备孩子发展与上帝的关系，认罪与道歉是很重要的一部份。

# 教养问题

- 我们与孩子的关系的终极目标是什么?

- 列出亲子关系的五阶段。

- 为什么对付孩子的态度与对付他的言语行为一样重要?

- 父母对孩子的信任与他们所赋予他的自由有什么关连?

- 这种自由的观念如何让孩子有愿意顺服的动机?

- 解释漏斗的观念。

- 为什么灵魂的洁净这么重要?

- 父母如何确定在他们与孩子的关系中没有苦毒产生?

- 如何训练未受过训练的孩子? 列出至少两个步骤。

# 培养敬虔的后代
## 幼儿以上

## 第七章

# 以爱施行管教

目的：　　建立一种合乎圣经的体罚的观念，并说明如何适当的实施在孩子身上

在以前，社会上普遍认为，不管教孩子的父母是不好的父母。在今天，现代思潮大大的改变了社会，以致于打孩子的父母被描述成为不爱小孩、残忍、不好的父母。的确，很多事都改变了。是否体罚孩子仍是需要的？如果是的话，原因为何？

神的话很清楚的提到管教的重要性与实行面。圣经中关于父母的主要任务的教导，可以全部浓缩成一个功课。光在

箴言里就有十七节经文提到管教这个字[29]。要培育一个有智慧的孩子，管教是十分重要的。希伯来书十二章有对于管教的综合描述。

第一部份提到关于纠正孩子的重要观念。这些观念使我们对于如何有智慧的管教提供了正确的根基。我们终极的目标是要培养能爱神与爱人的孩子。我们藉由教导孩子尊敬我们身为父母的权柄来渐渐达到这些目标。我们继续与他们建立亲密的关系。我们必须挪开在亲子中间成为拦阻的任何事物，照着我们天父的榜样行，他既有爱又有权柄。使用棍子对于达到这些目标是很重要的。

棍子只是这个矫正过程的其中一环。这并非全部的过程。棍子或杖只是一个好用的工具，用来完成这些特殊的工作，而这些工作必须做在孩子身上。首先，我们来看看圣经对于这个主题有什么教导，接着我们来注意几个关于实际执行时的问题。管教证明父母亲对孩子的爱。

# 了解管教

在我们开始的时候，我们先来对几个重要的词汇加以定义。我们承认有时因为人们对同一个词有不同的理解而产生混淆。即使在这里，有些词汇也会交替用到。

---

[29]箴言三11, 六23, 七22,十二1, 十三1, 18, 24, 十五5, 10, 32, 十六22, 十九18, 20, 27, 廿二15, 廿三12-13。做一下词汇的研究。与你的孩子一同背这几节圣经。他们很快会发现使用棍子管教不是他们父母发明的，而是出于一位慈爱的创造者。

教导：教导是要求孩子遵照某种行为规范去做所需要施行的口头或者行为上的劝导。

管教：管教是你教导孩子成为顺服的整个训练过程。

体罚：体罚（或杖的使用）是指为了使孩子能达到某种要求或者行为的改变而施加在他们身上的肉身的痛楚或者不舒服。

纪律：纪律是一个名词，用来描述一组有规则的行为，例如守时、节制饮食，或其它好习惯。「他有很好的纪律」。

术语能帮助我们更了解别人想要说的内容。在这篇文章中，我们会用体罚一词单指在训练与纠正孩子的过程中所施予他们身上的肉体的痛楚，这整个训练过程一定会包含杖的使用。

以弗所书六章四节可以帮助我们清楚的看见神对我们父母亲所说的话。使徒对于父亲如何养育孩子有许多可以提的教导。他提到了一个负面、两个正面的命令。

你们作父亲的，不要惹儿女的气，只要照着主的
教训和警戒养育他们。

父亲应该负责任的在两方面照顾他的孩子：透过主的教训与警戒。我们可以把这两件事想成一个栏杆，用来防止车子在山路上行驶时掉到悬崖下面的栏杆。

有一次我们全家坐公交车游览中台湾著名的横贯公路，它座落在崇山峻岭之间。有的地方路面实在是太窄了，以致于两台公交车会车时很难通过。有时候一台车要等另一台，

也有时候他们车身互相摩擦着通过，因为真的没有多余的空间了。

我们所坐的公交车是在悬崖这一边的。这台车一面摩擦着悬崖的围栏，一面缓步前进。车子发出尖锐刺耳的响声，但是更重要的是，我们从窗户看不到悬崖的边缘在何处。车上每个人都很自然的跑到离悬崖远的那一边。我们不喜欢摩擦围栏所产生的刺耳噪音，但是有围栏却是比没有更好！它使我们不容易开到悬崖下面。这就是教训与警戒对孩子所产生的功用。它使得孩子走在正确的路上。

在悬崖边安装围栏需要花费许多功夫。在开拓横贯公路的时候许多人因此丧失生命。安装围栏真的值得吗？当然值得。开了一条山路却不安装围栏是不合理的。同样，生了孩子却不在他们身边放下围栏也同样是不合理的。

这里用到的两个希腊字非常有启发性。「警戒（paideia）」是指训练孩子的整套方法。这包括了体罚与教育。英文中的'training'这个字如果加入了体罚的含意，则跟它的意思相近。「教训（nouthesia）」是指辅导、劝告与警告。话语是用来建造、指导、鼓励孩子的。

## 抑制不正当的欲望

这两个词都暗示我们，孩子缺乏适当主导自己的能力。没有父亲在他们生命中放下这些围栏，孩子会走出路的边界外而掉到悬崖下。我们时常看到孩子掉下去。为什么孩子需要帮助？

在另一面来说，这可能仅因为缺乏知识。父母需要教导什么是对的，什么是错的。有时候，这样的教训并不能轻松得来。似乎有些东西会阻挠、扭曲他们的学习过程。

另外有个问题可以解释这点。孩子们通常有一种抗拒顺服的天性。所有的父母在他们孩子身上都会发现。这种罪性对于权柄是悖逆的，并且会想要实现自己的欲望，不顾他人的需要。没有人会说想吃东西的欲望不对，但是如果一个很饿的人跑进餐厅，坐下来，抓起别人的食物大快朵颐一番，这种行为是不可忍受的。孩子必须被训练以致于能体谅他人的需要，并且愿意为了以恰当的方式行事为人而甘心损失自己的利益。

藉由以下的课程内容，我们可以针对不同情况发展出不同的指导方针。藉由一般性的原则，套用在每个人所面对不同的情况，可以发展出各种各样的界线。

要训练孩子成为「关心他人」的人，在主里的教导与管教是必要的。他们需要知道如何抑制那些满足自己的欲望。棍子在这方面很好用，借着以痛苦的感觉使孩子克制自己心中会伤害别人的欲望，例如抢走朋友的玩具。口头教导不只能引导孩子，当他们长大后，也能帮助他们自愿的采取这些原则。这是在孩子心中灌输自制的最终目标。

　　之前我们有个邻居，他们的孩子想要什么玩具就抢来玩。周围的邻居十分讨厌这个小孩。他似乎完全无视于他人的不悦与讶异的表情。

# 种下正确的行为

管教（训练）与教导有共同的目的。围栏的目的是确保路上车子的安全。当父母亲只是要让孩子躲开危险，而没有积极的引导孩子的方向，就会产生误用体罚的情况。很多时候，父母亲只在孩子激怒邻居或是打扰到父母本身的时候才加以管教。对于训练的最终目的而言，这是不够的。

　　在这种情况下，孩子只会注意，做什么事情是可被允许的。他可能平常跟朋友玩的时候一向都很大声，可是有一天，父亲却因这个缘故打他。原因是因为那一天父亲刚好头痛，被他吵得无法休息。这种情况下，孩子无法知道「围栏」的界线在哪。说不定在马路中央。这就是「惹他们的气」的一种方式。

　　管教的真正目的是给予能力、引导、确认正确的行为、以及帮助孩子。使用棍子背后的动机是出于爱而非父母的自私。

　　体罚可以帮助孩子建立对权柄的尊重，并发展自制力，以致孩子能够发挥身为一个人类所具有的全部潜能。没有这样的管教，孩子对生活的不正确的态度以及缺乏自制的能力，会使他们成为自己罪恶本性的受害者。即使没有父母加给他们问题，我们的孩子在生活中的问题已经够多了，

暂停并回想： 你自己的爸爸是怎么做的？他是否有管教，也有教导？你比他做得更好吗？请试着解释。

# 体罚的圣经观点

爱❖疼痛❖归属感❖被遗弃❖尊敬❖目的❖结果❖鼓励❖界线

## 希伯来书十二章

我们的造物主很清楚的知道父母们必须清楚的认识管教的各个层面。希伯来书十二章总结了在许多其它的经文中所提到的事情。让我们从这段经文中撷取几个原则，并且看看如何把这些原则应用在管教孩子上面。作者比较我们的天父管教他的孩子以及地上的父亲管教孩子的方式。他借着比较熟悉的事物（在家中的体罚）来教导比较不容易了解的事物（神的方法）。老实说，今天我们许多人都应该学习神的方法，应用在我们的家中。我们的社会已经大大的败坏了。

### * 因为爱(12:5-6)

真正管教的动机是爱。

> 你们又忘了那劝你们如同劝儿子的话，说：我儿，你不可轻看主的管教，被他责备的时候也不可灰心； 因为主所爱的，他必管教。（希十二6）

神不想让他的孩子走离正道。他给他们一种特殊的照顾使他们能停在正途上。就如同神管教祂的孩子，父亲也应该体罚他的孩子。父亲的爱驱迫他拿起棍子来打孩子。管教是一个很严厉的工作。父亲必须完全掌握孩子的状况。出于对

孩子的爱，一个好爸爸会这样对待孩子。一个缺乏自制的孩子所表现的行为不让人难过吗？

暂停并回想： 你体罚孩子的原因是什么？

## * 所得到的是疼痛(12:6)

如果不痛，就没用。

又鞭打凡所收纳的儿子。（希伯来书十二章6）

我们不用假装管教的某些层面不会产生疼痛。事实上，「鞭打」这个字是很强烈的，它告诉我们，有时候体罚必须产生很大的疼痛以达到目的。

不可不管教孩童；你用杖打他，他必不至于死。
（箴言廿三13）

虽然父母可能觉得他们在「伤害」孩子，其实，管教会带来更大的好处，这种好处以其它的方式无法达成。圣经不否认孩子受体罚时会受苦，但是那只是暂时的，他不至于死。圣经却重复提到，缺乏体罚，孩子会受更多苦。

有些人极尽全力避免痛苦与冲突[30]。这些人无法爱他们的孩子。孩子必须经验到体罚所带来的痛苦的感觉，训练才能成功。神也会训练父母亲！

那些马拉松选手很严格的锻炼身体。他们身上也有疼痛。而这一切都只是为了一场比赛。现今的世代并不反对自

---

[30]许多父母对与疼痛与体罚有不好的回忆，因此他们避免这样做。事实上，他们需要知道，问题出在滥用管教，训练仍是应该的。他们对孩子的训练，应该由原谅自己的父母开始，思想这几节经文，并开始一步一步，仔细的训练孩子。一种过度的反应不代表另一种极端是对的。我们的孩子比我们的心理障碍更重要。

我训练。他们反对的是，由一个人施予另一个人的强迫行为。

## * 一种特殊的从属关系(12:7)

神只体罚属他的儿女。

> 你们所忍受的、是神管教你们、待你们如同待儿子．焉有儿子不被父亲管教的呢？（希伯来书12:7）

要注意，这里暗示父亲应该管教他的孩子。每一个父亲都应该管教儿子。这也包括体罚的意义在内。如果父亲忽略了这个责任，代表某些事出了问题。我们应该毫无疑问的管教我们的孩子。

暂停并回想：　你有体罚孩子吗？

## * 被遗弃、成为孤单(12:8)

孩子极其需要受父母的管教。

> 管教原是众子所共受的、你们若不受管教、就是私子、不是儿子了。（希伯来书12:8）

如果孩子没有受管教，表示他不是家中的一份子。拥有权带来责任。没有管教，说明了这个家对孩子没有拥有权。我们了解有些孩子的父母从不管教他们。这样的家庭运作不正常。

或许，在管教中所带来的特殊作用，是安全感与归属感的基础。否则孩子会觉得自己不重要。这或许正是今日自尊危机的根本原因。父母从不管教孩子。孩子因此觉得不受到重视。

暂停并回想：　你为孩子的自尊感到担忧吗？有些父母认为打孩子会导致自尊受损，这使得问题更严重。圣经所说的刚好相反。除非孩子们受到疼爱，以及体罚，否则他们无法拥有对自我及他人的珍惜，并健康的成长。

## * 视为父亲加以敬重(12:9)

这里提到管教与尊敬两者的明显关连。

> 再者、我们曾有生身的父管教我们、我们尚且敬重他、何况万灵的父、我们岂不更当顺服他得生吗？（希伯来书 12:9）

当地上的父亲管教孩子，孩子后来会尊敬他。天父为了在他的孩子心中产生同样的尊敬，也管教祂的孩子。孩子心中有对父亲的敬重是很重要的。得到敬重的方法也相当清楚。为何现在许多人都不喜欢这个方法？

## * 更高的目的(12:10)

神对我们更高的目的，使得管教不但是合乎伦理，也是必要的。

> 生身的父都是暂随己意管教我们．惟有万灵的父管教我们、是要我们得益处、使我们在他的圣洁上有分。（希伯来书 12:10）

> 操练身体、益处还少．惟独敬虔、凡事都有益处．因有今生和来生的应许。（提摩太前书 4:8）

父亲管教孩子。天上的父神也管教祂的孩子。他们都是为了更高的目的而做的。他们往前看到更远的美景。训练所带来的果效使得这一切都值得。运动员注目的是训练的结果

—赢得奖赏。父母也必须这样。他们需要训练孩子得着敬虔的生命。

## * 美好的果效 (12:11)

管教是一件吃力的工作。值得这样做吗?

> 凡管教的事、当时不觉得快乐、反觉得愁苦。后来却为那经练过的人、结出平安的果子、就是义。 (希伯来书 12:11)

是的，我们都知道管教使人痛苦，不但是孩子，也包括父母。没人喜欢这样。当一个人看到经过适当训练的孩子所发出生命的果效，每个人都会惊讶。圣经描述这种果效为「平安的义果」。这就是我们的目标。这使得疼痛变得有意义[31]。

## * 稳步向前 (12:12)

我们需要了解管教的目的，并且因此得到鼓励。

> 所以你们要把下垂的手、发酸的腿、挺起来。 (希伯来书 12:12)

孩子通常会对刚打过他们的父母心中怀怨。透过观察其它的事情，孩子发现父母并不真的关心他们。在他们心中并没有远大的目标。有时候，甚至父母也犯孩子被责怪的同样错误。我们应该向孩子分享我们心中更高的目标。把目标摆

---

[31]事实上，我们应该注意，过着一个没受过管教的生活所带来的痛苦，绝不会少于从鞭子来的痛苦。注意其中的差别，「愚妄人藐视父亲的管教·领受责备的、得着见识。」 (箴言 15:5)

在他们前面，使他们知道这个阶段有一天会过去。让孩子持续走下去。

## * 清楚的界线 (12:13)

只有当孩子行在对的路上，他才会得到保护。鼓励孩子行在对的路上。

> 也要为自己的脚把道路修直了、使瘸子不至歪脚、反得痊愈。（希伯来书 12:13）

要使得他们前面的路十分明确。告诉孩子你期待他们怎么做。如果你跟他们谈话时他们不专心，看着他们的脸说。如果他们说他们忘记了，就叫他们在每次你说完之后重复一次你刚刚说的。

## 总结

希伯来书十二章对于父亲在他家中施行管教的责任与重要性做了总结。现在让我们来看看，当我们要去作圣经叫我们做的事情时，所产生的实际情况。

爱✧疼痛✧归属感✧被遗弃✧尊敬✧目的✧结果✧鼓励✧界线

# 关于体罚的实行

以下是一些父母亲关于体罚的常见问题。

# 体罚孩子是一种虐待吗？

体罚是训练过程的一部份，绝不是虐待。当父母在自己被激怒、很生气的状况下来处理小孩，那才是虐待。父母应该先冷

静。有时父母个人的问题会在他们虐待孩子的行为中显现出来。药物，例如酒精，会加重这些问题。这并非管教。

如同上面所说的，当父母完全忘了要体罚孩子，也会导致虐待的发生。在这个过程中，父母心中的怒气不断累积，一直到有一天突然全部爆发在孩子身上。这也不能叫管教，因为这并非有计划性的建造他们的生命。

若没有管教，没有一个孩子可以在生活中很轻易的成功而不经历受创伤的过程。

# 如果邻居大惊小怪怎么办?

体罚有时候很大声的！有时候你的邻居听到你的孩子尖叫，他们开始担心。他们并没有看到你对孩子的爱，以及你心中长远的计划。

当孩子还是婴孩的时候就开始训练他，这是极其重要的。这会使你的孩子从很小开始就对于你说「不」的时候非常认真。这并无法完全消除管教的必要，但是会大大的减少管教。

我们训练过我们的孩子，当他们哭的时候要搗住嘴巴，尤其是大哭的时候。真的有用[32]！我们也不容许他们极大声的哭闹或吼叫。吼叫是背叛的一种表达。孩子需要因这种不顺服的态度受警告，如果需要的话，甚至受处罚。仔细聆听你孩子的哭声以分辨其中的不同。

---

[32]如果他们不依从我们的话，我们需要用棍子打他们的手，让他们知道这件事的重要性。感谢主，这件事不需要常常做。

选择在有隔音效果的隐密处施以管教。如果你住在公寓，选一个离大厅比较远，而且有隔音设备（例如地毯）的房间。你可能需要暂时堵住出风口。墙内壁橱是一个不错的地方。

当父母含着怒气处罚孩子，他们会养出充满敌意的小孩。父母对小孩吼，小孩也吼回去。父母打，小孩吼。这决不是我们要的。

## 我对于自己的怒气要如何处理？

有时父母会对孩子的行为发怒。这使得父母心中有一种想立刻体罚孩子的冲动。问题在于，如果父母本身自制能力不够，他对孩子的打骂可能会超过他所应做的程度。如果你生气了，首先，使自己冷静。在这段时间，先叫孩子在另一个房间等你。向他解释，你生气了，但你希望能恰当的给予他处罚。他会十分感激你。

## 我们应该在公众场合管教孩子吗？

不应该，这是不恰当的。告诉他，回家之后他会受处罚。如果你回家已经是晚上，而且你住在公寓，或者离家里还有很长的一段路，在车里就体罚他。把所有的事情都对付清楚，使得他上床睡觉的时间不会被耽误。

有时候孩子的态度很差。若不纠正，你知道会有更多的问题。把他带到一个隐密的地方[33]管教他。有时候可以带着他出去走走，然后用力捏他的手，让他感到痛。

---

[33] 教会的厕所会有很大的回声。试着带到教堂以外的地方。

如果在崇拜之中，我们会先警告他们，然后开始举手指。每只手指代表回家以后会打一下[34]。

# 我们所做的事情违法吗？

有些执法机关对于打孩子不高兴。他们不了解这个问题。那些被现代思想洗脑的人已经把他们的学说广为宣传，并且政府出钱让他们这样做。每个地区的情形不同。然而，这是一个道德问题。圣经原则正受到挑战。如果需要，我甚至愿意为这个原则坐牢[35]。如果体罚是爱的一种表明，那我必须爱我的孩子。

多半的情况下，如果我们可以向人们解释我们管教的方式以及长程目标，人们会知道我们的训练与虐待孩子是不同的。执法机关对那些真的虐待孩子的父母会加以处罚。他们光处理这些人就够忙了。如果孩子被爱、被照顾，他们不会有空来管的。

虐待与体罚两者有天壤之别。体罚并非一种处罚或是报复，而是教育孩子拥有正确的判断力与敬重权柄。如果你的邻居喜欢向警察检举人，你可以考虑搬家。人们只会听到孩子的哭声，不知道其中的差别。

---

[34] 也有人建议每一只手指打五下。这留给每个父亲自己决定。

[35] 在美国，人们仍然可以以宗教信仰的理由为自己辩护。我们不知道这种情况还可以持续多久。

# 当我体罚孩子的时候，应该如何向他解释？

当孩子需要管教的情况发生之前，父母应该早就把规矩清楚的告诉孩子，并且告诉他们不遵守的后果。事先有了这样的教导，之后才可以体罚。

父母并非把孩子当作仇敌来对待。如果孩子事先就了解父母定的规则，他们就更能够看到自己犯错的地方，以及自己不愿意顺服的态度。我们希望他们心中能觉得「我以后再也不要这样了！」父母是强制者。父母可以说：「我也不喜欢这样做，但这是为你好。你自己知道，如果你…会有什么处罚。」孩子需要为他自己的态度与行为负责。体罚会使得他发现当自己不负责任的时候所产生的问题。

我们需要先确认他的确犯了错，然后体罚他。我们应该鼓励孩子先自我认错，即使你已经看到整个犯错的过程。我们希望建立他认罪的习惯[36]。让他自己很清楚说出他做了什么。如果他需要旁人的协助，你可以说：「你同意你不应该做…吗？现在我必须处罚你。」

我们也可以考虑限制他的某些自由。比如说，有一次我们的孩子在吃饭时间在教会里到处乱跑，这违反了我们的规矩。在下个主日，我们规定他在整个吃饭的时间，都必须乖乖的坐在位子上。我们向他解释我们所做的事情，以及为什么我们要这样。

---

[36] 参考第五课以得到更多关于对于这方面的教导。

# 可以用其它的方法处罚吗？

父母有许多种纠正孩子的方式，但是斥责与用棍子打是两种最基本的。在许多情况中，光用说的没办法彻底改变孩子的态度。没有其它的方式可以取代圣经里面关于用棍子体罚的教导。体罚并非唯一矫正孩子的方法，可是它是唯一一种可以恢复孩子对父母的尊敬的方法。

适当的使用棍子可以清洁孩子因犯错而产生的罪恶感，并恢复他对父母的尊敬。之后，关系很快的就会完全恢复—就好像这整件事从未发生过一样。

其它的方法，例如关厕所，通常效果比较差。许多时候，很多方法完全不管用，因为这些方法无法重建关系，或者父母一直不想用棍子打孩子。为了除去孩子心中的愚顽与悖逆，非要用体罚不可。我们可以用其它的方法，例如限制他的自由、斥责、分散他的注意力等等，与棍打的方法共同矫正孩子。

# 棍子的定义为何？

棍子是一段小树枝，有时候我们称它鞭子。尺很容易断。而且要钱。鞭子会发出嗖嗖的声音。可以轻轻的打，也可以很用力，端视情况而定。试着找一个容易弯曲的鞭子，不要找已经硬掉的，或者太重的。用塑料管也可以。

# 要如何适当的使用棍子？

棍子可以用来训练，也可以用来体罚。当用于训练时，棍子帮助孩子以适当的态度响应父母的「不可以」。一旦孩子建立起

这种连结反应，他们之后就不用太多体罚。孩子心中已经建立起惧怕感。在训练的时候，棍子要马上开始用，但是对于年纪小的孩子要轻轻打。他们通常并非不听话，只是忘了父母亲规定的事情。我们的女儿在十个月大的时候就已经非常明白我们说「不可以」的意思（如果他没有被别的事分心）。

在过犯发生之后立即的管教是最有效的。

在体罚的时候，因为孩子很清楚的表现出不顺服，所以必须用棍子在他身上产生疼痛的感觉。在这种情况下，棍子是为了悖逆的态度使用。有两种悖逆。1）公开的悖逆是不顺服的态度加行为。2）默默的悖逆，是只有表现出不顺服的行为[37]。

孩子会不会有时候忘记了？会，但是多半的情况下这只是用来掩饰他们悖逆的借口。孩子有时候的确会忘记，或者因其它的事分心。如果真是这样，我们不处罚他们。相反的，我们只警告他们。但是当我们知道他们很清楚的不顺服我们，我们必须使用棍子。

在这种情况下，可以用棍子打他们的手背。叫孩子把他的手放在一个平坦的平面上。这样疼痛感会均匀的分布在整个手，而不会只集中在某一处。如果孩子穿着厚的裤子，要打他的屁股比较不容易，因为他可能并没有被打到。有时候又会打的太重，因为你以为他不够痛，而导致处罚太严厉。

记住，当第一次用棍子的时候，你自己要先打自己看看。这样你可以很清楚的判断到底有多痛。我们不需要太重的体罚孩子。

---

[37] 也有别人称之为主动与被动的悖逆。

# 我们可以先警告他们吗?

在很多时候,如果我们对他们下的命令并不清楚,应该要先警告。比如,我们可能警告孩子不要走进邻居的院子。但是因为过去一年来孩子常常拜访邻居,走进他们的院子,我们可能在开始的前几天先警告他们。之后宣布在某一段时间后,你就要开始用棍子了。事实上,你已经在训练他们不要走到那里去。

很多时候,在孩子很清楚的做了违背良心与我们的规定的事情,我们想要警告他。但只有用棍子才能使他回头,并与父母恢复适当的关系。

# 关于第一次的顺服?

第一次的顺服是指,当父母要求孩子做某件事,孩子第一次就听话了。很多时候,父母一次又一次的警告孩子。他们以为借着他们温和的态度,他们正帮助孩子,这是自己骗自己。相反的,他们使孩子搞不清楚状况,最终反而需要更严厉的体罚。

当然,我们需要努力达到第一次的顺服。第一次的顺服是顺服。第二次的顺服是不顺服。我们再深入思想这个问题。

一旦父母警告了孩子,孩子会变得习惯于受警告。换句话说,孩子不再对父母要求他们做某件事有积极的反应。他们知道,在父母亲提高音量喊叫之前,不会有任何事发生,而这可能要等他们重复他们的命令三次之后。为什么多走这一段呢?这导致亲子关系中极大的摩擦。

# 如何训练孩子第一次就顺服？

首先，我们需要向年龄够大的孩子，解释我们从现在开始对待他们的方式即将改变。告诉他们，过去你对待他们的方式是不正确的。当然并不是最好的。接受责任。向他们道歉，并告诉他们新计划。

由训练开始是最好的。他们过去受的训练是错的。现在他们需要重新训练。设计一些练习用的场景，使他们可以在其中学习。使这个场景感觉像玩游戏（如果他们年纪还小）。比如说，叫他们站在房间的另一头。当你说「过来」的时候，他们需要马上过来。你可以设计几个类似的情况。因为这只是重新训练，不要把他们的不听话视为悖逆，至少前几次先不要。提醒他们。设定一个时间点，过了之后，如果他们不来或者不作父母第一次要求他们做的事情，就开始打了。

从早上就提醒他们家里的新规矩。中午再提醒一次。他们遵守后，恭喜他们。跟他们解释这种新方法有哪些比以前好的地方。比方说，妈妈不会发脾气、吼叫了。父母应该随身携带一个小棍子，以在孩子不顺服的时候立刻处罚。重新训练是困难的，但却是必须的。

# 为什么有许多的书都不鼓励体罚？

现代思潮的中心思想，是认为一个不受任何规则律法限制的人是最自然的，因此也是最自由、最快乐的。他们认为真自由需要消除所有的限制，好让人自由表达他们的感觉，满足他们的欲望。现代思潮并不相信管教，以及塑造孩子的想法。他们不

喜欢对孩子设下限制，他们用劝导的方式。他们不想干涉孩子选择的自由。他们相信孩子可以正确的区分对错。他们错了。

　　圣经的观点刚好相反。圣经强调，唯有限制一个人满足私欲的自由，才能使他能达到他被创造的目的：爱神与爱人。圣经很清楚的指出，不受管教的孩子是愚顽的。圣经说这样的人按自己的情欲生活，而非按原则与智慧生活。他宁愿选择比较容易的路，也不选择最好的路。

　　就是这些现代思潮改变了现代社会，并且把现代人带入一团混乱之中。政府正在教化百姓一种对权柄的不尊重，到最后会导致政府自己被人们弃绝。

| 现今世代的「不管教」原则 | 合乎圣经的管教 |
| --- | --- |
| 无法无天 | 清楚的规矩 |
| 不用杖责打 | 用杖责打 |
| 人性本善 | 人性本恶 |
| 表达自己的意见是一种自由 | 顺服才是自由 |
| 缺乏管教，注定带来羞辱 | 管教能开发孩子的潜能 |
| 劝说（讲得很多） | 命令（讲得很少） |
| 父母与孩子平等 | 父母有权柄 |
| 这样的管教方式产生被宠坏的、骄傲的、不体贴别人的孩子 | 这样的管教方式产生谦卑体贴别人、并且有自制力的孩子 |

现代思潮与圣经教导的比较表

　　暂停并回想：　你有受现代思潮的任何影响而需要被神的话语改变的地方吗？

# 用手打与用棍打的差别呢？

有些人十分反对用手打孩子。我们建议用棍子，但是用手比较「方便」。换句话说，有时候你找不到棍子。（可能孩子把它藏起来了！我们就发生过。我们最近修了几根苹果树枝来补充我们的存货）但你随时都有手。

# 谁有体罚孩子的责任？爸爸或妈妈？

神很清楚的设立父亲来管理家庭。父亲需要对孩子全面性的管教负责。然而，神也呼召妈妈来作爸爸的助手。她需要从早到晚都一贯、有效的执行纪律。

　　有时候，妈妈在感情上很容易参与孩子的感觉。如果父亲看到这个情况，他必须介入并完成体罚的过程。

结论

　　今天很多父母对如何教养孩子并不了解。规则很容易学，但是要说服你的心同意这些规则困难的多。很多父母不知不觉中同意了现代思潮的想法。即使在你身边的各种各样的状况都证实现代思潮的愚昧，许多父母仍然这样做。或许更糟的是，他们以为他们找到了一个中庸之道。

　　如果父母亲不同意体罚，他们与神的关系也会有问题。因为神与他的百姓有亲密的关系，而他仍然处罚他们。这显示神关切我们真实的幸福。

> 你当心里思想、耶和华你　神管教你、好像人管教儿子一样。你要谨守耶和华你　神的诫命、遵行他的道、敬畏他。（申命记 8:5-6）

　　身为父母，我们需要向我们的天父学习如何管教。如果我们的孩子对我们是很重要的，那我们就需要持之以恒的这样做。趁早开始训练他们。建立他们心中对父母的尊敬，以致于他们第一次听到父母说甚么话的时候就愿意去做。必要的时候要体罚。心中要记住我们的总体目标是要教育出爱神爱人的孩子。

　　如果你忠心，神是信实的。你会教养出不只你自己喜爱，别人也喜欢的孩子。你会想要亲近他们。他们会想要亲近我们。毕竟，这是我们辛苦训练的第一个果子——一个美满的亲子关系。

# 教养原则

- 体罚是借着带给孩子疼痛以使得他愿意从心里顺从。

- 父亲需要为训练孩子的整个过程负责。

- 使用棍子对于养育敬虔的孩子是非常重要的。

- 在体罚之前，我们必须清楚说明所设定的界线以及破坏规矩后产生的后果。

- 在体罚过后，父母应该亲切的与孩子谈话。

# 教养问题

1.  体罚是什么？

2.  体罚与管教有何不同？

3.  以弗所书六章四节告诉父亲要做哪两件积极的事？

4.  为什么体罚是必须的？

5.  如果我们的孩子在公开的场合中需要被纠正，我们应该怎么做？

6.  如果有人认为体罚孩子是在虐待他，你如何向他说明？

7.  为训练的目的使用棍子与为管教的目的使用棍子有何不同？

8.  我们可以在哪里找到父亲应该管教孩子的最好的范例？

## 第八章

# 设定界限

目的：　使父母了解如何建立、实作以及维持对孩子所设定的界限。

　　许多父母对孩子的要求与孩子真正所作所为有很大的落差。解决这个问题的方法其实比父母所想象的容易多了。要达到这个目的有三个关键因素：

　　(1) 父母的权柄使父母应该采取行动。如果不了解这点，父母会不想让孩子顺从他们的期望。他们可能会采取其它的方法，类似说服，但他们可能会觉得做起来很无力。

（2） 管教以及随之而来的体罚能确保父母对孩子的期望确实实现。前面一课已经详细讨论过了[38]。

（3） 本课的主题集中在第三点：设定界限、与孩子沟通、并实际实行这个界限。换句话说，我们要告诉我们孩子去做什么事，以及我们怎样使他们能真的做到。

父母对他们的孩子有许多的期待。有些期待是希望他们长大之后能有所成就。我们讲的不是这些期待。我们的讨论会集中于个人品格或美德的塑造基础[39]。这会使得不论他将来作什么，他都能表现优异。品格重在一个人的为人，成就则看重他所做出的事情。

因为我们所讨论的是有关年幼的孩子，我们需要从一些家里发生的小事开始训练起，例如随手收拾东西、好好爱护玩具、自己折衣服等等。很多情况中，父母不知道应该要求孩子做哪些事，或者怎样能使他们愿意去做。更多时候，父母开始对这些情况产生焦虑。以下是这种压力的几个例子。

- 有些父母想出许多不同的工作要求孩子去做，但他们却无法使得孩子愿意去做。

- 有时候孩子一开始做得很好，但是因为缺乏鼓励或指导，后来就不做了。

---

[38]第二课提到父母的权柄。第五六课提到管教。第一课的目标也与设定界限这个主题十分有关。

[39]我们承认许多事务性的工作，像是自己折衣服，并非道德性的问题。但是一旦父母要求孩子去做，这就变成了道德性的问题。因为孩子必须听父母的话。

- 有时候父母要孩子做某件工作，但他们从来不训练孩子如何去做。孩子会受到挫折。父母因为孩子没有听话而生气，但是父母没有仔细的教孩子怎么去做。

- 有时候孩子因为其它事而分心。最后只做了一半的工作。

最后，父母与孩子双方都需要自身的纪律以完成在这过程中彼此的责任。父母必须有耐心的在一旁帮助孩子，直到他在某方面自制的能力被培养出来为止。

# 高标准的重要性

父母为孩子所设立的规矩与界限使孩子能够全然发展他的潜能。很多人以为这种潜能可以不借着神的真理与神的工作而达成。不可能的。我们来看看为什么。

神借着孩子的父母施加给孩子的管教，使得孩子能压抑他心中为自己打算的天然倾向，并能对他人的需要敏锐。没有被要求到的地方会成为他生命中未被训练的地方。这会成为将来他生命中的许多问题。

在圣经中，相对应的教导，是在警告以色列人必须把住在应许之地的所有仇敌都赶出去。任何没有赶出去的仇敌，神说，一定会成为以色列人的「刺」。神说：

> 倘若你们不赶出那地的居民、所容留的居民、就必作你们眼中的刺、肋下的荆棘、也必在你们所住的地上扰害你们。而且我素常有意怎样待他们、也必照样待你们。（民卅三55-56）

「（他们）也必在你们所住的地上扰害你们。」

（民数记卅三55）

父母对孩子施予的训练，能帮助孩子驯服心中各种欲望，不然，这些欲望会变得无法控制。父母越彻底的实行训练，对孩子越有益处。他们心中邪恶的种子会被彻底治死。每个种子代表我们心中某方面的邪恶。这个清单只是代表性的，并非把所有的邪恶都列出来。

> 因为从里面、就是从人心里、发出恶念、苟合、偷盗、凶杀、奸淫、贪婪、邪恶、诡诈、淫荡、嫉妒、谤讟、骄傲、狂妄．这一切的恶、都是从里面出来、且能污秽人。（马可福音 7:21-23）

◆ 缺乏对权柄的尊重（骄傲）

〰 缺乏对情绪的控制（怒气）

✖ 缺乏对欲望的控制（私欲）

⌂ 对他人的需要欠缺敏锐（自私）

◆ 缺乏欣赏他人的能力（争竞）

✚ 缺乏满足（贪心）

当孩子还是婴，邪恶的种子还小。

如果不去控制，这些特征会像野草一样渐渐长大。孩子需要受训练，以致于能够放弃这些欲望，按照神的原则生活，这样的过程叫做自制。那些缺乏自制的人会被许多「荆棘」所控制，在生活中将会遇到更多问题。

右边的图说明，如果这些欲望当中有两种在孩子的生命中长大，会对他有什么影响。这会开始影响孩子的正常生活，例如教育、交友、与父母的关系，当然，还有与神的关系。如果不在某个时候制止，这些欲望会毁了一个人。神使用父母来控制这些污秽的欲望。

　　暂停并回想：　　你会不会偶而放纵自己？有没有一些你无法控制的欲望？把它们列出来。这些就是以前没有好好保护的领域。

邪恶的种子会长大
并影响孩子的一生

　　在父母的训练中，我们观察到有一些问题：

- 父母在自己有软弱的地方，比较不容易严格执行纪律。如果父母会看「庸俗」的电影，通常他们会让孩子观赏一些令人反感的娱乐节目。我们看到，罪就是透过这个方式，由一代传到下一代。

- 即使父母在他们自己有软弱的地方仍然对孩子要求十分严格，孩子会怀着苦毒成长，并且认为父母是伪君子。

- 有时候父母对于神在生活中许多方面对我们的要求很容易忘记。

　　当父母以身作则的示范他们希望孩子做的事情，孩子会看到这是独一无二的过生活的方式，并会渐渐习惯。成为一个好父母的意义，在于我们在孩子面前活出生活的见证。

　　暂停并回想：　　在你自己的生活中，有哪些地方有争战？你什么地方容易失败？你什么地方容易刚硬，并且不愿意被改变？你有没有在孩子身上，针对这些方面，设立高的标准？结果如何？

# 划定界线

父母知道他们要什么（目标）。他们需要知道如何强制执行他们想要做的事（纪律）。然后父母必须求神设立他自己的高标准，以满足并实现祂的命令。

然后父母要订出这些界线，并且把这些界线告诉孩子。通常父母会参考其它父母所设的规矩。这是好的。有时我们不知道孩子在他这个年龄能够做到什么要求，或者父母可以要求什么标准。父母要对自己所设的标准在神面前负责。

或许举一个例子可以对我们有一点帮助。假设我们对孩子的目标是希望他成为一个喜乐的孩子。这是圣灵的果子之一。我们如何能让一个孩子喜乐？当然孩子会有他自己的个性。除此之外，喜乐是一种特质，使一个人在各种情况下都能对神所赐与的一切感到高兴。当我们设定界线的时候，需要思考哪些方面的态度与行为是我们不允许的。我们也必须思考我们如何能够积极的教导，并以身作则，彰显这样的特质。

> 因为全律法都包在爱人如己这一句话之内了。你们要谨慎·若相咬相吞、只怕要彼此消灭了。我说、你们当顺著圣灵而行、就不放纵肉体的情欲了。（加拉太书 5:14-16）

以这个情况为例，我们会不允许孩子在遇到自己不顺利的时候抱怨、发牢骚、表现不好的态度或哀伤等等。积极方面，我们会以身作则，并教导他们有关神的良善、慈爱，以及他全能的手在生活的每件事上掌权。与孩子分享神透过什么方式爱我们的家。喜乐来自于透过爱神与爱人实现神的旨

意。我们会上教会，在那里服事人。我们会在家里学习如何彼此服事，透过这些机会得着喜乐。我们会教育他们一种喜悦的心态，即使别人心中的骄傲与苦毒使我们不悦，我们仍然能服事他人。

暂停并回想： 你以前怎样对孩子设定界线？你有没有被现代思潮所影响？怎样影响？

# 第一个场合：家里

在家里，孩子的生活标准应该是怎样？

## 典型的作法

父母到处追着孩子跑，以避免他出乱子。当然，父母的用意是好的，这样可以确保孩子不会做些危险的事情。但这只是保护孩子不遭遇危险，却没有训练他在父母不在身边的时候能去做他应该做的事情。

毒根（天性的邪恶）：缺乏界线，享有过度的自由能去作自己想做的。

发芽（短期的结果）：被累死的父母，不顺服的孩子，缺乏自制，忽视要求，孩子与父母之间的摩擦。

长成（长期的结果）：相信他们自己是最重要的，其它人应该服事他们；相对主义，不可靠的个性。

## 神的作法

孩子应该被训练以致能够控制自己去做一切父母要求他去做的事。一次一项。身为父母，你要求孩子要做什么或不要做什

么？跟孩子好好沟通[40]。看着他们说话，以确定他们真的有听到你讲话。如果有需要，叫他们把你刚说的命令重复一次。通常，如果孩子还小，父母只会想到要求孩子不要做某些事。

这里有一些例子：不要摸、不要去、不要动、不要跳、不要跑、等等。当然父母必须要很清楚的说明何时（当炉子很热的时候不要摸）、何地（不要在客厅玩耍）、以及哪些（不要碰那些在书架上的书）。当孩子还小，我们最好设定一些永不改变的规矩。「不要靠近炉子。」「不要碰客厅书架上的所有的书。」

## 所有物

孩子必须尊重他人的所有物（不论有或没有生命，所有存在的东西）。人是神的管家，要好好管理神创造的每个事物，包括人、昆虫、树木、玩具。当孩子渐渐长大，他会学到某些东西属于某些人。在他可以用这些东西之前，必须得到拥有者的同意。但即使对于某些没有主人的东西，孩子也必须知道，他们所有的一切都是神给的。我们必须好好照顾它们。如果我们不能好好的管理某个东西，那我们就无权使用它。

即使某个玩具是属于他们的，他们也无权把它弄坏。我告诉我们的孩子：「如果你不好好照顾你的玩具，我们会把

---

[40]记得，如果很早开始训练，这些规矩要随着孩子的成长一条一条加上去。然而，如果孩子以前是放松惯了，后来才训练，这些规矩可能会让人觉得很累。先专注在几个大的规矩上，然后当你看到有进步的时候，再慢慢的调整其它的细节。比如，如果希望孩子把整个房间收干净，先帮助他知道如何整理书架。每天都跟他一起做，直到他可以自己完成。然后就可以扩展到房间的其它地方。

玩具送给其它会好好照顾的人。」他们不可以乱摔玩具。如果这样倒不如把玩具送人。

我们是管家。家具不是玩具，所以不可以在上面跳，床也不可以跳。当他们学会在家里好好照顾一切的东西，他们在公众场合就会延伸这个原则，而能够好好照顾属于其它人的东西。

## 收干净

如果孩子吃饭或玩玩具的时候搞得一团乱，他们应该把所有的东西收拾干净（如果他们年龄够大）。甚至他们应该把所有脏东西扫起来。当孩子只有四五岁，父母，或者他的兄姐，可以在一旁帮助他收拾。更大一点之后他们就能够自己做了。

## 乱丢东西

孩子应该被教导这个规矩，「不可以在家里乱丢东西」。他们应该把这个规矩应用在家里所有的东西上面。但有时候父母需要更进一步说明。他们不可以乱丢食物。在我们家，孩子可以丢纸飞机或者气球（在你家或许不行）。

## 马上来

如果叫他们，他们应该响应「马上来」。如果他们无法马上来，他们应该问父母是否许可他们晚点来。孩子应该说诚实的话，并且在父母第一次说话的时候就愿意顺服。

## 五分钟原则

当父母亲叫孩子做某些事的时候，他们应该给孩子一点时间，让他们可以做完他们现在正在做的事，或者暂时收拾干净。即使大人也需要时间准备自己参与一个新的活动。在吃饭的时

候，我们用摇铃的方式。第一声铃响的时候，他们就要开始整理手头上的东西。第二声铃响，他们就应该去洗手，然后直接到餐桌前。这可以使已经辛苦煮饭的妈妈减少许多的工作。这也能帮助孩子建立责任感，会自动整理身边的环境。

## 卫生

父母应该训练孩子保持卫生习惯。我们不能让孩子自己决定他们想做什么或不想做什么。他们有时候甚至会用牙膏画图！相反的，父母必须让他们好好刷牙，好好清洁马桶，洗手的时候用肥皂好好洗干净。他们必须被训练，以致于在适当的年纪可以自己做之前父母帮他们做的工作。

## 秩序

神是有秩序的神。规律作息是好的。父母应该设定上床睡觉以及起床的时间，而不是让孩子决定。父母要设定何时吃饭，而非听从孩子哭叫来决定。父母甚至应该设定起床与睡觉过程中的种种细节。这包括醒着的时间，穿衣服，处理脏衣服，卫生习惯，吃饭等等。

训练孩子自己照顾自己能使得家里很有秩序。洗完澡后，孩子应该把毛巾收好。刚开始的时候，与孩子一起做，之后，你可以指派孩子负责做这件事。如果是在对的灵的掌管之下行出来（例如「你已经长大了」），他们会想要自己去做。他们需要人教导他们如何折衣服，一步一步的教。你做第一步，他们做下一步。不知不觉中他们就已经把整件事做完了。

## 服事他人

当孩子开始会走路之后，父母就应该寻找机会训练他们去帮助别人。有一部份的训练集中在如何帮助他们注意到别人的需要。

## 昨天

当我走进我在家中的办公室时，我发现我的书桌非常干净。甚至我的椅子也整齐的靠在桌子旁，我的毛衣整齐的挂在椅背上。后来我才知道这一切是我的六岁大的女儿一手完成的。我们要培养这样服事的灵。我们对她的体贴表现出我们的喜悦，并且尽我们所能的告诉其它的人，她这样做是多么的特别。

## 总结

我们不让他们有选择。我们帮他们选择。我们一开始与他们一起做事情，然后他们很快就学会自己做，并且愿意帮忙。他们学会尊重父母所说的话。这是不需要有很大的冲突就能建立对父母的尊重的一个好方法。

暂停并回想：　你是不是追着孩子跑，要尽量避免他们做错事，还是你训练他们去作对的事情？你是否能前后一致的去做？

# 第二个场合：餐桌

你如何训练孩子好好吃饭？

## 典型的作法

父母看孩子想要什么，就做什么给他吃。

父母怕如果没有问孩子想吃什么，就煮东西给他吃，他可能会不喜欢。父母看重孩子的吃的欲望过于看重营养或者训练他的自制能力。孩子想要什么就得到什么。每次他吵着要吃什么，父母就给他。这样会培养出挑剔以及不感恩的食客。这会让他觉得自己是全宇宙的中心。

毒根（天性的邪恶）：缺乏感恩。

发芽（短期的结果）：不感谢，索求无度，疲倦的妈妈，抱怨，发牢骚，挑剔，吃没营养的东西。

长成（长期的结果）： 缺乏对神以及配偶的感恩，不健康，没礼貌，没规矩。

## 神的作法

孩子并不知道什么事情对他最好。叫他们帮你去逛街购物，你会很惊讶他们帮你买的东西！为孩子决定他真正需要什么，给他好的、有营养、平衡的饮食。

孩子应该吃父母给他吃的东西。如果他不吃，就让他去。如果他懂得什么是好的食物，他就会养成良好的饮食习惯。不应该给他们任何零食，除非是年纪很小的孩子，或者特殊的场合。帮助他们建立良好的胃口，并且由其中产生感恩的心。

他会藉由观察父母而学会感恩。如果爸爸对神以及妈妈表达出真实的感谢，这会大大的帮助孩子产生感谢的心。孩子应该被训练，对于妈妈以爱心准备三餐表达感谢。

这并不是说孩子不会发展自己的爱好。每个孩子的情况不同，但是一味的去迎合他的喜好，避免他不喜欢的东西，并不能给他机会学习在困难的环境中忍耐。当孩子不喜欢某

个东西的时候，他需要信赖父母的判断。孩子可以决定他自己想吃的零食的颜色、大小、种类等等。

## 吃饭的目的

父母要问的问题是，「他们所吃的东西，吃东西的方式，对预备食物的人的感恩的态度，有没有荣耀神」。除了感恩之外，孩子需要学习不要浪费。他不应该拿超过自己吃得下的份量。通常食物都够让他们可以拿第二盘。这总比他们多拿而吃不下最后倒掉好多了。

## 谢饭祷告

向主感恩是很重要的，不只是在吃饭前，也应该在每一件事情上[41]。我们训练还是婴儿的孩子要双手合什祷告。我们就把他们的手紧紧的握在一起。这很有用。小孩子会习惯这样做。等他大了一点，他会自愿的想要这样做。但是也要准备好。他会经过一个他不愿意这样做的阶段。

　　如果这个情况发生了，就再一次把他的双手握住，直到他自愿双手合什祷告。我们不希望孩子在这个时候嘻笑玩耍，我们要他们表现对神的恭敬。孩子要等到说完阿门之后，才可以开始用餐。

　　父母可能会想，到底要怎样让孩子去吃他不想吃的食物。同样的原则，如果我们从很小的时候就开始训练，父母只需要喂他们决定给他吃的东西就行了。不用问他他想要吃什么。当我们这样做，孩子自然的会习惯去吃一切父母要他

---

[41] 凡事谢恩．因为这是神在基督耶稣里向你们所定的旨意。（帖撒罗尼迦前书 5:18）

吃的东西。如果孩子没有这样被训练过，则必须用体罚的方式重新建立对父母权柄的尊重。

当孩子还小，不要让他们的手去碰盘子。记得，孩子一定了解妈妈说「不可以」的意思，并且当他们坐在高椅子上的时候，会乖乖听话。有时候，妈妈可能需要抓着孩子的手。

## 不爱吃

当孩子还小的时候，有时孩子把吃的东西吐出来，而父母就误以为这代表他们不爱吃。在这阶段，孩子才刚开始学习怎么吃饭。他们的舌头还不够熟练。妈妈可能以为孩子不爱吃，但事实上他是在尝试着如何吃下去。当宝宝吐出来的时候，妈妈的脸上透露着不悦的表情，因为她以为宝宝不爱吃。宝宝从妈妈负面的反应，或者听到她说「喔！你不爱吃」而开始学习。妈妈应该给宝宝正面鼓励的话语，以及有信心的表情，告诉孩子说，你会喜欢吃的。然后帮助宝宝欢喜的吃下去。

全家一同用餐应该是一件很快乐的事。父母与孩子应该在吃饭的时候聚在一起。除非有特别情况，否则不应该有电视或广播等等的干扰[42]。我们家在一起的时候常常说很多的话。我们不允许说一些控告别人失败的言语，我们想愉快的聊今天所发生的事情。

---

[42]我们知道不同的文化下，人们在吃饭的时候会做不同的事情。这有部分是文化的因素，但这也反映出父母对家庭的重视超过其它事物。我们可以晚点再看电视。

## 总结

如果孩子可以被训练得愿意吃所有提供给他的食物，许多吃饭所造成的压力就可以避免。借着买菜、煮菜以及提供孩子一顿营养的饭，以及营造一个美好的用餐气氛，父母传达了神的良善。

暂停并回想： 你们吃饭的规矩如何？你希望在餐桌上能发生哪些美好的事？

# 第三个场合：公众场所

你如何训练孩子在公众场所能表现良好？

## 典型的作法

父母希望与他人有些社交关系，但是孩子常常干扰父母。孩子在不该乱走的时候乱走，跑来跑去制造混乱，或者有些淘气的行为，使得父母无法专注于那些与他们交谈的人。父母用许多没营养的零食来说服孩子听话。当然，这样做只能让他们下次继续的不听话。

毒根（天性的邪恶）：不顺服会带来奖励。

发芽（短期的结果）： 父母什么事也做不了；无法外出；会很不好意思。孩子控制父母。他学会用不听话来得到他想要的东西。

长成（长期的结果）：孩子认为他可以逃走，而且还拿了奖品。他操纵父母与其它的权柄以达成自己的目的[43]。他们的身体也不健康。

---

[43] 这就是骗子的心态。

## 神的作法

父母应该期待孩子能够有礼貌、举止合宜，并且留意父母对他的期待。孩子应该要能体会别人的心。他们应该响应父母对他们的期待。

要有礼貌是来自圣经的教导。一个人应该视他人比自己更重要。

> 凡事不可结党、不可贪图虚浮的荣耀．只要存心谦卑、各人看别人比自己强。各人不要单顾自己的事、也要顾别人的事。（腓立比书 2:3-4）

孩子应该学习注意到他人的需要，并为此控制自己的话语和行为。如果父母在讲话，他应该观察到，并知道自己不应该吵闹。如果他感觉到自己太吵，或是听见或看见爸爸在注意他，他应该立即安静下来。

合宜的行为是非常重要的。不合宜的行为包括做一些危险的事情，让他冲撞到别人，向别人丢东西，伤害别人，吵闹，不好好照顾东西，或者不收拾自己所造成的脏乱。我们希望我们的孩子表现得十分合宜，以致于我们根本不会注意到他们。

我记得有一个教会在聚会后把儿童游戏室关起来，不让孩子在里面玩。那个有玩具的房间，绝对是最适合孩子玩的地方。但是因为他们把整个房间搞得一团乱，他们后来决定聚会结束后就把它关起来。如果训练每个孩子随身收拾玩具，那不是更好吗？或者如果在父母要走之前，全体孩子都同心协力一起把玩具间很快的收好，岂不更好？我看过这样的作法，这是有效的。

　　我们无法要求孩子在公众场合能明白所有父母所要求的每一项规矩，尤其当他到一个新环境时。但如果一个人有教孩子在家里不可以在家具上乱跳，那孩子也应该被教导不可以在别人的家具上乱跳。一般的原则是，「如果你在家里不可以做某件事，你在别的地方也不要做。」当孩子在家里有被好好的训练过，他们在公众场合通常可以表现得很好[44]。

　　孩子对父母的要求必须十分的留意。父母必须告诉孩子，他希望孩子做什么，比如应该待在什么地方，不要做哪些事。如果父母亲发明一种手势或暗号，让孩子知道，如果他现在不安静下来，回家就会挨揍，这可能会有帮助。当父母叫孩子，他应该马上过来。没有例外。在家里，我们要孩子立刻回答「马上来，爸爸」，或者「好，妈妈」。在公众场合可能比较不合适。

　　父母也要考虑到午睡时间，孩子的年龄，孩子可能饿了，或者前一天如果没睡好，孩子可能会发脾气。有爱心的父母不该滥用权柄，反而应该仔细体察孩子的需要。平衡是需要的。如果孩子出现不寻常的吵闹，他可能生病了，父母应该早一点带他回家。当然，如果孩子到家后变得很好，那我们可能误解了他哭闹的原因。

## 总结

父母在家里应该好好训练孩子，以致他们在公众场合能表现良好。如果因为你孩子表现很好而被人夸奖，那是多么棒的一件

---

[44]不乖的同伴可能会让孩子的行为变坏。父母必须事先看到这种危机并且训练孩子如何处理这种状况。

事！这是一个很好的机会，让你试试看经常应用神的话语所产生的能力。

暂停并回想：　　你会因为孩子在外的表现感到不好意思吗？你的孩子不乖的行为打扰到你正专注在做的事情吗？其它人喜欢你的孩子吗？

## 第四个场合：在教会的聚会中

你如何训练孩子在聚会的时候表现良好？

## 典型的作法

父母亲通常会不好意思参加聚会，因为他们年幼的孩子在旁边会吵。所以通常父母就不去聚会，或者让妈妈留在育婴室照顾孩子。一旦孩子知道他可以不必乖乖的坐在椅子上等一个小时，你可以确定他一定会尽他的全力「逃脱」。父母就会说，孩子没办法安静的坐着。他们就这样相信。

毒根（天性的邪恶）：追求自己有兴趣的事，胜过对权柄的尊敬。

发芽（短期的结果）：不尊敬神与父母。父母被孩子控制，却不自觉。孩子没有学会自我控制，安静坐着，专心听讲。

长成（长期的结果）：孩子藐视那些被他们控制的人。他们会逃避那些他们曾经藐视过的事情。

# 神的作法

孩子可以学会安静的坐着。对于年纪小的孩子，这是一个比较长的训练，但这的确有用，而且有必要。孩子很容易在敬拜聚会中变得没耐心。父母认为，希望孩子能静静的坐着是不可能的。这些父母应该想想，他们可以安静的坐在电视机前面，同样一段很长的时间，却动也不动。孩子必须控制他们的身体，以致于能够响应属灵的事物。

> 你若留意听从耶和华你　神的话、谨守遵行他的一切诫命、就是我今日所吩咐你的、他必使你超乎天下万民之上。你若听从耶和华你　神的话、这以下的福必追随你、临到你身上。（申命记 28:1-2）

很多父母认为他们的孩子天性很「好动」。虽然这也是对的，但是这可能只是缺乏训练的一个借口。其实父母应该记得，他们注意到孩子的时间并不长。如果父母希望孩子在聚会的一部份或全部的时间都能安静的坐着，他们应该要训练他们。

我们的理念是要训练他们以致于他们不知道有其它的选择。这不表示他们很安静。他们其实很吵，可是他们自己不知道。我们有一个十八个月大的孩子，她很乖，可是她不能在教会里安静的待很长时间。她并不了解「安静」这个命令的意思。她可能会在大家祷告的时候唱歌，或者坐在爸爸的腿上高兴的说话。不幸的是，这些动作还是太吵了。所以父母中有一人必须把她带出去。

如果我们立刻把他们带到游戏间，他们很快就会产生一个联想：只要吵闹就可以去游戏间玩。如果我们这样做，那我们就被自己害了，以后他们会重复这种行为。他们一开始并非想要控制父母。但我们所做的事让他们会这样想。一旦他们心中有了这种联想，他们只要吵一吵，父母就会带他们走了。

很多父母以为我们家的孩子在教会比较安静，因为她们是女生。我们头三个孩子是女生。他们可以以此作为自己安静的理由。但事实上，他们之所以能够安静的做一个半小时，直等到聚会结束，是经过严格的训练的。神现在给了我们三个男孩，来证明真正的差异在于缺乏训练。男孩子比较有精力，但是他们也能够在整个聚会，中安静的坐着，就如女孩一样，如果有好好的训练过。那么，我们要如何训练孩子？

## 训练

我们从他们什么都不知道的时候开始训练。我们不希望他们知道，除了安静坐着还有其它选择。一旦他们知道了他们可以有自由，要训练他们就难许多，虽然并非不可能。如果还是很小的婴儿，可以把她带到育婴室。或者让她留在你身旁也可以。只是要记得，这样妈妈聚会比较不容易专心。妈妈通常很留意婴儿的需要。

训练的关键在于孩子开始察觉他周围环境的改变。在六到八个月大的时候，孩子开始熟悉主日敬拜的流程。十个月大的时候，孩子应该与父母一同参与敬拜。父母中有一位必须要准备自己，一旦孩子吵到他人，就要立刻把她带走。坐

在后面的位子。这种情形不需要体罚。孩子其实不知道自己
吵到别人。以我们家为例，如果可以，爸爸会起来把孩子带
出去。这样做可以使妈妈专心聚会。爸爸即使抱着孩子，也
同样可以专心听讲道。

　　通常孩子会哭闹几个月，但是父母拒绝把她带到比较
「好玩」的房间，或者用糖果来贿赂她。他们需要让孩子很
清楚的知道，吵闹不会带给她任何好处。事实上，如果孩子
以为她可以到处乱跑，通常爸爸会抱着她，不让她下来。他
就是抱着他们。过了六个月之后，孩子开始察觉到他所制造
的噪音，并且开始接受训练。一旦孩子开始懂了这些界线，
例如服从父母，要安静等等，就可以开始体罚他。当然，我
们并不在教会里体罚，而是在家里。我们无法百分百断言多
大的孩子才能了解这些事，这也和他在家中所受的训练有关
[45]。

　　我们的孩子在这些很长的聚会中坐着直到结束。其实大
部分的聚会并不长。如果父母流露出无聊的表情，孩子会从
他们的态度中立刻察觉。这会使训练更困难。父母会为了自
己的面子而不好意思表示出其实不想来参加聚会。孩子却不
管这些。如果父母表达出对于来聚会敬拜神的兴奋，孩子也
不会介意参加聚会。他们也能体会到那种期待。

　　记得，对于一些特殊场合，或者父母已经事先考虑过的
状况，这些实行的细节都有转圜的余地。如果有一天教会聚
会的安排改变了，父母需要事先讨论该怎么办。如果可以，

---

[45] 属灵纪律的训练应该在家庭崇拜的时候实行。我们会在后面的课
程更多讨论这点。

我们尽量不把孩子送去参加青少年崇拜。我们并非律法主义，或者很骄傲的以为我们自己的方法是最好的。我们所考虑的是怎样作才能对孩子最好，不论是短期与长期而言。每个父母都需要负责想出他们自己训练孩子的方法，使得孩子能爱神爱人。我们发现青少年崇拜透过许多事情来训练孩子。他们没有被训练得更专注与忍耐，反而比较会分心。

## 目的

人被命定要来敬拜可颂可畏的全能造物主。特别为了敬拜的时间训练孩子，是对的。他们必须被训练，以致于能存谦卑的心来到永活神的面前。如果他们控制父母以达到要去玩乐的目的，这与真正该做的事完全背道而驰。我们去教会的目的并非玩乐，而是要去遇见神。我们并非为了找朋友或者吃饭而去。我们服事神。这代表我们需要好好训练孩子，能够经常性的聚集在神面前，放下他们的玩具与玩乐。这些是我们更高的目标。

暂停并回想：　你对你的孩子在教会的行为表现，目标是什么？这些目标讨神喜悦吗？你爱神超过世上任何事物吗？你怎么知道？你如何表现出来？

# 实际执行时的一般性原则

留意心中的挫折感。比如说，父母要孩子在离开房间之前把房间收干净。这些心中的挫折感通常是对的，反映出一个人心中更深的标准。很多父母不容易清楚说出到底家里哪里有问题。他们只觉得有问题。在这个例子中，我们可以看到，房间没收

干净代表秩序的观念、对东西的好好照顾以及清洁的规矩都被破坏了。

1. 观察你们想做的事情，与孩子有什么样的关连。刚会走路的孩子还不会扫地，可是他会捡纸屑，收玩具，把书架中的书弄直。

2. 把一个大工程分成许多小工作来做。小工作可以是房间中许多需要打扫的小地方，或者该完成的几项活动，或者规定好的清洁时间等等。

3. 选一个孩子有能力作的工作。比如孩子可以把标着字母的玩具按顺序排好。

4. 与孩子一起做这个工作。注意他有哪些地方需要大人帮忙。在上面的例子中，他可能不知道如何高兴的把他的玩具收好。做一次让他知道怎样用有趣的方式完成工作。

5. 如果这个工作要求孩子做某些他做不到的事，例如去拿某个他拿不到的东西，把工作内容或要求修改一下。我们可以，比如说，把东西放在比较低的柜子。

6. 一旦某个工作变得容易完成，就开始做另一件，直到全部工程都完成。

7. 设定一个工作必须做完的期限。我们可以说，吃完晚饭后就要把房间收干净。（他还没有几点的概念）。

8. 设定一个不听话的处罚。如果需要的话，加上体罚来执行。

9. 持之以恒的让孩子去做。想办法鼓励他。夸奖他正慢慢建立的美德，例如喜乐、做事彻底、专心、忠心等等。不要赞美他的外在，或者所做的事。这会让他骄傲。

暂停并回想：　按这些步骤来做。从你心中有的挫折感开始。有什么事情是你希望你的孩子去做而他目前并没做到的？按照这些步骤来做。有没有什么实行上的问题？

总结

父母不只能够令孩子去做他们该做的事，而且在神面前，也有责任这样去做。

# 教养原则

- 神要父母去使孩子做应该做的、正确的事情。

- 每个孩子都有不想去做正确、该做的事的倾向。他们需要受训练。

- 在任何层面，只要父母忽略了教导孩子正确的行为举止，孩子就会慢慢发展出错误的行为与态度。

- 藉由专心训练孩子去做该做的事，不知不觉中父母就消除了孩子的错误行为与态度，并为孩子建立起良好的纪律。

- 要养出健康的孩子，生活的规律是必要的。

# 教 养 问 题

1. 为什么父母可以强制孩子执行他希望孩子做的事情?

2. 实务上,父母如何强制孩子去做那些事?

3. 为什么以高标准训练孩子那么重要?

4. 缺乏情绪管理会导致什么?

5. 一个孩子应该如何对待所拥有的东西?

6. 为什么生活规律这么重要?

7. 为什么应由父母决定孩子用餐的时间以及该吃的东西?

8. 有哪些圣经基础支持人该有一般性的礼貌?

9. 为什么孩子必须学习安静坐着敬拜神?

10. 我们应该赞美孩子的品德还是成就? 为什么?

## 培养敬虔的后代
### 幼儿以上

## 第九章

# 培养敬虔的孩子

目的：发展及应用圣经的原则以为孩子提供适当的灵性的照顾。

> 「小钱宁，我会为你祷告，愿你成为一个敬虔的
> 人，爱神，并且愿意为了帮助别人而花费自己的
> 金钱、恩赐与时间。」

我们想要的是好孩子还是敬虔的孩子？这是我们对孩子的要求的中心问题。在世俗化的世界，很容易就把神放在训练孩子的过程之外。不论父母承不承认，唯有按照神的真理来养育孩子，一个小孩才能成为一个「好」孩子。他们可能

很享受神创造的世界，享受神所赐与他们的东西，例如生命、身体，但他们却不感谢神。这是世俗化的一个记号，说明人可以不靠神过自己的生活。

我们想要的是敬虔的孩子，他们不但知道过美好生活的原则，也认识神自己。我们希望我们的孩子有对神的爱与渴慕，以致于涌流出对人类的爱。没有耶稣基督的帮助，我们饶恕、爱人以及怜悯的能力都会受到极大的限制。在基督里，我们有基督在我们里面，活出神自己的生命。

我们对孩子养育的目标必须远超过我们单靠自己所能做到的事，靠自己所达成的目标只会让我们骄傲而已。我们必须训练孩子信靠神，并且过一个超自然的生活，在这生活中与圣灵同行。世上有许多的声音告诉我们如何教养孩子，但是绝大多数都拒绝神对孩子的计划。因为许多基督徒家庭都采用了世俗的思想，他们的孩子就过着一种不道德的生活，正如他们所接触社会上的人一样。现在正是改变我们家庭历史走向的时刻。藉由一些少数愿意按照神荣耀伟大的应许来生活的家庭，神可以成就极大的事情。

在这堂课里，我们会先从申命记第六章来看神对于养育孩子的原则，之后，我们归纳几个实行时的重点，以了解如何实行这些改变生命的原则。

# 对申命记第六章的观察

## 原则一： 建立属神的标准，并以此生活（申命记六章一节）

> 这是耶和华你们　神所吩咐教训你们的诫命、律
> 例、典章、使你们在所要过去得为业的地上遵行
> （申命记 6:1）

在前一章，摩西再一次清楚的把十诫告诉百姓。神是圣洁的，因此为了要讨他的喜悦，我们要照祂的方法做事。因此，我们需要知道主说了些什么，并且确实的顺服神所说的话去做。摩西教导以色列人神的命令，好帮助他们在周围的异教国家中能活出敬虔的生活。我们的标准必须来自于神的标准。这些命令如何传给我们，我们也需要把它们教导下一代。

---

## 原则二： 传给下一代（申命记六章二节）

> 好叫你和你子子孙孙、一生敬畏耶和华你的
> 神、谨守他的一切律例、诫命、就是我所吩咐你
> 的、使你的日子得以长久。（申命记 6:2）

神要我们以一代一代的观念来思考。我们不只要想到我们的孩子，还要想到我们孩子的孩子。「你」、「你的儿子」、「你的孙子」总共提到三代。我们在自己的生活中所做的事会对下一代产生很大的影响。「敬畏神」表示察觉神的同在，这会影响我们的生活。许多人过生活的方式好像神完全没提过他们该如何活。

当神的话语对一个人的行为产生微不足道的影响，我们可以说他已经世俗化了，即使他可能还参加宗教性活动。「敬畏神」不在他的生命中。我们的目的不只是要把主的命令传下去，而是要孩子能敬畏神，并遵守祂的命令。光知道神的命令是不够的。知识必须转变成生活的改变。

如果有一代人光有对神命令的知识，而没有喜爱祂的道路（这就是为什么基督教会退化成一种宗教），那么下一代人将会离开这些诫命。

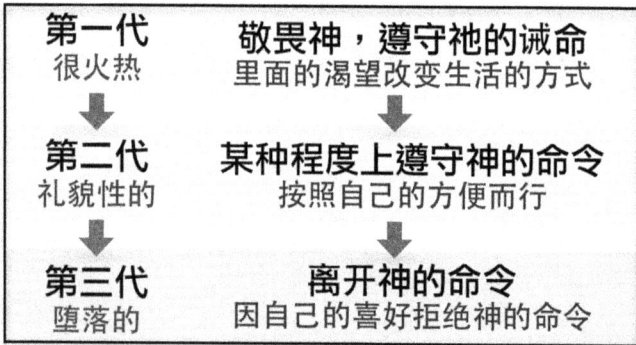

```
第一代            敬畏神，遵守祂的诫命
很火热            里面的渴望改变生活的方式
  ↓                    ↓
第二代            某种程度上遵守神的命令
礼貌性的          按照自己的方便而行
  ↓                    ↓
第三代            离开神的命令
堕落的            因自己的喜好拒绝神的命令
```

我们该如何避免下一代的远离神？父母必须把对主的敬畏传给他们的孩子，以及孩子的孩子。基督徒的父母必须尽其所能的把他们对主的心、对主的火热以及对主命令的知识传递下去。

从积极面来说，如果我们在孩子面前活出敬虔的生活，他们很有可能会承继这样的火热。我们必须小心的教导他们有关主的一切以及神的道路。忽略了这一点，会导致下一代尊敬我们生活的方式，却没有属灵的能力。

如果我们过一个妥协的生活，那我们的生活就好像已经变成第二代的阶段。大部分的情况下，我们的孩子会离开主。他们不信的原因是我们其实并没有真实的相信。真实的

信心会改变我们生活的优先次序。只有虚假的宗教信仰才会把「信仰」与生活分开。我们的孩子会观察我们生活中的良善，远超过我们口中的话。他们是对的。如果我们不按照我们所说的方式来生活，他们会看到我们的假冒为善。这会产生可悲的、苦毒的生命。

**暂停并回想：**  你对神在你的生活中所做的事感到兴奋吗？如果有，你有和你的孩子分享吗？如果没有，你真的期待你孩子的火热能超过你吗？

## 原则三：  使他们相信他们需要神的祝福（申命记六章三节）

> 以色列阿、你要听、要谨守遵行、使你可以在那
> 流奶与蜜之地、得以享福、人数极其增多、正如
> 耶和华你列祖的  神所应许你的。（申命记 6:3）

神的路总是带来最好的祝福。我们被神的教导塑造多少，我们就有多少的能力能够按他的标准生活。当我们仔细的在我们的生活中应用这些教导，我们就会看到神的祝福怎样的充满我们的生活。有部分的祝福是物质性的[46]。另一部份是人数增多。神希望使所有的良善增长。拥有许多的孩子是

---

[46] 我们要了解，这并非表示神不会试验我们。申命记八章2-3节告诉我们，试验的目的是为了知道他们的内心如何。主使得他们会饥渴的寻求他对他们的响应。管教（八章五节）是为了他们的益处。在当时不容易明白，但是对长远来说是好的。

我们主的祝福之一，我们不该阻挡它[47]。「他必爱你、赐福与你、使你人数增多、也必在他向你列祖起誓应许给你的地上、赐福与你身所生的…」（申命记 7:13）

　　我们可以相信我们所有的福气都是依靠遵行神的话而来，或者也可以不相信。我们顺服多少，我们就蒙多少祝福。我们的目标应该是「快跑」寻求祂的诫命。只有这样，我们才有一种对神的热爱，并且值得传递给下一代。

---

## 原则四： 对雅崴（主）独一的忠诚（申命记六章4-5节）

> 以色列阿、你要听、耶和华我们　神是独一的主。你要尽心、尽性、尽力、爱耶和华你的神。（申命记 6:4）

　　因为主是独一的，我们绝不能把对神的爱分给别的事物。如果有许多神，我们的忠诚就会分散。因为神是独一的，我们的奉献、灵感、力量应该全部被用来做他所吩咐的。神的话在我们的生活中是最重要的。神要求，甚至吩咐我们，我们应该把我们的工作、家庭、个人的计划全都拿过来，重新安排，以致于他成为我们生活的中心。比如说，一个医生如果被要求进行堕胎手术，他应该选择放弃他的工作。他不该谋杀婴儿。对生命的承诺会要求他不可以伤害人。

---

[47] 在99.9%的情况下，避孕手段敌挡了神良善的旨意。只有在身体健康需要的情况下才应该使用。在历史上，基督徒一向拒绝使用任何避孕方法。

耶稣告诉我们，我们只能爱主，或者爱财富（玛门）（马太福音六章24节）。如果一个家崇拜的是金钱，他们的决定会按照心中已有的这个思想来走。最终，我们只能尊崇一位神。我们全家需要把自己委身于服事主。这个决定会把我们的家庭从其它事物中分别出来。把这个观念传递给孩子是很重要的。

暂停并回想：　神在你的生活中居首位吗？如果你的遭遇真的很糟糕，例如工作方面，你会放弃神吗？

## 原则五：　委身于主的话（申命记六章六节）

我今日所吩咐你的话、都要记在心上（申6:6）

如果我们以为我们可以把孩子养育成敬虔的男女却不需要有对神以及他话语的火热，那我们是在欺骗自己。主的话必须存在我们心上。反省我们花了多少时间使神的话在我们的心中更新，藉此我们可以判断我们委身的程度。当我们花时间在他的话语上时，是因为我们真的渴慕主的话，还是因为这是该做的事？在属灵生活中我们会经历高潮低谷，但真正的考验是，在这一切的情况中我们爱神有多少？

暂停并回想：　在一个礼拜中，身为父亲的你，有几次默想神的话语？

## 原则六：　委身于教导孩子（申命记六章七节）

也要殷勤教训你的儿女、无论你坐在家裡、行在路上、躺下、起来、都要谈论。（申命记6:7）

　　在这里有两个命令。首先，我们被要求要「殷勤教导我们的儿女」。这是指正式的教导。第二，我们要「谈论」主的道路，这是指非正式的教导。

## 正式教导

父亲有责任殷勤教导他的儿女。有趣的是，我们没有看到神吩咐牧师、长老或主日学老师来做这件事。因此，我们一定要拒绝任何逃避做为父亲教导孩子的倾向。相反的，我们应该拥抱这个从神来的责任。身为父亲我们该做什么？

神透过父亲把他的话传递给孩子

我们需要殷勤的把神的话教导我们的儿女。我们教导的内容是神的话或诫命。我们必须教导他们正面与负面的命令。并且许多教导是参杂在一些有趣的历史故事里面，我们也必须把这些故事念给他们听。神透过父亲，把对神的意识灌输给孩子。这也会对我们的生活带来极大的祝福。

　　只要稍微观察一些典型基督教家庭的父亲，我们就能明白为什么许多基督教家庭的孩子都远离神。父亲没有教导孩子。有些孩子听过爸爸教导别人圣经，却不教导他。

　　事实上，直到最近　我自己也是到最近，当我在想如何使我的孩子在出去面对外面这个狂野的世界，能有比别的孩子更好的装备，我才开始持守这个真理。直到那时，我才发现，虽然我常常在外面训练门徒，我却从未一对一的训练我的孩子。我以前知道一对一带门徒的好处，但却从未应用在

我家的情况。我疏忽了以一对一的方式带领我的两个大女儿，我因此被降卑了。我决定我要开始与我最大的儿子有固定的聚会，教导他神的话语。

当我更了解该如何进行以及各种需要之后，我把这种一对一的门徒训练扩展到每一个能读书的孩子[48]。我并没有完全忽略比较大的孩子。从一开始，我们每天晚上就有家庭灵修的时间。但是这种以个人化的方式把神的话输入到他们的生命中，是建造他们的一个很重要的方式。

这种家庭灵修或者个人化的门徒训练，最大的困难，在于父亲可能对神的话不太了解。如果一个父亲不爱神，不爱神的话，这是很丢脸的一件事。他们的孩子会拒绝他们虚假的宗教，因为他们的信仰已经成为宗教了。如果一个父亲真的爱神，他会爱神的话，研究神的话，并把它传给他的孩子[49]。

另一个困难是父亲可能觉得自己并非在教导人上面有恩赐。换句话说，他们相信只有那些有教导恩赐的人才能教导。我们必须拒绝「有教导恩赐的爸爸才能教导孩子」的思想。我们来想想，神的话要求作父亲的人要做什么？主是不

---

[48] 如果你想要了解更多，可以到网站上看我与他们上的前几课。网站上的数据一步一步的告诉你我是怎样与我的儿子开始上前几课，甚至连他画的图也在上面。请看 Biblical Foundations for Freedom www.foundationsforfreedom.net/Topics/DiscipleshipConcepts/Sons/IntroSons.html.

[49] 有些父亲需要被更新。请参阅「更新我们的个人祷告」来明白如何更新我们对神的爱 http://www.foundationsforfreedom.net/Topics/Devotions/Devotions000.html.

是要求我们要爱慕他的话，并且教导我们的儿女？所以不要让「有恩赐的教师」这种想法来拦阻你。如果我们定期的与神相遇、读主的话，神自己一定会给我们一些可以教导的事情。我们可以把神教导我们的功课教导儿女。

与这种错误想法一起来的观念，是认为只有受过神学院训练的人才能正确的教导教义。这是不对的。同样的，这样的观念与我们所学到，对父亲的命令相违背。父亲有责任教导儿女。以弗所书第四章告诉我们，牧师与教师是为了装备神的百姓。这表示神吩咐牧师与教师警戒、教导神的百姓。神的百姓中，许多人是父亲。这些父亲就必须教导他们的儿女。每个父亲都有责任教导他自己的儿女。每个父亲都应该想出方法来正式的教导儿女。不这样做，孩子就被忽略了。我们的孩子在家里上学。这给我们有更多机会可以用神的话，而不用世俗的教材，来教导他们。

暂停并回想：　身为父亲，你如何对你的家正式的教导神的话？有多少时间？在哪里做？对象有谁？

## 非正式的教导

也要殷勤教训你的儿女、无论你坐在家裡、行在路上、躺下、起来、都要谈论。（申命记 6:7）

有些父亲，因为不知道这段经文是对他们说的，会吓一跳。有些父亲的确与孩子有家庭灵修的时间，但他们通常都太忙了，没有空与孩子在一起谈心。

这整套方法，唯有在父亲真正的以他的全心、全意、全力来爱神的时候，才会发生果效。这种对神的火热是正常的。没有这种火热就是冷淡退后。比如说，昨天因为过敏的

关系，我的头很痛。我的头痛，但我的心却有喜乐。当我躺下来的时候，我想到我的主，以及祂对我的爱。稍后，在这段休息时间，我与我的孩子们分享主如何保守我，使我不抱怨，也不怀疑他对我的爱。我们必须与孩子分享生活的经历。爸爸应该什么时候作这件事？这段经文给我们四个场合。

## 坐在家里

有些爸爸忙着看电视、上网、看球赛，以致于他们没时间好好陪孩子。另有些爸爸有空，但主不在他们心中。他们谈论足球得分、最近新买的东西，或者他们工作上的项目时，他们会很兴奋。但是他们真正该做的项目应该是要认识神以及神的话。这种对神缺乏火热的态度，在他们的儿女身上也非常明显。他们的心对某些事情很感兴趣，对神却不然。他们其实只是在学爸爸所做的。

## 行在路上

(今天的情况可能是坐车或开车)。有时候爸爸听音乐或是某些电台节目，使他们无法专心与孩子谈话。孩子喜欢交谈，也爱问问题。你有问他们今天过得如何吗？你喜欢与他们说话吗？他们很爱与你说话。

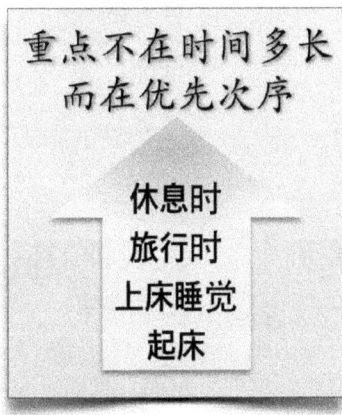

> **重点不在时间多长而在优先次序**
>
> 休息时
> 旅行时
> 上床睡觉
> 起床

## 躺下

(准备好上床)。在古时候，房子比较小。有时候男生睡在同一个房间，女生睡另一间。这让大家有许多分享交通的机会。我

记得好几次与我爸爸的美好的交通发生在出外露营的时候。就在准备睡觉前，我们谈了一会。如果孩子们有各自的卧房，父母亲应该停留在每个房间，在他们睡着之前与他们有些交谈。回顾一下这一天。给他们拥抱与亲吻。

## 起来

(清晨)。清早能决定我们一天的生活步调与态度。父亲应该与孩子分享他早晨灵修的感动，或者说几句话帮助孩子好好的面对每一天。父亲应该早起，使得当其它的家人起床时他可以鼓励他们。

　　每一天我们都会面对许多处境，在这些处境中，主要教导我们一些功课，使我们能传递给我们的孩子。我们把家里的电视搬到三楼的阁楼，没装cable。他们只能看无线的三台。这使得我们在楼下的时候不会被打扰。吃饭时间也是一个彼此分享学习的一个好机会。我们也要提醒你，非正式教导并非教导的唯一方式。这是对于正式教导的一个很好的辅助。

---

## 原则七： 展现神的话 （申命记六章8-9节）

> 也要系在手上为记号、戴在额上为经文。又要写在你房屋的门框上、并你的城门上。 （申命记 6:8)

　　我们会把自己所爱的东西放在身边。如果我们爱神的话语，它会在我们身边。我们可以把经文放在我们的计算机屏幕，墙上，经文框等等。我们应该把我们以前所珍藏的东西丢了，以我们对神话语的热爱来取代。把那些偶像、以及所

有与其它宗教有关的东西都丢掉。把电影、明星的海报都拿下来。如果有些图片太过忧郁，用诗篇廿三篇来取代它。还有，与你的孩子一起背经句，学习宝贵神的话。

存放神的话最好的地方是在我们的心中。在我们墙上挂着的东西，应该是反映我们内心的状态。我们把神的话放在家里，并非因为别人命令我们，而是因为这就是我们所爱的东西。

暂停并回想： 你用什么事物装饰你的家？如果别人在你家里走一圈，他们能立刻感觉出你是个十分爱主的人吗？

## 总结

爸爸需要重新思考从神来的呼召。他们不只是丈夫；他们也是父亲。他们需要领导、教导。从类似申命记第六章这样的经文我们了解到家庭对社会的重要性。当家庭分崩离析，社会就死亡。当家庭兴盛，父亲好好带领，社会就变得更好。我们身为父亲的人愿意开始认真的面对自己的角色吗？还是就让我们的孩子被现代思想所荼毒，或者被世俗文化的堕落所缠住？我们对神的托付的回应会显明我们的回答。

> 看哪、耶和华大而可畏之日未到以前、我必差遣
> 先知伊莱贾到你们那裡去。他必使父亲的心转向
> 儿女、儿女的心转向父亲、免得我来咒诅遍地。
> （玛拉基书 4:5-6）

# 对家庭灵修的反思

家庭灵修是说一个固定的时间，全家在主面前聚在一起。虽然现在许多人都在讲细胞小组，但是家庭灵修，或说「家庭祭坛」，其实是一个年代更久的一种小型聚会。因为现在的家庭变小了，成员分散四方，所以我们才需要人为的小组。对于现在的细胞小组，我们没有意见，但是这应该也成为对身为父亲者的提醒，让他们看到正式教导孩子的重要性。全家应该定期的聚集在父亲身边，学习他对神的爱，以及对神的认识。

就像个人灵修一样，家庭灵修通常也有唱诗歌、背经、以及讨论神的话、祷告与分享。这段时间越是个人化，越与孩子的生活有关，它对孩子的帮助越多。我们不会深入讨论如何带领家庭灵修，而会讨论一些两三岁幼儿的父母所会遇见的实际问题。

## 何时开始？

在孩子出生之前就应该开始灵修了。这是对的。如果没有其它亲人同住，这个时候只会有丈夫与妻子参与。当第一个孩子出生，全家会经过一段大约三个月的过渡期。丈夫与妻子在这段期间尽可能继续他们的灵修生活是很重要的，即使只有十分钟也好。我和太太通常每晚一起分享祷告。我们不看电视，我们谈话，并祷告。这的确需要花时间，但是想一想所带来的好处。我们不会吵架。我们是一对和睦的夫妻。我们喜爱我们的婚姻生活。我们藉此省下了很多时间，不然这些时间可能会花在恼怒、担忧、惧怕上面。

当孩子可以坐着的时候，就该是让孩子参与灵修的时候了。虽然我太太和我仍会有另外聚会的时间。我们喜欢这样做。在家庭灵修的时候我们不能分享太深的事情，我们不满足于这样的深度。与孩子在一起，我们需要有另一种层次的谈话与焦点。

# 唱诗歌

我们唱一些简单的儿童诗歌，也唱一些古老诗歌。小孩子喜欢一起唱，即使他们不懂词的意思。他们拍掌或者摆动身体。在孩子识字之前，他们可以学着一起唱诗歌。我们只需要训练他们。请他们跟着你念一些字。他们的记忆力相当好。

如果我们看到某个孩子（可能年纪大一点）不愿意唱一首已经很熟的歌，这不是因为他们不会唱，而是他们正表现出一种「安静」的反叛。他们有意的不唱。如果我们要他们唱，那我们需要与他们一起唱。他们可能也需要体罚，否则他们背叛的灵会破坏了整个敬拜的气氛。

# 神的话

我们要孩子学习神的话。我们读神的话，引用神的话，唱神的话。我们真正的目的是要让我们思考神的话的含意。有些人用一些教材帮助他们，例如圣经故事书。可以用这些作为辅助材料。

一个月专注于一个主题可能比较好。被几段合适的经文。讨论这些经文。读另一些可以应用的经文。藉由网络上一些搜寻工具，我们可以很快的搜寻到关于「忍耐」的经文

（我们这个月正在研读这个主题），会有一长串的经文可以讨论。我们尤其喜欢有一些主题的月历，可以在每个月给我们一个基督教的主题，可以全家一同来思想。另外一种方式，有一些类似教义问答的教材可以给孩子背诵。我们比较喜欢讨论孩子们主动提出的教义问题，但是有一些辅助教材是好的，可以帮助他们更丰富的了解我们对神话语的知识。

# 背经

小孩子能够背许多圣经节。如果我们不相信，不让他们去做，这是一件很可惜的事。当然父母需要与他们一起背，但这是好的。为何不早一点把神的话给他们，好让神的话早点塑造他们？他们不需要知道其中的意涵。等他们长大自然会懂。

当然父母可以决定怎样做最好，但其实他们可以背整章圣经，也可以背几节特别选的经文。我们通常在灵修时间考验他们。我们的孩子可以背诗篇第一篇、廿三篇、第100篇。这对他们很容易（对记忆力渐渐丧失的爸爸来说比较难！）我们就停在这里吗？不，我们要继续下去。这里有几个实行的方法。

为每个孩子预备一个数据夹。把所有全家背过的经节都印出来。我们也把全家唱过的诗歌放在里面。如果家里说两种语言的，有一些可以用中文、另一些用英文。让这件事变得有趣。我记得在我们研读加拉太书五章22-23节之后，我们会每个人轮流说一个圣灵的果子。

暂停并回想：  你的家一起学习过哪些经节？你觉得他们该学哪些？

# 在灵修时，你如何让孩子都安静的坐着？

祷告的时候是最难的。但是如果我们早点开始训练，这些麻烦在某种程度上就可以避免。比如说，当孩子还是婴儿，妈妈可以紧握住他的手，在喂孩子之前带他谢饭祷告。当他们可以坐高椅子时，也要这样做。在灵修的时候，我通常会把最小的孩子带来放在我的大腿上，握着他的手。当婴儿学会在祷告的时候要双手合什，需要有一段时间帮助他们持续保持这个习惯。一旦他们抗拒，我们就再回来用我们的手帮他们握紧。

我们无法强迫孩子安静，但我们可以帮助他们乖乖坐着。比如说，刚会走路的孩子与爸爸或妈妈坐在一起。当他们开始会到处乱跑时，我用我的腿把他们夹住。我们可以不理他们发出的吵闹声，这和在教会中不同。

# 你怎么祷告？

这与孩子的年纪大小有关。教孩子认罪、求上帝帮助，以及鼓励他们为别人祷告，是很好的。我们鼓励他们这样做，但我们知道在他们承认基督为他们的主以及救主之前，神不会听他们的祷告。然而，我们会为他们祷告，神会垂听。祷告是基督徒的特权。

我们会记录代祷事项。小孩子很能记得特殊的需要。我们为宣教士祷告。为你的家选一个特定的宣教士。我们决不敢只为自己祷告。当我们为他人祷告时，主要做更大的事。

我们有很多小孩，因此我们轮流祷告。如果小孩少一些，可以每个都开口祷告。可以由父亲开始，母亲结束；孩子在中间祷告。通常在六岁之后，孩子会想要开始祷告，有时候会更早。如果年纪还小，我们只要拉着他们的手，为他们祷告。「神啊！为每一件美好的事感谢你。阿门！」

总结

当孩子生病，或者很累的时候，灵修可以简短一点。如果你很晚才回家，就趁他们在床上的时候，按手在他们身上为他们祷告。这不是一个律法的规定，而是一个寻求神祝福你家庭的机会，并且趁此机会把你对神和祂话语的热爱教导他们。

# 对属灵喂养的几点想法

现在让我们来看看关于用属灵教导来喂养家人的几个方面。

## 为你的孩子祷告

每个孩子都是不同的。每个孩子有他自己的声音、长的样子、高矮胖瘦、掌纹、指纹。我们对每个孩子应该有不同的祷告。祷告不是什么神奇的东西；它是父母为孩子所做的一个恳切的祈求，希望他们能够长成他们该成为的样式。这个祷告是一个渐进式的祷告。当我们看到孩子渐渐长大，我们我们会看到某个孩子身上发展出特殊的恩赐，或者面对特别的挑战。我们需要集中祷告的焦点来为孩子祷告。

通常我们会在每个孩子身上看到特殊的长处与短处。我们应该鼓励他们，为他们祷告，使他们能胜过罪与身体的软

弱，以致能实现神的美好计划。我们尤其可以透过与他们一同背诵的经节来装备他们。在大多数的情况中，每个人都会有一项特别需要对付的罪。身为父母，我们要知道这是孩子要成为敬虔的人的最大的敌人。只要我们还在世，我们的祷告可以成为他们的盾牌。

有了这样的观察与祷告，我们可以期待孩子将来成为敬虔的人，充满基督的灵。我们发现为他们取特别的名字会有帮助，就像圣经所做的一样。什么意思？你为什么会想要为某个孩子取一个特殊的名字？祷告神，让这个名字的属灵意义能实现在他身上。

# 母亲的角色

有些人好奇，为什么在申命记第六章、以弗所书第六章，以及其它的经文都提到父亲对于养育孩子的属灵的责任，却没有提到母亲？因为父亲是需要负全责的。藉由第四节，特别对父亲所说的话，可以看出来。父亲是家里的头。然而，我们也看到，要塑造孩子的生命，光有父亲是不够的。

> 你们作儿女的、要在主裡听从父母、这是理所当然的。要孝敬父母、使你得福、在世长寿．这是第一条带应许的诫命。你们作父亲的、不要惹儿女的气、只要照著主的教训和警戒、养育他们。
> （以弗所书 6:1-4）

在第一节，我们看到孩子应该听从父母。不论父亲或母亲都要听从。如果我们对于这点有怀疑，第二节再次的让我们肯定这点。尊敬与孝敬和诫命与应许连在一起。当孩子小

的时候[50]，我们看到妈妈对孩子的细心呵护，但是父亲必须知道，主的教训以及整个训练过程必须实现在孩子身上。妻子与丈夫必须同工，一起达到这个目标。妻子具有一种特殊的洞察力与能力，能够帮助孩子。好的父亲知道这一点，并且与他的妻子紧密配合。注意这里说，在家中妻子该扮演的角色。

> 好指教少年妇人、爱丈夫、爱儿女、谨守、贞洁、料理家务、待人有恩、顺服自己的丈夫、免得神的道理被毁谤。（提多书 2:4-5）

孩子应该从母亲身上获得对于慈爱与温和的体验。这并非表示母亲不管教。管教是爱的表明。如果孩子不听母亲的话，让母亲难过，他应该知道，当爸爸回来的时候，爸爸会管教他。然而，一个妻子决不敢把所有责备与教导的工作全部留给父亲来作。因为父亲在训练孩子的事上不像母亲一样能及时的管教，并且能完全清楚当时所发生的每一个细节。母亲主要应该要表达温柔的爱。她需要记住这点。父亲与母亲应该和谐的、合一的来管教孩子。当我们读到关于信主的妇女嫁给不信主的丈夫的经文，我们会更加了解母亲的影响力。

# 不信的丈夫

有些婚姻，夫妻两人一人是基督徒，另一人不是。这样的情况中，信主的母亲不要灰心。提摩太是由敬虔的祖母和母亲所养大的。他后来成为早期教会的一个伟大的牧师。

---

[50] …「如同母亲乳养自己的孩子。」（帖撒罗尼迦前书二章7节）

想到你心裡无伪之信．这信是先在你外祖母罗以、和你母亲友尼基心裏的．我深信也在你的心裡。（提摩太后书 1:5）

后面，我们读到提摩太借着她们的教导而明白圣经。

并且知道你是从小明白圣经．这圣经能使你因信基督耶稣有得救的智慧。（提摩太后书 3:15）

这让我们更肯定使徒保罗在哥林多前书七章14节所说的。

哥林多前书 7:14 因为不信的丈夫、就因妻子成了圣洁．并且不信的妻子、就因著丈夫成了圣洁．不然、你们的儿女就不洁净．但如今他们是圣洁的了。

只要不信的丈夫（或妻子）愿意与信主的另一半同住，信主的另一半就可以对他的孩子有极大的影响。

## 全家的目标

我们必须看见，最终的目的不只在孩子本身。当我们读圣经，我们看到神要透过家庭成就极大的事。孩子可视为父母思想意志的延伸。身为基督徒的父母，我们必须弃绝个人主义的观点，要知道神要我们传递我们的服事、意向、爱心等等，给我们的下一代。

比如说，如果我们看到一对夫妇很好客，很有可能他们的孩子也学会这样做。我们从父母身上看到怜悯、关怀与慈爱，同时透过孩子模仿父母亲，我们也看到孩子有这些特质。我们并不是说，父母要强迫孩子将来作某些职业，而是说，我们可以对于主将要在孩子身上所做的工有一种一般性

的期待。这会鼓励我们以身作则，建立一个好的榜样，使得孩子可以把这些美好的事再传给他人。

看一下亚伯拉罕、艾萨克、雅各布。注意他们都有不美满的婚姻，而这个负面的因子代代相传。我们也可以看到积极的一面，他们对主的信心代代相传而更坚固。他们持守神的应许以及应许之地。

但我们也要小心。在孩子长大的过程中，他们不但会传承好的事物，也会传承不好的事物。当我们有空，我们应该承认我们的罪，靠主的力量来改变。即使有些较年长的孩子已经被不好的身教所影响，这也会鼓励他们。如果父母开始改变，他们会知道他们也需要改变。

我们对这些事情越清楚，要朝着这个目的前进，并与孩子们分享就会越容易。「你知道我们伟大的神要如何使用我们家吗？祂使用我们帮助我们家附近的那个穷人。我来跟你说说我们家如何⋯」这种分享会在孩子心中灌输一种伟大的异象，远超过个人眼界，并且以主的旨意为中心，而非以金钱或权位为中心。

暂停并回想： 透过你们全家，主正在做怎样的工作？你有哪些恩赐？主如何透过你身为父母的身份来把祂的恩典祝福给别人？

## 正面的教导

虽然在前几堂课我们曾经提过，我们应该在这里再说一次。身为父母，我们不应该只传给孩子负面的警戒。警告是需要的。我们的孩子不应该说谎。但我们应该超越这个层次，并告诉他

们该去做哪些好的事情。我们越把我们的焦点放在以「爱邻舍如同自己」为中心的好事上，我们就越能在孩子身上灌输对这种美德的异象。

这些正面的教导会成为一条孩子们可以行走的道路。孩子无法忽略这些事情而独立生活。他们会思考他们应该做哪些正面的事。我们应该让他们知道这个重要问题的答案，否则他们就会去别的地方寻找。让我告诉你一个例子。我刚刚听到我们家一个三岁的孩子哭闹，因为他想要得到另一个哥哥有的东西。我告诉他，他不应该用哭的方法来得到想要的东西。但是之后，我继续告诉他，我希望他做什么。

首先，我吸引他的注意力确保他有在听。我告诉他，我希望他与其它的兄弟姊妹分享东西，并且友善的与他们一起玩。我们就这样结束了我们的对话。这是我希望他记住的事情。

暂停并回想：　把过去这一周你给孩子正面的教导一一列出来。要记得，只有当孩子长大到能够理解、推断事理的时候，这个方法才会开始有果效。但我们可以先开始训练自己。

# 关于孩子的得救

每个孩子都需要认识主。记得，孩子应该尊敬神，以及他们的父母。即使一个不信主的孩子，我们也可以训练他拥有这种态度。但是要爱神与爱人，需要福音的能力。孩子们生来就有罪性。因为父母是罪人，所以他们生来就是罪人。我们是罪人，

因为我们的父母也是罪人。这个论述可以一直推下去，直推到亚当。在罗马书中谈到亚当的时候，保罗对此做了个总结。

> 如此说来、因一次的过犯（亚当的罪）、众人都被定罪、照样、因一次的义行（耶稣的义）、众人也就被称义得生命了。（罗 5:18）

当亚当犯罪的时候，整个人类都被污染了。无论在哪里，所有的人类都需要被救赎。小孩也一样需要。人并不是长大到够成熟，可以为自己的道德负责之后，才需要救恩。正如上面所说，他们生来就是罪人[51]。对孩子而言，得救的过程与所有人都一样，但有些地方需要特别留意，因为他们比较会尊敬父母，并会想要取悦他们。这种想要取悦父母的愿望与得救是两回事。

有时候我们把得救等同于做决定。这方面的问题在于，做决定的时候，有许多的层面。决心包含心思、意志以及情感层面。当孩子想要取悦爸爸或牧师，他可能会说，他想要成为基督徒，或者点点头表示他愿意接受救恩。这很可能只是一种情感性的决定。他们可能根本没有得救。因此我们必须寻找其它得救的征兆。

我们首先应该清楚的告诉他们关于人的堕落以及人需要被救赎脱离神的愤怒。我们需要把孩子的罪指明给他们看。我们不是用一种指责的口气来说，而仅是指出事实。我们要提醒他们，光是因为他说谎的罪，他就应该要下地狱。我们

---

[51] 这就是为什么堕胎绝对是个属魔鬼的工具。他们的命运就是要下地狱。是的，他们并没有出于自愿的犯罪，但他们却落在神一般性的愤怒之下。

不需要把事情弄得夸张，只需要告诉他们真理。从小他们就能开始明白这点，并把他们的罪与得罪神连结在一起。我们绝不能强迫他们说他们是基督徒。这并不会改变他们的内心。

我们要寻找的是，他们能察觉自己有罪。我们应该要看到他们里面有悔改的灵。他们应该会自动的问有关主、天堂与地狱等等的问题。然后我们就知道主的灵正在作工了。我们可以说类似这样的话鼓励孩子相信：「我希望你能早日成为一个基督徒。你不会想要过没有主耶稣的生活。」我相信，现在我四个最小的孩子，还不算是基督徒。但他们知道我仍然爱他们。他们有听到我怎样为他们能认识主而祷告。他们知道成为基督徒是一生中最好的事。我可以很容易的请他们跟我作认罪悔改的祷告，但这不会拯救他们。他们需要圣灵的工作使他们知罪以致于他们愿意寻求救恩与十架。

不幸的，「决定」这个词已经取代「悔改，信靠基督」的意涵。我们需要回到正确的根基。注意在以下的经文中提到，神的大能如何在人信主的过程中工作。

> 我告诉你们、不是的．你们若不悔改、都要如此灭亡。(路 13:5)

> 因为我们的福音传到你们那里、不独在乎言语、也在乎权能、和圣灵、并充足的信心．正如你们知道我们在你们那里、为你们的缘故是怎样为人。(帖前 1:5)

> 因为他们自己已经报明我们是怎样进到你们那裡、你们是怎样离弃偶像归向神、要服事那又真又活的神、等候他儿子从天降临、就是他从死里

复活的、那位救我们脱离将来忿怒的耶稣。(帖前
1:9-10)

悔改是一种灵里的信心，从神而来，相信一个人的罪是
他身上最可怕的咒诅，会得到神的定罪，因此他寻求一条路
以逃离罪恶

当我们的孩子有受正确的训练，我们会在他们身上看见
许多美善的果子。不要认为这代表他们得救了。并不是。事
实上，如果父母认为这与得救是同一件事，他们就被骗了。
父母会告诉孩子以及牧师说，他们的孩子得救了，但事实上
没有。孩子们只会有基督徒的外貌，却没有基督徒的心。

悔改与相信是一起来的。孩子必须相信或知道基督是他
们的救主。神会赐他们信心。这不仅是了解基督为他们死在
十字架上的知识而已，而是一种确信，深信救主真的把他们
从可怕的罪里拯救出来。即使最好的孩子，如果有这种确
信，他也会承认自己是邪恶的罪人，应当受神的审判。

暂停并回想：你的孩子有哪几个已经得救了？你有在他们
身上看到这种悔改与相信的过程吗？

# 养育敬虔的孩子

父母应该设立养育敬虔孩子的目标。我们应该期待在孩子的童
年，他们就能透过主耶稣基督认识神。我们也应该期望他们爱
神，喜悦神的道路。他们应该建立规律的个人灵修习惯，例如
读圣经、祷告、敬拜神。

父母可能会强迫孩子要保持这些习惯。我们尽量避免把
这些要求强加于孩子身上，除非他们已经认识主了。身为基

督徒的父母，我们自己做这些事，但我们以祷告的态度，等待神去搅动孩子的心。我们希望看到他们响应神的呼召，不是响应我们。借着观察我们在我们自己灵修的时候所做的事，他们会学到他们该作什么。你会帮助他们有良好的习惯，以致于他们学会有规律的灵修来自己寻求神。

父母应该仔细聆听孩子在家庭灵修时间所做的祷告，看看他们有没有感谢神、敬拜神、请求神的赦免，以及为别人的需要与得救祷告。这是父亲所能给予的另一种教导。家庭灵修是一定要有的，个人灵修则是他们个人向主的一种表达。

我们世俗化的社会影响了我们的观念，以致于许多基督徒把圣经当成一本书来读，而不是神的话。他们甚至也不知道有什么差别。他们没学过要如何透过读神的话来倾听神的声音。当父母火热的在神的话里来寻求神，他们会寻见他，并且可以把这些经验分享给他们的孩子。借着这种方式，他们可以把他们属灵的产业传承给下一代。

总而言之，我们应该记住，一个敬虔的孩子，不只是有美德的，也不只是受过良好训练的。一个敬虔的孩子有这些特质，但他更具有对神的道路、神的话以及神自己的热爱。我们应该训练、祷告，并寻求神工作在孩子身上，以致于孩子从心底爱神，而不仅仅是遵守神的道。

暂停并回想：你的孩子敬虔吗？什么原因使你这样觉得？你有规律的为他们的敬虔祷告吗？

总结

　　属灵的教导，无疑地，是教养过程中最重要的一个方面。何等可悲，它已经变成教养过程中最被忽视的一环。愿神赐恩典给每一位父母，使他们能忠心。愿神呼召父亲们起来，在他们的地位上大胆的在神的爱与神的道中来训练孩子。

# 教养原则

- 神期待父亲在家中负责属灵的教导。

- 整个家庭都领受了要「尽心、尽性、尽意、尽力」爱神的命令。

- 父亲对主的爱、顺服与火热会大大的影响全家人。

- 妻子协助丈夫完成他的责任。

- 一个父亲必须以两种方式教导孩子关于主的事：正式与非正式的方式。

- 家庭灵修是重要的，也是必要的，可以训练孩子，并启发他们自己敬拜主。

- 父母应该对孩子指出他们需要接受主的救恩，但是要等候神来搅动他们的心。

- 父母应该为每个孩子的未来祷告，并且祷告他们能成为敬虔的孩子，实现神对他们的旨意。

# 教养问题

1. 谁有责任在主里教导孩子？为什么？

2. 这个人可以以哪两种方式实现这个属灵的责任？

3. 为什么许多孩子远离主？

4. 过着良好的生活等于得救吗？为什么？

5. 为什么家庭灵修很重要？

6. 在家庭灵修的时候，有哪三件事情该做？

7. 父母应该强迫孩子有个人灵修吗？为什么？

8. 父母应该如何学习为他们的孩子祷告？

9. 如果想要分辨孩子是否离得救不远了，父母应该观察哪些方面？

## 培养敬虔的后代

### 幼儿以上

## 第十章

# 建立两代之间的爱

目的：让新为父母者能够在他们自己的父母、公婆或岳父母来访期间对他们显出神的爱与关怀。

大家都了解当父母、公婆或岳父母来看我们的时候会产生相处上的困难。事实上，我们可以承认，本来可能是一个美好的、让人高兴的机会往往变成一场恶梦。新婚夫妇很少会想到这些事情。当他们的父母、公婆或岳父母来看他们的时候，他们常常被这些不愉快的经验吓到，并且也无力改变这种情况。有经验的夫妻常常会避免谈到这些不愉快的经验。让我们从神的话中思想有哪些相处上的问题，并思考如何克服。

# 使家庭和睦

这几点对于与父母、公婆或岳父母建立良好的关系很有帮助。就像是几个步骤一样。必须按照所写的次序来做。

## #1) 要谦卑：一次永远的洗除你的罪

能良好的与我们的父母、公婆或岳父母沟通的关键，取决于我们能否为过去我们得罪他们的地方道歉，并且扫除所有过去的误会。

注意！                                    以前的冒犯与骄傲导致误解与争吵。

## #2) 要孝敬：持续的尊敬父母亲

神命令我们孝敬父母。我们借着尊敬他们使他们确信我们重视他们。

注意！你将来与你孩子的关系很有可能与你现在跟自己父母亲的关系一样。所以现在就是该改变的时候。你的孩子会观察你跟你父母的相处之道来学习如何与你相处。

## #3) 要诚实：有耐心的与父母分享神的标准，并且要坚持

家庭的和睦取决于神的爱与真理对我们与父母的关系有多少影响。为了使他们能接受，我们必须用爱与关怀的态度来分享神的真理。

注意！当我们降低神的话语对我们的标准，我们会把伤害带入家庭，我们会开始不顺服神，并且神的慈爱也无法在我们的生活中完全彰显。

在这里我们只是简单的提出这三个步骤，等一下我们会详加解释。

暂停并回想：　你有在你与父母亲的关系上寻求和睦吗？你采取了哪些步骤？还可以采取哪些步骤来改善？

在下面几页，我们会来看如何在父母亲面前谦卑自己，并尊敬他们，且对他们诚实。要记得，神的计划永远是最好的。神知道与我们父母维持良好的关系同时又不对真理妥协对我们有多么的重要。

# 了解父母亲、公婆与岳父母生气的原因

在属世的文化中，有许多的文献都探讨新为父母者与他们的父母亲、公婆与岳父母之间的冲突。尤其是传统的中国文化。在许多经典名著中都记载了婆婆与媳妇之间的冲突，这样的冲突在现代也持续上演着。儒家思想在某种程度上使这种情形变得更糟糕，因为很多不合圣经的观念持续了几千年。就像一个弯曲的轮胎，时间过得越久，它会坏得更厉害。

如果我们认为这种问题只会影响中国人，那就错了。全世界的文化都会面临这样的问题。不合圣经的观念越深影响一个文化，它对家庭所带来的毁坏就越大。

不合圣经的观念会扭曲一切良善的事物，包括家庭的和睦。

很讽刺的是，没有人认为这样的问题会在自己的家庭中发生。但一次又一次，家庭团聚变成一个家庭中最充满苦毒

的时刻。或许有人会认为只要孙子孙女出生了，这种紧张关系就会被掩盖。事实上不会。让我们来想想为什么新为父母者与他们的父母亲、公婆与岳父母之间会有这么多冲突。

# 1. 未经父母同意就结婚

如果一对准备结婚的情侣想要让他们的婚姻充满问题，他们可以从「未经父母同意就结婚」开始。当年轻人开始了解父母亲的同意对他们的生活有多么重要时，他们才知道自己有多愚笨。为什么这件事这么重要？

婚姻不只使两个人联合，也使两个家庭联合。这不只是一个人与另一个人的问题。还有更多人也被牵连。只有比较成熟的人才能看到这一点。神要我们孝敬父母。当孩子们没有诚心的在结婚的事上寻求父母的同意时，父母会觉得不被尊重。

如果年轻人在寻求配偶的事上与父母同工，而不是与他们作对，他们将会得到保护。传统的寻找结婚伴侣的方式与现代方式的不同使得这个问题更加严重。父母不再了解如何在这件事情上与孩子建立良好的关系，也丧失了信心。孩子们也不再期待父母对于这个过程有任何的参与。这是一个可耻的现象。

在婚姻中，这种两代间的冲突可以更清楚的看到。如果年轻人没有征求父母的同意就结婚，他们在父母的眼中是非常的不礼貌，而且愚昧。不但没有建立信任，反而冒犯了父

母[52]。父母亲未来将会轻视孩子所做的一切决定。同时，这个长大的孩子，也会持续的轻忽父母的建言。我们可以看到在这对新婚夫妻与他们的父母中间有一道不信任的墙。

年轻夫妇错误的以为这没什么不对，等时间久了这一切就过去了。如果他们以为有了小孩会使得情形变得更好，他们大错特错。表面上看来，或许没错。新婚夫妻很高兴自己有小孩。祖父母也很高兴有一个孙子（孙女）。但事实上，这会变成下一次严重冲突与摊牌的场景。

在此刻我们不会探讨这个接下来的冲突，但是我们的确要强调他们未经允许的婚姻所造成的伤害并没有离开。解开这个苦毒的唯一方法是承认自己的愚昧，承认自己错误的判断，并请求父母原谅。有些人会原谅，但也有些不会。对于那些会原谅的父母，他们会原谅孩子，并且他们之间的关系将会和好。否则，苦毒会持续留在他们心中，像一个仇敌一直留在他们的生命中。是的，神会原谅我们的罪，并在我们有困难的时候做工，但是我们无法强迫别人赦免我们[53]。

在继续下去之前，让我们想想父母与孩子共同寻找结婚伴侣的好处。父母可以给经验不足的孩子许多宝贵的判断。他们会保护年轻人避免做一些他们自己无法发现的错误决

---

[52]透过让父母参与生命中的重大决定，例如结婚，表达对父母的孝敬，是正确的。这是对于要孝敬父母的命令的一种简单应用。父母可能不会说什么，但是他们可以感觉得到孩子对他们的热情或冷漠。

[53]我们当然能够也必须赦免别人，即使他们不愿意赦免我们（通常的情况是两边都有错）。来看看关于认罪与饶恕的教导www.foundationsforfreedom.net/Topics/Overcomer/OC3/OC311.html

定。因为未来的岳父母（公婆）也参与在这个过程中，他们会觉得被敬重。他们会看到他们的孩子真的宝贵他们的真知灼见。这会建立一个坚强的互相信任的关系[54]。

> 你们作儿女的，要在主里听从父母，这是理所当
> 然的。要孝敬父母，使你得福，在世长寿。这是
> 第一条带应许的诫命。（以弗所书六1-3）

在结婚之前，孩子必须顺服他们的父母[55]。不应该有任何例外，因为神的话没有给我们例外。不论父母亲是不是基督徒，不论他们聪明或愚笨，他们都是父母亲。孩子们必须相信神会透过父母亲来做工。这是神启示他的旨意的一个很重要的地方。相反的，寻求父母亲忠告的年轻人，则让人觉得他很成熟。如果必要的话，他愿意延后结婚，甚至结束这段感情[56]。

在以上的经文，我们的确看到孩子应该「在主里」听从父母。神设立了例外的情况。当父母引导或强迫孩子去做一些错事的时候，孩子应该拒绝。换句话说，在生活中的每一

---

[54] 因为这个原因，所以我们认为约会是一个不合圣经的观念，会导致危险的处境，并且在未经父母同意之下做出重要的决定。

[55] 当然也有一些其它例外的情况。比如说，如果他们的儿子过了28岁仍然未婚，并且自从廿岁开始他就独立生活，只关心自己的需要。然而，即使在这种情况下，在寻求配偶的时候仍然需要慎重考虑父母的意见以敬重他们。不考虑他们的意见就擅自结婚是一个鲁莽的行为。不事先寻求公婆（岳父母）的同意而想要建立一个美满的家庭是一种愚昧的行为。

[56] 相信神会透过父母亲做工，会建立亲子之间一种强而有力的关系。如果孩子不愿意这样信靠主，这种关系无法建立。

件事孩子都应该尽力完全顺服父母亲，即使他们自己并不喜欢做，然而，当父母要求孩子不顺服神的时候，孩子必须有坚定的心志。如果孩子能始终保持这样的心志，父母并不会因为孩子坚持顺服来自圣经更高的命令而感到被冒犯。

　　暂停并回想：　你的父母对你的婚姻有什么看法？你有要求他们的同意吗？他们有同意吗 寻找配偶可能会透露出从小开始生活中所发生的一些问题。

# 2. 从过去以来关于罪的挣扎

如果你在结婚的事上冒犯了你的父母，那么很有可能自从过去以来在你与父母之间的关系里早已累积了一大堆不好的、甚至犯罪的习惯。每个问题都会带来另一个问题。很多小问题会慢慢累积。这些过去的罪有没有清除干净？如果没有好好认罪，这些罪会跑回来重新住在你身上。创世记里面雅各布的故事点出属于他的一连串的问题[57]。

系列影响

父母 好 坏 影响 我家

"恨我的，我必追讨他的罪，自父及子，直到三四代… 爱我守我诫命的，我必向他们发慈爱，直到千代。"出20:5-6

基督徒从神得到被赦免的恩典，但同时神也命令他们要赦免人。如果没有在罪逐渐长成之中把它清除，孩子们会认为不听父母的意见，按自己的意思行事是

---

[57] 罪常常会抓住神的百姓。我们可以在雅各布的身上清楚的看到这点。来看看关于他的生活的在线讲道 www.foundationsforfreedom.net/References/OT/Pentateuch/Genesis/15Jacob/Genesis25-37_0Discipline.html

好的。当然，这会使孩子渐渐落入罪中。罪总是会影响人与人之间的关系。如果孩子得罪了父母，他会自然的避免和父母相处。

> 凡作恶的便恨光，并不来就光，恐怕他的行为受
> 责备。（约翰福音三20）

年少时的罪会对孩子与父母之间的关系产生负面的冲击。信任是由顺从而来。不信任是从年少时的叛逆逐渐造成，而这种叛逆表现在他们照自己的意思行事。

每个人都需要清楚的知道自己犯了哪些罪以及因罪造成的不好的态度，并为这样的罪道歉。最好的方法是把所有明显的罪与对父母的冒犯，以及不好的态度，一一列出来。告诉你的父母，你以前没有重视你与他们的关系，但从现在开始，你愿意改变。解释从小到大所做的错事。虽然你的父母也可能对你做了一些不对的事，不要在这时候提这些。只要专注于你自己的错就好。

最好能够分别与他们两人认错，然后到最后再一次在他们两人面前请求他们的赦免。「你愿意赦免我所做的这些事吗？」你可能会发现需要特别注重一两个地方，深入的道歉。如果父母非常生气，他们可能不会原谅你。另外有些父母可能会说，没关系，这不重要。其实，这很重要。告诉他们这对你而言有多么重要。道歉之后，无论何时你又得罪了父母，立刻向他们道歉。这是维持一个良好关系的方法。

> 所以你们要彼此认罪，互相代求，使你们可以得
> 医治。（雅各布书五16）

虽然这些步骤看起来像是会使你父母对你的控制更厉害，事实上，这些步骤会帮祝你恢复你与他们的关系，并且建立建立彼此之间所需要的信任感。没错，这样做是在谦卑自己，这也是主所指教我们做的。除了告诉父母亲你非常希望与他们有一个很亲密的关系，没有其它方法可以更好的孝敬父母。

暂停并回想：　你有请求父母饶恕你过去所犯的罪吗？并且也包括你过去不好的态度？

## 两代之间的罪

我们必须知道，我们与父母之间的问题并不只是我们自己的问题。许多时候孩子们会对父母亲潜在的罪做出反应。我们不应该要求他们赦免我们；我们只需要赦免他们就行了。然而，如果我们有智慧的话，我们会试着从祖父母、父母到我们自己追寻这种潜藏的罪的模式。

请注意在出埃及记廿章神怎样说罪会遗传到第三第四代。这里说到父母亲的罪将会传给他们的孩子。在这里提及这一点的原因，是因为这些从祖先遗传下来的罪常常是一个人生活中导致最多问题的罪。这些罪通常没有被对付因为它们很不容易被发现。

如果父母亲与孩子有相似的罪，我们会发现他们彼此之间不容易互相容忍。比如说，如果父母很容易发怒，很有可能孩子也容易用这种方式表达自己[58]。当父母与孩子有类似的

---

[58] 孩子不会继承父母所有的罪，但通常会继承一两个比较明显的。

罪，两者通常比较难沟通。如果父母有易怒的问题，孩子有嫉妒的问题，至少他们还比较容易沟通一点。

如果两个成年人没有思想上共同的根基，是很难解决问题的。罗马书第二章1-2节给我们一些亮光。

> 你这论断人的，无论你是谁，也无可推诿。你在甚么事上论断人，就在甚么事上定自己的罪；因你这论断人的，自己所行却和别人一样。（罗马书二1）

保罗在这里指出那些有罪的人通常可以看到别人身上的问题，可是却看不到自己的问题。他们对自己的罪恶过犯好像瞎了一样，视而不见。当我们把这个原则应用到父母与儿女，我们发现父母与儿女很容易拥有相同的罪的模式。他们很容易发现对方身上的罪，但对于自己的软弱却无法看见。这样的情况会使误会更深，因为他们都会认为对方缺乏承担错误的能力，但事实上他们没有看到自己的错。两边都控告对方，却原谅自己。你有发现这会导致两代之间缺乏沟通的问题吗？

当父母亲来看他们的孩子，以及孙子孙女，以前的这些敌意会重新燃上心头。解决之道不是改变父母。靠着你的配偶，先诚实的反省自己（你的配偶永远是最好的帮手）。我们只需要记得，走过这个过程并不容易。找出影响你对父母的反应与态度的几个罪。当你开始除去、恨恶这些罪的时候，你就开始学会谅解、同情、怜悯你的父母。

你父母的反应可能仍然令人不悦。然而，我们内心的改变将会除去父母心中的仇恨与骄傲。我们需要持续的与父母亲、岳父母或公婆保持和谐的沟通。我个人曾经看到神在我自己的生命中做了奇妙的事。在我家庭里，有些子女根本无法与我父母的其中一位有任何沟通。因为我已经原谅了父母，也请求他们原谅我，神赐给我超过我能想象的耐心来与父母亲相处。这种方式真的完全改变我与父母的关系。只有在这种情况下，沟通管道才能畅通，我们才能进一步去对付其它的误解，像是父母亲超过了权柄的界线。

暂停并回想： 列出五个父母亲最主要的罪。问问你的配偶，在你自己的生活中有没有显露这些罪？记得除了反省行为之外也要省察内心的态度。

# 不清楚或者不愿意接受权柄的界线

当祖父母来看他们的孙子女，他们也会同时看到他们自己的子女。很多祖父母因为上述的原因，若不是因为有孙子女的缘故，根本不愿意来看他们的儿女。神借着这些可爱的小孩子来使得一个家族有团圆的机会。这样的相聚是一个发现与胜过过去的罪的一个很好的机会。很多人从来没看到这是一个机会，只把它当成是一段需要忍耐的时间。

如果过去的问题已经适当的处理过，或者，至少已经开始处理了[59]，那么年轻的夫妇就可以开始了解并向父母解释权

---

[59] 我仍然在自己身上看到许多罪的样式，尽管已经过了许多年。我才刚开始发现自己常常用很重的口气对孩子说话或责备他们。我现在已经结婚廿五年了！

柄的界线。权柄的界线可以从创世记二章24节看到。神、耶稣与使徒保罗都曾经提到这一段简洁有力的经文。

> 因此，人要离开父母，与妻子连合，二人成为一体。（创世记二24，神说的）

> 并且说：因此，人要离开父母，与妻子连合，二人成为一体。这经你们没有念过么？（马太福音十九5，耶稣说的）

> 为这个缘故，人要离开父母，与妻子连合，二人成为一体。（以弗所书五31，保罗说的）

「离开」与「连合」的原则在这里非常的清楚。不幸的是，这里没有更进一步告诉我们「离开」的意思是什么。不管是什么，「离开」与「连合」对于一桩美满婚姻都同样的重要。神借着使这对新人与父母分离，设立一个新的婚姻的单位。就像花园中的球茎，必须被摘下来，种在另一块土壤上。如果没有被摘下来，最后会变得又小又不健康。

很多非基督徒的父母亲不了解这个美满婚姻的基本原则，不了解为什么这会带来家庭的和睦。年轻夫妇通常不敢提起这些原则。但如果神的真理没有被带出来，接下来会出现越来越多问题。我很感谢我的父母愿意尝试着实行这些原则（这对他们也是不容易的）。我们在这里并非是想要讨论这段经文的所有应用。那需要写一本书才讲得完。相反的，我们在这里只想要讨论父母亲过度影响孩子们的婚姻生活以及干扰了对孙子女的训练的情况。

当一个人结婚，他组成了新的家庭单元。他不再受限制需要「顺从」父母，只需要「孝敬」他们。有些文化把顺从

与孝敬视为同等，这会使得问题更加复杂。顺从意指完全遵从，孝敬意指体贴父母的需要。顺从是完全按照上面有权柄的人的吩咐来做。孝敬是指尊敬、钦佩。在有些情况下，孝敬会导致行为的模仿，因为看到可仰慕的行为，但孝敬并不需要完全的按照另一个人的意思去行事。即使对已婚的孩子，儒家思想仍然把顺从与孝敬的意思合并在一起[60]。

这对新婚夫妇的父母应该尊重神所赐给他们孩子在婚姻中自我管理的自由[61]。他们不应该代替这对年轻夫妇做任何的决定。年轻夫妇如果聪明的话，应该欢喜的与父母讨论生活中的事情，并从他们的身上学到智慧。父母亲如果聪明，应该要释放他们的孩子，让他们自己管自己。就像小鸟，当时机成熟时，母鸟会把他们从巢里面赶出去，让他们过自己的生活。

父母亲以及他们已婚的子女都应该认识这个原则。有些父母，当孩子不听他们的时候，会用遗产来威胁他们。年轻的丈夫，绝对不能被这个威胁所迷惑，反而应该坚守神的真理，必要的时候甚至失去遗产也无所谓。有时想得到遗产的渴望会说服新婚夫妇按照父母亲的意思来行事。他们绝对不能以这种威胁作为作决定的基础。

---

[60]孝道是深植于中华文化中的一种观念。当孩子在结婚之后并没有「离开」父母的权柄时，这个教导的本来好的地方反而变质了。

[61]这不是说孩子可以随己意行任何事。他们需要向神负责，就像未婚之前一样。如果他们虐待孩子，当然上帝会审判他们，可能透过世上的法庭，也可能不是。这段经文只是说当孩子结婚之后，父母亲就不再需要负责替孩子做决定。这对父母而言是一种困难，却是必须的改变。

信任是一种更好的方式。信任导致和睦。父母亲惧怕孩子们会抛弃他们。新婚夫妇必须向他们的父母保证这种事不会发生。他们会永远孝敬他们。如果年轻夫妇感到这种被控制的压力，他们反而会退缩而开始变得自我保护。神的设计是最好的，因为神的设计是要让彼此的关系在爱与信任之中滋长。

毕竟，人人都希望和睦。新婚夫妇期待得到父母的支持与陪伴（当他们高兴的时候）。父母亲希望能常常看望他们的孩子与孙子女。神也希望这样的结果。

暂停并回想： 你有想过在你的家中，「离开」的实际意义是什么吗？你有离开你的父母的权柄吗？他们仍然控制你吗？怎么控制？在这样的情况下产生怎样的紧张关系？

# 通常的困难（钱、感情的牵绊等等）

有一些其它的困难会介入父母、岳父母或公婆与新婚夫妇的关系。有些是因为向父母亲借钱，或者有生意上的来往。有些是因为不美满的婚姻。有些是需要靠父母亲帮忙来照顾自己的孩子。有些父母、岳父母或公婆对新婚夫妇有很高的期待以致于对他们造成压力。有些是因为跟父母、岳父母或公婆住在一起。有些地方的文化或是法律对某种情况的家庭有特殊的要求或限制。

有些社会有比较现代化的观念，希望太太出去外面赚钱。他们通常会限制一个家庭应该生的孩子的数量。有些人的生活环境是一个问题。他们根本不知道如何离开。还有一些特殊情况像是离婚、犯淫乱或分居使得原本简单的神的设

计变得更加复杂。疾病或死亡对一个家庭的冲击也很大。失业会对家庭带来极大的灾难，通常使得夫妻其中一人需要到远地去谋生。有些父母喜欢控制他们已成年的孩子。这些父母有些人是因为他们自己曾经受过他们的父母的压迫，因此觉得现在终于轮到他们了。通常这样的父母会自己告诉自己说，他们是在帮助这对年轻人，但事实上，他们正在危害他们。

暂停并回想：　在你的生活中与父母相处的时候，还有哪些上面没提到的问题？

## 总结

了解神的设计的关键在于比较父母亲对我们的标准以及神对我们的标准。在任何情况中，我们都应该信靠顺服神。有时候顺服需要勇敢的下决定，但所有的决定都应该基于神的爱与神的计划。只有这样我们才能找到解答。否则，我们这一代的罪将会传递到下一代。

# 寻找解决方法

神早在一开始就看到婚姻的潜在问题，并且有效的解决了它们。如果我们想想活了930年的亚当，我们就会更清楚知道问题所在。至少我们知道亚当是个对后来的人产生很大影响的人。如果他用自己的权柄控制他所有的小孩和后代的子孙，那世界上会产生许许多多无力的家庭。他可以控制他们长达将近一千年的时间！。相反的，神特别设计了，当一对新人结婚之后，新家庭的丈夫必须立刻成为他们家的头。

神如何解决这个问题的？他只是使婚姻的设立多加了一条诫命，就是要让丈夫成为在神

权柄下的新的头。新郎离开了原本自己父母亲的权柄，成为新家庭的头。男人必须同时离开父亲与母亲并且与他的妻子连合。

**离 连**
**开 合**

神以智慧来设计家庭，并用爱来把他的信息传递给我们。神不只有对于婚姻中秩序的智慧，也希望能把这种智慧传递给我们，好使我们获得益处。

忽略神的教导就像是一棵结实累累的树上面长了美好的果子，我们却不知道这些果子吃了可以对我们有帮助。

大部分的人并没有发现或是渴慕遵守神的命令。父母通常会按照自己小时候被带大的方式来对待自己的孩子，因为这样比较有安全感。父母应该首先开始解释，为什么这个「离开/连合」的原则是有用的。不幸的是，很少孩子有这样明智的父母。相反的，已经长大的孩子们，现在需要了解这个真理，并向父母亲分享为什么这个原则需要在生活中被实行出来。这很糟糕。如果新婚夫妇不向他们的父母解释清楚这个真理，整个家庭将会开始不和睦。尤其是那些最近才信主的人，这个情况可能会更加严重。

所以已长大的孩子如何向父母分享这个真理呢？他们需要尊敬父母，并且有礼貌的向他们说明神更好的计划。你可以用以下几个问题来问你的父母，用温柔的态度帮助他们了解神的真理。同时，它们也可以帮助你更了解父母亲的过去的经历以及为何他们用某些特定的方法做事。按神在你心中

的引导来用这些问题，但是为了全家的好处，一定要把神的真理在家中实行出来。

# 问父母的问题：

## 1) 在你结婚之后，父母是否仍期待你在每一件事上都听他们的话？

这个问题有三个用处。第一，帮祝你澄清紧张关系的起始点。第二，让父母想起他们自己在过去曾有过的冲突。第三，帮助年轻夫妇有礼貌的告诉他们的父母，他们所受到来自父母的压力。许多父母因为以前自己也是这样过来的，所以就用同样的方法控制自己的孩子。也就是遵照传统。很有可能这些父母只是按照自己以前父母对待他们的方法对待孩子，也可能是他们不喜欢过去父母对待他们的方式，因而用完全相反的方法对待孩子。

## 2)（如果他们是这样）你对于每一件事都要听他们的话去做，有困难吗？

在这里我们要帮助父母看出，坚持要已婚的孩子凡事顺从他们是不好的。借着使他们回想自己过去的经验，我们可以指出为什么这一套作法不管用。

## 3) 为什么你的父母一直坚持要你听他们的，即使这样做困难重重？

借着这个问题，我们可以帮助我们的父母确知他们这样做的原因以及开始检视他们的方法有什么缺点。父母可能不知道为什么他们一直以来都这样做，但他们会用他们自己的想法与意见

来填塞他们的答案。从这里我们可以了解为什么这种想法对他们很重要。

为了有良好的沟通，我们必须了解父母的价值观。如果我们一开始就提议一种新的方法，他们可能会感到被威胁而变得防卫心很重，甚至变得具有攻击性。或许他们会提到他们需要保护孩子，或者遵循传统。另有些父母会说是为了保持家中的和谐。根据他们的回答，我们可以用两者其中之一来回答他们。

如果他们的回答是要保护孩子或遵循传统，我们可以继续问：

## 4) 你觉得这样做可以怎样保护孩子？

## 5) 这样的传统对维持家庭的和谐有什么帮助？

他们的回答可能会连到下一节的问题。我们需要秩序、保护、强壮的家庭以及好的人际关系。良好的关系是不容易建立的，因为要借着遵守神的命令才能达到。

一旦他们看到了维持家庭和谐的重要性，我们应该继续问：

## 6) 你认为这样做有用吗？ 当我看到在我周围的朋友，他们的家庭在这种处境之中的结果，我感到有点害怕。

事实上，只有持守住神的话语才能带来这种和睦。举出几个你知道的例子，来证明在这样的文化以及这样的方法中无法达到和睦。问他们你能不能跟他们分享神是如何预先看到这些问题并且提供了解决方法。依据父母的背景不同，你需要用不同的

词句来问这些问题。如果他们是无神论者或者信某种亚洲的宗教，他们可能不了解造物主的观念。

## 7) 你知道创造人类的神已经告诉我们如何才能有家庭的和睦吗？我能与你分享这个吗？

这是一个关键性的问题，把讨论引导到神的更美的方法。希望他们能敞开来聆听。或许他们不愿意。那我们就需要继续祷告直到他们更加敞开。

你的回答必须要带着恭敬，并且解决他们所担忧的问题，这是很重要的。很多父母会以为这样会破坏你对他们的忠诚。你需要向他们解释顺从与孝敬的分别（看前面所谈的）。顺利的话你应该能够跟他们分享自从你结婚、成为基督徒以来孝敬他们的方式。如果你最近才成为基督徒，告诉他们，与以前比较起来，你现在如何更加尊敬他们。

- 神喜悦家庭和睦。

- 神要求新郎离开父母的权柄，在神的权柄之下领导他自己的新家庭。

- 已结婚的夫妇仍然需要孝敬父母（但不再需要顺从他们）

- 神要丈夫对他的妻子信实，支持她、保护她、供应她的需要。

这些问题是为了引起温和、有帮助的谈话而设计的。我们知道这个模式不一定适合每一种情况。然而，如果孩子们不把真理显明出来，他们以后会遇到更多的误解。至少在这样的沟通中，父母会明白为什么你现在要这样做。真正的谈

话中不可能会一字不改的照上面的问题说出来。重要的是思想与表达要流畅，并且把真理的美善流露出来。

暂停并回想：  你曾经有需要向父母解释这个「离开」与「连合」的真理吗？你有解释吗？容易做吗？为什么？

# 体谅难相处的父母亲

如果我们的父母仍然无法谅解，或者不愿意谈这些问题，我们该怎么办？这是一个很难的问题。不要反对父母，相反的我们应该以祷告的心回过头去问他们，我们是否还在某些事上曾经冒犯他们以致于他们不认为我们有孝敬他们。如果有，我们需要道歉并且改变。我们要尽我们所能的挪去所有对父母的冒犯。不要指出他们的错。当你认你的错时，他们也会想起他们的错。

如果你已经谦卑自己并且清除所有可能发生误解的地方，再回去试看看他们愿不愿意听你的。告诉他们你如何孝敬他们。这会帮助他们确信你真的尊敬他们。

## 他们的期望会不会是错的？

有些时候我们会认为父母对我们的期望是错的。他们可能是善于命令人的，常常忽略爱与服事的精神。他们可能要我们赚很多钱。如果我们观察到这些态度，我们需要谦卑，因为如果没有神在我们的生命中工作，我们也会有同样的价值观。当我看到我父母的错误时，我常常谦卑自己，因为我看到若不是神丰富的恩典，我自己也会变成这样。

如果他们不是基督徒，他们可能无法轻易明白我们新的价值观。然而，我们看到耶稣在祂的生活中每天都在与这些人相处。不知不觉中，祂的爱与教导在人们的身上一同作工，产生祂所期待的改变。我们必须为我们的父母持守一个盼望，盼望他们也能从我们里面看到耶稣，并且开始改变。

我们必须知道，我们不能屈服于父母亲不合理的、不合圣经的要求或期望。这种控制已经摧毁过去的许多家庭，因此必须拒绝。在与教会长辈祷告交通过之后，丈夫必须温和的向父母（或岳父母）解释，他们不能按照他们的要求去作。记得要说清楚你不能遵照他们要求的原因为何。

比如说，你可能没有钱去作某些事情。即使承认自己没有钱是很丢脸的，也不要因此而去欠债，以达成他们的愿望。或者，他们可能想要从早到晚都抱着你的小孩。如果只有一两天，这可能还好，但如果他们在你家停留很久的时间，则丈夫必须解释为什么你们不能这样做。

如果他们坚持要天天给小孩子糖吃，你们可能需要问他们，为什么要这样做。帮助他们知道有其它朋友的孩子因为吃太多糖而牙齿全部掉光。他们常常想要表达对孙子女的爱，却常常感到能做的很有限。让他们有别的选择。向他们解释你所设立的规矩以及设立规矩的目的。

从积极面来看，当他们作了一些正确的事情，肯定他们所作的，告诉他们这样作的正面的果效。比如说，他们可能不会觉得带孙子女去荡秋千有什么特别的，但你要由衷的感谢他们，告诉他们这对他们的孙子女有多重要的价值。你可能需要鼓励你的孩子写几张感谢卡给你的父母。

如果你或你的孩子在与你的父母、岳父母或公婆与相处时发生问题，你可以遵循下面的步骤。

1）用祷告使自己安静下来。 「神，我的天父，我多么愿意借着孝敬父母来荣耀你的名。请帮助我更了解他们，帮助他们，以致于他们可以透过我看到你的爱。」

2）确认使你困扰的问题是什么。 确认问题所在有时不容易。不要担心。相信当你在祷告中寻求神的时候，他会帮祝你。如果你还是找不出来，试着把你感到困扰的时间点列成一张表，并且留意在这几个时间点之前或当时，你听到、看到了什么情况。

3）了解为什么你的父母会这样做。 借着问他们一系列的问题，来使自己更了解他们。他们是不是一直以来都是这样做？他们过去曾经历过什么事？我们应该记住，有时候人们会依照自身对某种状况的过度反应行事。可能他们从小到大从来没机会好好吃糖，因此认为给小孩子吃糖是一种特别的关爱。但是当他们这么频繁的给小孩吃糖，你现在开始担心。你可以先问问父母，当他们小时候，情况是如何的。你会发现他们是否正在模仿他们自身过去的经验（小时候曾吃了很多糖），或者对于过去经验的过度反应（作与自身经验完全相反的事情—给孙子女吃很多糖）。通常对于成长于贫穷环境下的父母亲，他们的确是如此。他们强迫孩子定下赚钱的目标，认为这样可以为生活找到出路。与他们分享，金钱不但不能解决真正的问题，反而会制造出一堆新的问题。

　　4）尽力的感谢他们试图把最好的东西给他们的孙子女。要感谢。尽管他们所拥有的知识不够，他们其实已经很努力的想要帮忙。

　　5）给他们其它替代方案，使他们可以改变他们的方式。（每周给一颗糖，而不是每天。或者不给糖，改成给饼干）

　　6）适当的响应他们，但保持感谢的态度。

- 如果他们的方式并不造成伤害，有耐心的包容他们，也帮助孩子们包容。

- 如果他们的方式对身体有害，用书本以及权威的话来帮助他们了解他们的方式是有害的。有很多父母只是不知道而做。

- 如果他们的方式不合圣经的原则，以基督徒的身份向他们解释创造主的方法是最好的。神命令你要顺服（拒绝说谎、偷窃、猥亵、赌博等等）。

　　7）如果他们尝试强迫你按照他们不合圣经的方法来作，向他们解释顺从与孝敬的不同。当你成为基督徒之后，你应该顺从神。当你结婚之后，你需要离开他们的权柄，与你的配偶连合。温和的解释神的方法是最好的，并且要尽可能的解释为什么在这个特别的事件中神的方法比较好。

　　8）如果父母、岳父母或公婆仍坚持某些不合圣经的方法，或是刻意在某些事上虐待你的妻子，丈夫需要挺身而出。他要坚定而温和的说话。他要保持尊敬的态度。解释在这个问题背后的属灵原则。他们可能不了解神的更好计划，但尽你所能解释过去的谬误，并说明神的方法可以带给家庭所需要的关怀与相爱。

9）如果你的父母与你同住一起，可能会面临一个摊牌局面。最好事先请一位长老与你的父母分享这种情况[62]。或许你的父母与你有些问题，而你并不完全了解。但是如果他们在你家中造成困扰，年轻的丈夫应该要清楚的与他们分享权柄的界线。跟他们说明你很乐意听他们分享他们的真知灼见（事实上你应该欢迎他们的劝告），但是他们不能强迫你服从。你可能不能阻止他们自己酗酒，但是他们不应该认为他们可以酗酒，或因此而把坏习惯带入家庭。如果他们的行为不可接受，你必须减少对他们的欢迎。或许使他们在家里停留比较短的时间，或者不要让他们来访，而是你去拜访他们。

## 总结

我们都极其渴慕家庭和睦—除非这意味着需要改变。而当这真的需要改变时，许多人宁愿选择保持现状也不愿意家庭真的和谐。不过有时候这仅是因为他们或我们并不完全明了神的方法。神的方法总是最好的。有时候我们需要为神的方法刚强站立，否则我们将会把罪遗传到下一代。感谢神，更少的情况是，我们需要坚持神的方法而拒绝父母的要求。为了成为一个属主的新世代，我们需要决心，订立高标准，这会使我们的孩子以及我们孩子的孩子都蒙福。

---

[62]从长辈来的智慧通常可以帮助照亮我们的软弱。这并非暗示你应该与父母正面冲突。丈夫必须记住自己的角色。如果他想要找一位中间人，需要有智慧来作这件事。他必须事先非常谨慎的与这位中间人分享他的价值观，以免中间人不能完全表达他的意思。丈夫应该求神赐智慧来解决这种问题。

# 教养原则

- 家庭的和睦来自明白并遵行神的法则。

- 如果父母因为我们过去对他们的冒犯而常常反对我们，我们要主动对付这些罪。

- 一对年轻夫妻结婚之后，他们仍然需要孝敬父母但不再需要顺从他们。

- 年轻夫妇应该尊重父母的智慧，并试着从他们身上学习。

- 「离开」意指年轻已婚夫妇在神面前成为他们自己独立的单元。

- 「连合」意指丈夫应该保护他的妻子免受来自外在一切有害的影响，包括来自自己父母的掌控欲。

- 年轻夫妇不应该被他们父母的金钱所影响或控制。

- 年轻夫妇应该尽可能的帮助他们的父母了解并接受神对家庭的计划。

- 有时候需要直接与他们摊牌。记得要敏感的、安静的解释你的所作所为。

# 教养问题

1. 为什么与父母相处这么困难?

2. 如果你能再重新长大一次,你会做哪些不同的事,说哪些不同的话?

3. 你怎么对待自己的父母? 你希望将来你的孩子这样对待你吗?

4. 孝敬与顺从有什么不同?

5. 解释「离开」与「连合」的观念。

6. 你需要采取哪些步骤以避免你的父母干预你的家庭(包括你的妻子与孩子)?

7. 你的妻子需要受到哪些方面的保护?

8. 你的父母在哪些方面干预你教养孩子? 他们的方法是不是不合圣经? 或者不健康? 或者依循文化传统?

第十一章

# 重新赢得青少年对我们的信任

目的： 某些人家中已有年纪比较大的孩子，这些孩子小的时候没有被适当的训练，或者没有被适当的疼爱，本课的目的要帮助这些孩子的父母，采取具体的步骤以重新赢得他们孩子的心。

# 为我们的家重新找回希望

当许多父母发现圣经有提到该如何养育孩子的时候，他们非常惊讶。当父母亲们第一次面对神在培养敬虔的后代，在他们的脸上能看出他们心中有许多疑问。家中有比较年长孩子的父母，他们的表情，与家中的孩子年纪还小的父母的表情非常不同。一课接一课，他们看到越来越多他们以前该做的事情。他们想起，有些时候他们在孩子面前的争吵。或者他们因为过去没有适当的执行对孩子的权柄而感到很深的惧怕。

在他们脸上看得到一种沉默的恐惧，或者一种彻底的绝望。或者可以用他们自己的话来描述：

> 「我们现在才知道我们以前应该要怎么做，但是已经太晚了。他们都长大了。」

身为牧师，以及经验丰富的父母，我们想要使你对孩子重新有盼望。我们不能保证孩子会如何响应你，但是我们可以很诚实的说，如果你按照这些步骤去作，你会有最大的可能，能看见孩子开始尊敬你，并按照神的路而行。如果他们不这样做，那将是一件恐怖的事。

**和解之窗**

有太多孩子因为父母的关系被卖给世界。父母亲委身给这世界的价值观，以致于他们忽略、甚至杀了他们的孩子[63]。由于父母的罪，这些孩子很调皮，甚至令人讨厌。虽然我们家中的罪非常多，但仍然来得及。还是有盼望。一个在不好的家庭环境下长大的孩子，仍不时的会回过他的头来，看看他的父母是否有改变。他们盼望着，或许，也许，他们的父母会开始真的爱他们。

这就是我们的起点！我们以神在每个孩子心中所建立的天性为出发点---每个孩子都需要并且渴望从父母来的爱与支持。虽然一个孩子可能一再地被拒绝，他仍然会抓住一丝丝盼望。孩子们极其需要这种爱与关怀。大部分的动物的「成长」阶段都非常快。在几个月甚至几天之内，有些小动物就已经可以离开父母乱跑了。神给了我们父母亲一个特别延长的机会，让我们可以与小孩弥补关系，即使小孩已经不「小」了。因着这种天然的爱，父母可以对他们的孩子产生极大的影响，即使他们已经成为祖父母也一样！

很多父母按照自己不合圣经的教养习惯而亏欠了神与他们的孩子。透过像这样一系列的课程，或者一个家庭的危机，他们的错误管理现在更清楚的显露出来。这堂课要鼓励这些父母，并帮助他们能够容新赢得年纪已大的孩子的信

---

[63]虽然许多人认为堕胎只是一种对生命的选择，但是在赐生命之主的眼中，堕胎是冷酷的，视同于谋杀。我们不应该杀孩子，但他们现在已经死了。父母不但应该为他们的罪悔改，也要透过主耶稣寻求神的赦免。但这不代表过去所做的错事完全没有任何后遗症。这个孩子永远失丧了。喔！我们真该完全离开这世界可憎的价值观。

任。现在并不晚。我们很高兴透过神的恩典，对于我们那些顽固、叛逆的孩子仍然可以有盼望。不要放弃希望！

# 有需要的孩子

你曾经试图改变某人，比方说你的配偶吗？办不到吧！改变我们比改变别人要容易多了，但这样的话，我们要怎么改变我们的孩子？不少的父母曾经试着改变他们叛逆的孩子，最后只得到他们的孩子以粗鲁的言语回报。除了以下我们将要列出的所有的建议之外，你需要用真诚的祷告把你的全家，包括你自己的生活，交托给神[64]。但我们也需要采取某些步骤以保证在我们的生活中没有任何事情会妨碍我们孩子的回转过程。

当父母不按照神在圣经上的教养原则养育孩子，麻烦就来了。如果我们持续的忽略这些原则，这些麻烦会变成在某些生活方面与习惯上很深的问题，这种忽略的结果造成一面墙，阻绝父母与孩子间有效的沟通。例如：

•这些孩子不尊敬父母，因为他们是伪君子。

•当父母生气的时候，孩子心中有苦毒。

•这些孩子寻找其它的同伴，因为他们得不到父母的爱。

•这些孩子拥有父母亲因为罪恶感所给的东西，却得不到父母自己。

---

[64]我们无法在此深入讨论如何建立祷告生活，但你可以把这个危机视为神把你带回祂身边的手段。要记得除了为你孩子的灵魂祷告之外，还有更重要的目的。神正在加深你与祂之间的关系。一旦你的孩子被寻回，你会想要继续的以这种谦卑而规律性的祷告寻求神。

•这些孩子放弃自己，因为他们没有被爱[65]。

•这些孩子故意作一些调皮的事情，为要引起父母的注意。

神要父母成为一个载具，承载主的爱与真理，带给这些刚来到世上的人。当父母失败了，孩子就会彷徨。这就是为什么现今世界有这么多现代疾病。父母太忙于赚钱，忽略了他们作父母的责任。

# 仍然有希望吗？

我们并非说每一个父母都坏到无可救药。但我们肯定父母的「错误」会导致孩子的生命中产生伤痕。仍然有盼望。靠着神永远都有盼望。使徒描述非基督徒是「活在世上，没有指望，没有神」（弗二12）他们卡住了，没有地方可去。对于那些还不认识主的人，我们想象不到他们的世界有多黑暗。

基督徒的生活则完全不同。罗马书五章五节说「盼望不至于失望」（直译）。主耶稣的福音把奇妙的盼望带到我们生活的每个层面。不幸的，我们中有许多人没有察觉到我们的不顺服，直到我们的孩子长大了。他们已经有了伤痕。他们不爱主。他们被这世界的宴乐与谎言所捆绑。在我们心中，我们知道他们正往哪个方向走。但我们不害怕。然而，当我们看出我们的问题，向主呼求，主会带来奇妙的恢复。

---

[65]许多情绪上的问题，其原因都可以追溯于父母亲没有按照圣经方式来教养，例如偷东西、绝食、或吃太多。孩子们这些罪行是由他们罪恶的内心而来，但是一个破坏神的原则的环境会加强他们这种惯性。

这一系列的教养课程专注在圣经的原则上，因为圣经的原则会光照我们的家。我们不要看起来好看的包装来掩饰我们的伤口。那些没有妥善处理的伤口会带来更严重的感染。我们要他们心中的伤口得医治，以致于我们能告诉别人，神如何使我们变得更好。这不正像是当人遇见主耶稣的时候所听到的福音吗？自从他们遇见主之后，他们就到处告诉别人关于主耶稣的事。这正是他今天要做的事。

神要以这些圣经的真理（主的光）显明我们的失败（定罪），寻求赦免（认罪），指出正确的路（指教），并产生他如何帮助我们的见证（赞美）。我们无法得救，我们需要主的帮助。在我们能找到并踏进一条正确之路，以离开我们一团乱的生活之前，让我们先来祷告。

「亲爱的天父，你的道是完美的。然而，我们却可怜的失败了。身为父母，我们为着过去所做过的某些决定深深的懊悔。我们拣选我们的升迁，而不愿意花时间陪伴家人。我们拣选工作，不管家庭。我们拣选娱乐，却不愿意陪我们的孩子出去走走。主啊！我们的家绝对需要神迹。现在，我们呼求你，主啊！拯救我们！帮助我们在我们剩余的这一短暂时光能作一个好的父母。帮助我们的孩子，从他们现在没有盼望的，属世的道路上被释放，跟从你荣耀的道路。奉基督耶稣的名祷告，阿门！」

# 更新的盼望

想要一次的指出身为父母的我们每一个没有按神的话语生活的地方是不可能的。即使神自己也没有把我们所有的罪一次全部指出来。主一次只会选择性的工作在我们生命中的某个（或某些）层面。

当我们走过这一系列的课程，神会开始刺你的心，让你发现某些地方的失败。这不是我在说话，而是神亲自对你说话。主使我们认罪以致于我们知道该从哪里开始转变。如果我们的手肘在痛，那代表我们的手肘受伤，而不是膝盖有问题。当我们因为自己宁愿花时间看电影而不愿意陪小孩而产生罪恶感，这是神在你心中提醒你有些事情他要你改变。这样的改变会帮助你、你的孩子，以及其它你会影响到的人。

我们总会倾向于不去想自己的失败。这是因为我们的错误会使我们降卑，感到羞愧。我们相信自己需要在别人面前有好的形象以获得接纳，而这样的相信深深扎根在我们作事情的决定中，即使我们不承认。只要我们不愿意认我们的罪，我们的骄傲会继续摧毁我们的生命与家庭，带来浩劫。神要把我们带回他祝福的路上，总是需要透过认罪。有一个大好消息是，有一条回去的路！不要拒绝认罪，去作就对了。

有些我们中间的父母想隐藏他们的罪，因此他们不认为教养失败是一种罪。我不同意。错误的教养方式表示我们没有实行出某些圣经的原则或教导。无论何时我们违反神的话语，那就是犯罪。我们伤害了自己与他人。如果我们彼此相爱，我们不会犯罪。错误的教养是一种罪。

> 遮掩自己罪过的，必不亨通。承认离弃罪过的，
> 必蒙怜恤。（箴 28:13）

如果我带着怒气说话，这不是一件错事吗？如果我因为忙着自己的事情以致于没空照顾孩子的需要，这不是一种自私吗？如果我因为之前不愿意好好解决某个问题，以致于后来必须过份严厉管教孩子，我就是犯罪。如果我没有严格执行我认为对孩子是好的标准，那我就没有爱我的孩子。如果我透过贿赂的方法来说服孩子听从我的话，那我是在加强他们肉体的情欲。如果我一天到晚只会批评，我不就是扣留了该给孩子的爱与关怀吗？如果我们太骄傲以致于不愿意认罪，我们就摧毁了我们与孩子正常关系中所有的信任。

然而，如果我们愿意认罪，我们就是正在响应神，并容让光照耀进入黑暗。这是一个好的开始。认罪会让孩子了解，可能仍有希望。他看到一种内心的谦卑，这会令人震撼，光会穿过绝望的云层，触摸他的心。

如果身为父母的我们愿意走这一步，我们就向前迈进了一大步。孩子可能仍有防卫心。他们可能会很谨慎。他们不知道这会带来什么后果。即使这样，让他们开始有盼望，这已经够了（即使他们没有表现出来）。这可以酝酿一个时机，以致于你有机会对你的孩子承认，你发现过去自己犯了许多错误，并且希望能跟他们更多谈谈这些事情。

虚心的人有福了．因为天国是他们的。（太 5:3）

# 了解怀疑

一个美好的关系中，信任是非常重要的。为什么如此重要？对一个人信任使得你相信不论他说的或作的事都带着良善的动机。当他听到别人说「你是一个好朋友！」他会觉得高兴。他相信别人没有其它隐藏的动机。但是当苦毒、怒气、缺乏被爱这些因素一再地出现，他就无法相信父母所说的是出于好的动机。从他们过去的经验，他们认为在父母亲心中有个隐藏的动机是想要伤害、憎恨、拒绝他们。

　　孩子已经发展成一种情形，易于接受谎言的欺骗，扭曲一切正面的事物。这就好像在他们的心中戴上了一个眼镜，会按照某个特定的方式解释所有的事情，就像是带着蓝色的眼镜，看到所有的东西都是蓝色的。在这种情况下，他们易于接受恶者的谎言，而不愿意接受从你自己口中所说的话。很糟糕的是，即使你说的话是真的，或者带着正面的动机，孩子仍然不相信你。

　　人际关系中的墙产生孤立与不信任。接著會導致容易對惡者屈服。當惡者送來仇恨與拒絕的電波，他們的心很容易接受。希伯来书十二章15节说：「恐怕有毒根生出来扰乱你们、因此叫众人沾染污秽」。

# 回家的路

所以我们该如何亲近孩子？我们不确定我们能改变孩子。我们唯一能作的事就是清理我们的生活，以致于孩子或许能感受得到，透过我们的生活所散发出来神的爱。我们要摧毁所有使他们不信任我们的因素。我们要让家中的爱有无法敌挡的魅力。

请记得，我们并非要求完美。完美是不可能达到的。但是当我们按照主的旨意，以谦卑和饶恕的心持之以恒的去作，这会对他们的生命产生很大的影响。透过该有的认罪，我们反而增强了父母权柄的正当性。我们的孩子可能仍然会不同意我们，但是他们仍必须尊重我们的立场。这个恢复关系的过程可能需要一段时间。记得我们自己能达到这个地步也花了不少时间---不是几天而是几年。幸好，要拆除隔断的墙比建立它要容易多了。

怀疑会行成不信任的镜片

怀疑

怀疑

孩子

我们过去曾经一再地使孩子失望，或者使他们孤伶伶的自己一个人。因为我们心中的骄傲，我们即使对他们乱发脾气，也不愿意道歉，有多少夜晚他们是带着眼泪入睡的？我们真需要耐心。好消息是，神的爱是带着耐心的。不论他们是否接受我们，我们都应该在我们的祷告、生活纪律以及与他们同在的时间持续的表现我们的爱。神会给我们持续下去的动力。我们只需要紧紧抓住神。我自己以这样的态度来看这件事：神呼召我去爱，所以我一定要去爱。从今天起，我要继续计划下一步该怎么作。

你的态度如何？你也愿意这样委身吗？「靠神的恩典，我愿意持续不断的爱　　」。把你孩子的名字放在空格中。然后恳求神，让神的爱透过你发出，使你的孩子看见。这是马太福音中「发光」的原则应用在我们的孩子身上。另外，我们的配偶也会为此感到高兴。

你们的光也当这样照在人前、叫他们看见你们的好行为、便将荣耀归给你们在天上的父。（太5:16）

现在，让我们来看看我们可以怎样加速这个过程。

# 思想家庭的重要性

既然我们无法改变我们孩子的想法，我们需要回过头来改变我们自己。幸好，在神丰富的恩典中，他使我们能采取这些步骤。我们对神越真诚，我们就会越快实行这些步骤。我们必须问自己，到底有多么想要改变。要非常渴望。如果你并不十分渴望，想办法使自己渴望。没有别的事情比这更重要。

七年前的一个主日早晨，我正在洗澡。其它人都在睡觉。突然我觉得胸口一阵疼痛，觉得晕眩。我很快的洗完澡，去我的书房。我发现，说不定我马上就要死了。我跪下来祷告。我飞快的在心中把这一生所做过的事回想一遍。虽然我很喜爱牧师的工作，我感觉到神可以很容易的照顾羊群的需要。我作了不少训练的工作。我们有许多优秀的教师。即使我不在，神的工作仍然会继续下去。我的挂虑开始集中在我亲爱的妻子与孩子身上。我为他们流泪。我关心他们。神用这段时间使我对他们生命的关心更具体化。我求神赦免我没有好好为他们祷告。神医治了我的疼痛，并且从那时候起，我对妻子、孩子开始有一种更新的爱。

我知道孩子相信基督、爱神，都是很重要的。没有基督，他们会灭亡。从那天开始我开始实行具体的步骤，每天

提名为孩子祷告。我也盼望当我有时间，能够更多进入他们的生活中。

工作很重要，但是工作是为了帮助你能在爱中对你的家庭来服事神。如果你很富有，但你的孩子却被宠坏，浪费钱财，这样你到底得到了什么？神并没有要我们负责太多事，他只要我们作个好管家，我们应该把这个工作做好。神要与我们同工，但我们需要在自己的生活中作一些真实的大改变。我的用词有点夸张，因为我怕你不愿意作这些必要的改变。你愿意吗？

以下有一个可行的委身承诺。

**我愿意在我的生活中作所有必要的改变，以致于我能在神给我的责任中忠心，去关心他所分派给我抚养长大的小孩。**

我不太赞成人很快的对某件事作委身的承诺，但是以上这个承诺是很重要的，绝对是神为了完成祂对你和你一家的计划而希望你做的承诺。

# 重建家庭

要建立一个敬虔的家庭有许多事要作。在看完神对我们家庭的要求之后，我们会来看三个实际的步骤，帮助你不但重建你与孩子的关系，并且正确的管理你的家。

## 我们的标准：更像耶稣

当我们看到自己的缺点，我们会求神让我们知道有哪些需要改变的，他会信实的帮助我们。我们有可能会落入以下两种错误其中之一。

要记得我们需要更像耶稣，并且要把恩典与真理同时告诉孩子。纵容与威权主义是这个真理的两种失落。

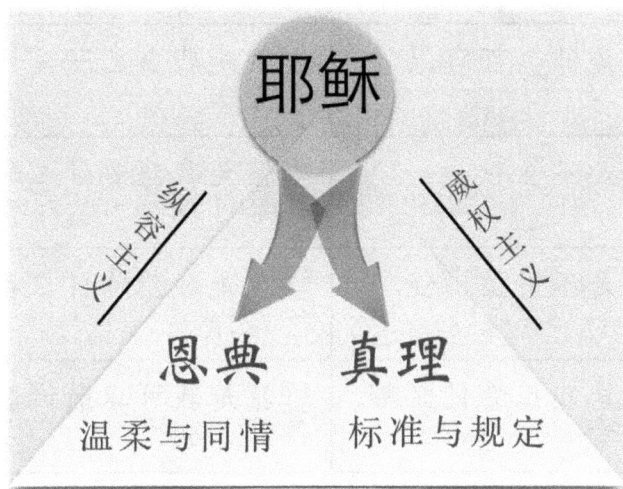

## 纵容 (真理的失落)

我们以前讲过，当我们对真理妥协时，我们会倾向纵容。我们想要更亲近孩子，所以我们对他们不合理的要求屈服。耶稣自己说父亲不会把坏东西给孩子。但是当我们感觉到有些该做的事情却没有去做在孩子身上，我们就正在给他们坏东西。

| 这种「爱」会毁坏孩子 ||
|---|---|
| 爱就是没有标准 | 爱就是我想吃什么都可以吃 |
| 爱就是什么都容忍。 | 爱就是我自己决定几点上床 |
| 爱就是不管教 | 爱就是我想要什么玩具都可以 |
| 爱就是不用负责任 | 爱就是我想作什么都可以作 |
| 爱就是我想看什么都可以看 | 爱就是我可以选择我要什么朋友 |

# 威权主义（恩典的失落）

当父母很坚定的站在真理这边（律法），他通常会以缺乏恩典的方式实行。父亲可能希望家里安安静静，或者感觉他掌管一切—他要求顺服。在这种状况下他的爱没有跟着来，因为爱不见了。他关心自己，而没有考虑到孩子整体需要。

缺乏爱与怜悯的家庭通常是过份严格，充满苦毒。虽然外表看起来顺从，却不是从心中发出的。的确，天父也有对他孩子的标准，用杖或其它方法来保守孩子不越线，但他是用爱来做的。威权主义[66]的父母在许多方面造成关系的裂缝：

---

[66] 要记得，当我们用「威权主义」这个词的时候，意思和「权柄」是不同的。「威权主义」是指以不恰当的方式运用一个人的权柄。如果父母充满了恩典与爱，他们能恰当的执行权柄，因为他们关心在他们权柄之下的人。

- 当他犯错时不会道歉。

- 他为了自己也会去做的事情责备孩子（双重标准）。

- 他没有一个有温暖、欢迎孩子的家。

- 他在怒气中说话。

- 当他体罚孩子时是为了显自己的威风。

父母没有为了孩子愿意与父母和解预备道路，孩子甚至根本不想要回头。家里充满不欢迎与敌意的气氛。

父母需要对自己的生活作一些严肃的评估。他需要看是否在他的生活中实行出恩典的原则。如果他太过于注意执行标准，他就无法正确的看恩典的这方面。

他需要看看耶稣如何生活。他如何面对在罪中的人们？我们同意耶稣并非这些人的父亲，然而他对他们犯罪的行为非常敏感，并且也的确与他们有冲突。或许当我们以耶稣与门徒的关系作一个例子时，我们看到耶稣的确很严峻的对祂的门徒说话，但总是带着良善的动机。他们说的话是在犯罪，并且伤害别人。他要他们知道他们讲这些话的严重性。

## 两种问题的混和

的确，在家庭中的问题可能是以上两种的混和。每个父母都可能有其中之一的缺点。在两种情况中，我们都对于要活得更像耶稣的目标产生了妥协。我们必须在神面前谦卑自己，与我们的配偶一起跟孩子开一个大会，在其中坦诚的说出我们对家庭清楚的目标，以及为什么希望作这些事。

如果我们不对自己的失败坦诚以对，我们可能没有机会再赢回我们的孩子。为什么？因着我们的失败，不论我们是

故意或无意，都造成他们心中开始有苦毒、愤怒与爱世界的心。他们不再像小时候那么信任我们。但是当他们看到我们的生命有真实的改变，他们对于亲子关系改善的渴望会重新生长出来。父母真心的改变，对孩子来说，就像洒水浇灌在他们心中盼望的种子。我们需要以持续的祷告来与生命的改变相结合。我们需要努力的透过祷告为孩子争战。

在许多家庭中，这些情况一再地发生，导致在父母与孩子中间建起了一道很厚的墙。我们不应该期待孩子来打破这道墙。有些孩子可能对人比较敏感，所以会想办法柔软父亲的心，但这很少见。父亲应该带头。目标是要帮助孩子，重建与父母的关系，而非继续的隔离孩子，使他对亲子关系完全放弃。要记得如果父母以前并没有好好的教养孩子，现在才发现错误，那么亲子之间已经有一道墙存在了。过去的错误一直累积。当一位父亲或母亲拒绝自己的孩子，他们不知道这对孩子造成多严重的后果。比如说，如果一位父亲每个礼拜对孩子骂两次这样的话：「你真没用」，在一年之中，这种话会累积在孩子身上超过一百次。

## 要拆毁中间的墙，有三件事要做。

### 第一步 与神独处
与神有正确的关系。

找一个时间自己与神相处，求神帮助你诚实的面对自己的生命。向他承认自己的失败。靠基督的能力，求主洁净，并且求神指教，使你知道该作什么来重建家庭。把你的各种不同的缺点写下来放在自己面前，可以帮助你更清楚的面对问

题。在作这些之后，你需要自我承诺，愿意采取必要的步骤，以达成主在你心中放下的负担。

## 第二步　与配偶独处

与你的配偶一起开个会。

如果能重新开始，像一个夫妻团队，那是最好的。你不是突然开始作，这样会吓到他们，反而，要先与你的同伴聚会讨论。你的丈夫或妻子可能会对于你是否真心还有怀疑。你应该趁这个机会与你的配偶，比方说你的妻子，分享你过去失败的地方。如果这时她也分享他的软弱，那是最好的。她可能会需要一些时间跟上你的脚步。不要说出她的软弱。好好对付你自己的罪就够了。解释身为父母，你需要改变。你过去让神失望，现在你要靠祂的恩典来营造敬虔的家庭。

当你能够与你的配偶分享你内心的改变，与他谈全家真正的需要之后，召集你所有的孩子来开家庭会议。如果你的配偶对此没兴趣，身为父亲的你仍然需要继续下去，但记得要有恩慈的去做。有可能你的妻子并不信任你。好好祷告，表现出你愿意成为一个好丈夫的态度。也许之后，她会发现你真的想作一个好的爸爸。如果你的丈夫不感兴趣，那么你必须信靠神，让祂按祂自己的时间来重建家庭。你可以继续以你个人的行为，按以下的步骤实行，并从林前七14得到盼望。

因为不信的丈夫、就因他妻子成了圣洁。…不然、你们的儿女就不洁净．但如今他们是圣洁的了。（林前 7:14）

这显示即使只有一个真诚的基督徒，仍然会对他的配偶与孩子产生极大的影响。我们希望夫妻能够同工，但是即使我们的配偶不愿意配合，我们仍然祷告，期待更大的事能成就。

# 第三步 与年纪较大的孩子开会

第三步中有两个主要部分：认罪时间，与纠正时间。认罪是注重重建与孩子之间的关系；纠正部分包括所有需要告诉他们的正面的教导，以使得家庭在未来能够正常的运作。

在开会中，你需要一步步的照一下的步骤进行。每一步都很重要[67]。

## a) 认罪

这个会议的主要目的在于重建我们年长孩子与我们之间的关系，所以不要急着想在这个会议里面作太多细节的工作。在其它时间召开另一个会议来处理细节，除非有些事情是他们要求要讨论的。

当我们同时也有其它年纪小的孩子，如果能把所有知道家里有问题的孩子都找来一起开会是最好的。那些六七岁的孩子有可能也受了伤，需要参与会议。但是你也可以选择与比较年长的孩子开完会之后，私下再去找这些年纪小的孩

---

[67]记得让你的牧师（或小组同伴）知道神正在你的生命中做工，他们可以为你祷告，并且帮助你儆醒。有些人不明白，所以只要尽量讲他们懂的部分就行。比如说，「乔伊，如果你能每个礼拜问我，当我在家时我有没有每天带领我的家人有家庭灵修，那会对我很有帮助。」

子。与所有的孩子都重建关系是非常重要的。我记得有一次当我大发脾气之后，我把年纪小的孩子也找来，对每一个孩子分别道歉。他们有足够的理解力。他们会学到犯错时道歉是我们家中的一种生活方式。

我们应该与他们定个时间。如果要找出每个人都有空的时间很不容易，也不要因此生气。继续想办法直到找到一个大家都可以的时间。我们家通常都在客厅聚会，但是厨房也是个好地方。确保没有任何人需要提早离席（需要提早上床睡觉），并且隔绝所有的干扰。即使电话响了也不要去接。如果需要的话，把电话线拔掉。大家应该围圆圈坐着，你告诉孩子们你有几件事需要跟他们讨论。告诉他们，等下他们可以表达意见，不过父母亲需要先说话。你感谢他们的合作。如果他们有任何问题要问，可以举手。

•爸爸应该在开始时作个祷告。在你祷告时，以全家的身份来认罪。在那个时候，还不要太多描述细节。你等下还有时间说。求神透过基督赦免并洁净。

•初始的认罪。告诉他们，你过去没有照着圣经所说的标准来生活。这会成为整个会议的基调。对他们承认，每当你对圣经的标准妥协时，你伤害了他们（以及配偶）。

•说故事。告诉他们神如何让你开始注意这件事。这是见证神如何做工在你身上，但是要记得你还有许多的地方需要实际把神的教导活出来，因此要心怀谦卑。告诉他们神如何带领你渴慕一个真实敬虔的家庭。在他们面前设立异象。

•認罪时间。你需要赶快进行到认罪时间，否则他们的悖逆与挣扎会开始浮现。你需要把你之前列的清单拿出来（这

会让他们惊讶），一个一个说出过去你身为父亲，得罪他们的事情[68]。你可以告诉他们，这不是说你是完美的，但是你盼望尽全力作个完美的人以荣耀你的主，并且帮助你的全家人达到神对他们每个人生命中所定的美好计划。认罪就是简单的承认某些曾经作错的事[69]。

一定要提到在哪些具体的事情（领域）中你对神的标准妥协（比方：暴怒、不饶恕、物质主义等等）。同样，再一次的说你的行为对他们产生了负面的影响。告诉他们，身为一家之主，你没有好好的带领他们，但现在你要靠神的恩典

---

[68] 因为我们要谈到过去所犯的许多的罪，我们只需要确认有哪一些的罪曾经犯过，并且犯错的频率有多高。比如说，「你们知道，过去这些年来，我常常看一些不好的电影。我自己作得不够好。我得罪了神，并且影响你们认为这样做没关系。」

[69] 如果父母亲只对过去许多事情道歉一部份，并且从来没有调整自己的生活，那绝对是令人失望的。爱喝酒的爸爸出外喝醉了回来，乱骂人、打人。当他酒醒了，知道他作的事，他说「对不起，我不该这样做。我不应该对你们作这些事。请原谅我。」问题是，下个周末，他又跑出去喝醉了，作完全一样的事。这种的认罪逊毙了。孩子对这种父母的尊敬会随着他一再地犯错，而越来越少。

想要真正悔改这种行为的父母亲，必须首先表示出他们的忏悔，请求原谅。换句话说，父母应该在那个周末晚上待在家里，花时间陪家人，而不再和朋友出去玩。他应该问问他的孩子（当然也要问问妻子）他们有没有注意到有些事情改变了。当然，他们会注意到，现在爸爸陪他们，而不是又出去喝醉。在那个时候，他可以再次为他最后一次或两次得罪他们的事情请求原谅。并且继续这样下去，好像一个全新的父亲。他必须对他自己的决定相当清楚。这样的生活改变能把一丝希望的光辉带进家庭中。否则，孩子绝不会相信，这样的认罪有什么特别的。

带领他们（也要靠他的力量与智慧）。跟他们分享你非常需要他们为你祷告，因为你有许多以前该学而没学的事情，现在需要重新学习。

　　一旦你能够进行到这里，就好多了。要彻底。给一些说明的例子。问他们「你觉得像昨天我这样生气是对的吗？」或者「你们觉得我不准你们看的节目，我自己却去看，这样是对的吗？」对每一个你的过犯，你只需要给一个这样的例子就够了。

　　当你把你的清单全部说完之后，你一定要问他们，还有没有哪些曾经得罪他们的事。给他们回答的时间，并且不要带着防卫的态度！希望你之前已经对你配偶做过一样的事。你的配偶在那个时候应该不会再提出新的事情。你们两人要一起同工。

　　•提出道歉，并接受道歉。在所有困难的事实都已经提出来之后，告诉他们，你需要他们的饶恕。告诉他们，对于过去所造成的情感上的伤害，你无法完全弥补。他们甚至可能需要一些时间来思想这些事，对他们的情况要敏感一点。但是不要让他们以为你想要拖延时间。要坚持，但是也不要太急躁。让他们知道，这对于家庭的改善有很大的帮助。重建关系之前必定有饶恕。

　　要直接。要像这样说：「我过去不是个好父亲。我很抱歉。你愿意对于过去我作错的事情饶恕我吗？」然后从年纪最大的孩子开始，一个一个的要求他们对此有所响应。「吉米，你愿意饶恕我过去所做伤害你的事情吗？」我建议在这个时刻在所有其它孩子的面前给正在响应的孩子一个拥抱。

然后接着问下一个孩子，并且继续这样下去直到所有的孩子都有一个机会可以饶恕你。

暂停并回想：你以前曾经对孩子道歉过吗？上一次是什么时候？你有哪些作错的事尚未道歉？

你可能发现有些憎恨、苦毒、怒气、暴怒仍存在孩子心中。你可以向他们先认自己的罪。当你愿意赦免，我们就能够有和好的关系。指出你计划对于家庭里行事的法则作一番改变。但在此刻还不要太深入这部分。事实上，如果他们每个人都还不愿意饶恕，先保留这个新的计划。关系恢复之前必有和解。

如果有孩子不愿意饶恕你，不要太惊讶。可能你过去使他们失望太深了。他们可能在测验你是否真诚。另一方面，可能你以前在某方面伤害他们，而你尚未对那个方面认罪。私底下再问这个孩子问题在哪里。想办法刺激他说出来。求神给你智慧。

最近我的一个儿子不愿意在上床时给我一个亲吻以及拥抱，这是他以前例行会做的事。我花了几分钟想了解出了什么问题。他不承认有任何问题。然而，圣经说，不要含怒到日落。我继续坚持下去。最后，我开始把我一天所做的事情一一在他面前提起。我所提到的第二件事切中焦点。我知道是这件事。我今天错误的处罚了他。我费了一段时间才把我的骄傲拿走，并且对他道歉。但是当我这样做，他饶恕了我，我们的关系又回复正常。

另一个建议。当他们心中的叛逆很深，有时候他们不愿意你直接去碰触那个地方。在另一个创伤比较小的地方要求

他们的赦免，并由此开始。尤其他们对于某件特别的事情不愿意赦免你的时候，更是这样。

## 请记得认罪的法则。

*不要带着自我防卫的心态，试着聆听他们。

*只要对你犯的错承认就好。如果有些地方是误会，让他们知道。

*请他们给你多一点时间思考某些方面的事。

*只为自己认罪就好。父母不应该替孩子说出他们的罪。只说自己的就好。除非事先同意，你也不应该为你的配偶认罪。在大多数情况下，犯错的人需要自己承认并寻求赦免。

*提到你曾经如何伤害他们，并且因为伤害已经造成而道歉。不要用贿赂的方式讨好。但是如果有一些关于钱财的问题，你应该把亏欠他们的钱还清。

*要求赦免。期待他们有这样的响应：「我饶恕你。」不要接受礼貌性的回答：「喔！这不重要。」如果他们这样回答，告诉他们神说这件事很重要（他们其实也知道）。然后再一次请求他们饶恕。

*他们的罪怎么办？私下的时候再处理。这些罪未来会再出现。不要让它干扰这个重要的工作。

*未来的改变。如果你还有时间，告诉他们这个家需要怎么运作以符合神的心意。如果你已经很累，或者需要花更多时间清理与某个孩子的关系，把这件事留到下次再做。

## b) 纠正

在认罪之后，你需要为你的家设定神所给的目标。谦卑自己并且召开家庭会议是很重要，但我们不能停在这里。我们也需要建立一个好的家庭架构。尼赫迈亚不只是掌控了整个城市。在观察破损的墙垣之后，他很有策略的把它们重建起来。他与其它人分享他的计划，他们一起共同完成工作。

因为你的孩子已经长大了，他们应该在某种程度上参与这个过程。你应该领头。让他们参与并不会动摇你权柄的基础，反而，是利用这个机会来教导他们。因为你以前并没有这样做，你需要告诉他们怎样是对的，怎样是错的，以及为什么。

你可能需要有一段简短的查经，以强调你的家庭应该走的路。这与你身为父亲应该教导孩子如何生活的责任刚好相符。如果你在他们小的时候就持续的这样教导，他们现在应该对于如何生活早就有很好的装备。但现在，你必须与他们一起作，发现并且建立这些生活的准则。

你应该让牧师知道你正在作的事。你需要他的支持与引导，甚至他可以建议用哪些材料查经，或者教你如何研读神的话语以带领你的全家。

要提到你可能有些盲点需要他们一同帮助来克服。有两件事必须要提到：标准与执行。

告诉他们，我们家要开始作什么改变。分享一些实际的改变，例如每天晚上要有家庭晚祷。告诉他们，主对他们的标准是什么。不说谎。对父母完全顺服。你可以诚实的告诉他们，你正在学习，但是对于主引导你的事情非常的高兴。

从加拉太书第五章读圣灵的果子。让他们听到神良善的目标。

　　告诉他们，现在你要如何彻底实行神的路。告诉他们你将要如何执行这些标准（根据孩子年纪大小的差别有不同的方法）。对年纪小的孩子，你可以用杖[70]。当他们长大了，你需要用我们之前所说过的自由与赏赐的观念来教导他们。这可能也不容易[71]。你需要解释这个原则怎么运作。你可能也要告诉他们在将来这些原则怎么用在家里。让他们读读这一系列课程中这部分的材料。他们已经大了。他们需要真正的了解。

　　我们现在来看看有哪些我们能作的具体事项，以正确的按照神的路来建立家庭秩序。

# 解决冲突

有许多我们该作的事。在大略的了解哪些建设性的工作可以帮助建立敬虔的家庭之后，我们要来看看一些具体的事项，让你更清楚每一个领域要如何处理。

---

[70]没有一个明确的年龄界线来区别什么时候父母可以停止使用杖。在某些时候，用杖责打显得不合适。可能在他们已经是青少年时期，个子比较大了，并且也不再惧怕了。然而，如果他们真的十分悖逆，可能仍需用杖。要十分留意，不要在怒气中使用杖。

[71]今天早上一个朋友来我们家告诉我们，他的女儿今天无法跟我们全家一起参加一个活动。他解释说，她作错事，所以要受处罚。这是不容易的。但是他很坚持。虽然他的女儿和我们家女儿是好朋友，而且票都买好了，他还是非常坚持这样做。她叛逆的结果就是失去自由。

# 纠正：教导部分

以下我们建议几个需要逐一思想并且处理的课题。这个清单绝非完美，但是可以帮助我们专注在几个我们需要了解、需要查考、并且应用在我们家庭中的事项。最迫切的需要是先去做其中与重建关系最有相关性的事情。以下我们会谈到更多。

• 家庭的目标(加拉太书5:22-23, 最大的命令, 大使命)

• 家庭的权柄架构 (以弗所书 5:18-6:5, 父亲, 母亲, 孩子, 仆人)

• 管教的目的与方法(希伯来书 12章, 箴言)

• 和解与饶恕的重要性与过程(解决冲突)

• 习惯: 观赏或聆听媒体，以及玩计算机游戏

• 在各种场合中该作的事(吃饭, 起床, 上床, 学业等等)

• 建立讨主喜悦的生活习惯(包括灵修)

• 在某些特别有需要的方面，建立孩子的责任感(例如: 节制、有礼貌等等)

• 调整家庭休闲活动(避免花太多钱- 可以多散步、培养亲子关系)

• 设立并且殷勤参加全家的灵修

• 讨论神的话语中对于朋友的教导(研读箴言)

• 尊敬主日;敬拜、祷告、十一奉献、事奉。

• 合作: 讨论对彼此的期望(接送孩子，想去什么地方玩，权利等等)

• 解释并且实际操作「信任与自由」的原则

•写下家庭使命。当＿＿＿＿＿家更清楚知道他们自己的恩赐、重担与能力，神可以如何透过他们工作与祝福别人？

•家庭异象：你希望你的家变成如何？敬虔的家庭并非过份的严峻，而是有趣的，友善的，并且喜爱神透过父母在家中掌权的方式。家是一个每个人都喜爱停留的地方。透过有礼貌的生活、承认错误与道歉、以及彼此相爱的行动，爱在家中掌权。家是人们可以学习越来越爱神的一个地方。

父母应该先做什么？我们来看一下。

# 刚开始的前几步

到底要从哪里着手，常会让人困惑。当然，我们无法提供一个完美的答案。我们试着列出所有必须要做的事情，但是这些事情有执行上的优先级。这是一个过程。把这个过程看成生命的重建过程。你可以按照以下的步骤来找出哪些事情是你需要先去做的。

•认罪

试着详细的记下，主曾经在哪些方面指责你的错。把他所用的圣经经文写下来。我们也必须记得，神不会一下子把我们所有的弱点全部指出来。主不要用太多的事情把我们弄得晕头转向，他希望在某些方面纠正我们。把你心中所想到最重要的两三件事情写下来。当然，这必须是你曾经失败过，并且也认罪过的事情。从这里开始。

• 以祷告寻求主

把这几件事带到主面前，祷告恳求神带领你，能够合适的把每个人都带回到正路上。或许你知道有三件事情正困扰你：坏朋友、玩太多不良的电动，小孩子没有礼貌，不理会你说的话。父亲应该与神亲近，求问神如何带领家庭，改正错误。他应该祷告神，求神在他们的生活中带来必要的纠正。

• 首先，专注于神对于你的目标

孩子们首先要看到父母亲被改变。他们已经听了太多人的话，他们想要看到的是真正的改变。父母可以先分享某些他们想要做的改变。要具体。有时候，可以要求他们来盯住自己，以使自己负责。例如，你不想再去看情欲类的电影。说明神是如何让你发现这是不对的，以及你如何想要讨神喜悦，也希望正确的引导孩子。孩子们会看到每个人都在改变，并且这个标准是从神的话而来。他们会进一步看到，这不是你在挑他们的毛病。一定要告诉他们发生了什么改变，不要什么都不讲然后自己就开始做。在这个重要的时刻，他们需要从你正面的教导中学习。

• 要先找出与恢复亲子关系相关的事情

如果亲子关系没有恢复正常，我们没办法进行太远。他们的态度好吗？你仍然有看到「怀疑的眼镜」在他们身上吗？如果有，先暂缓下来，专注于亲子关系。以下我们会给大家看一个例子，展示如何在生活中某个层面上进行。但是要记得，重建关系是有快乐与光明的一面。尽量与他们一起

做些事情。学着喜欢与他们在一起。为对方做一些特别的事，并且不求回报。

# 处理无礼的行为

在以上的三个例子中，无礼的态度会对亲子关系造成最严重的伤害。如果没有一开始就好好处理，亲子关系会变酸，对未来的盼望会消失殆尽。让我们仔细的来看这个问题。

1)表达维持良好亲子关系的重要性。

2)你可以反问他们，为什么这件事很重要。看看他们能否说出它的重要性。记得，孩子们已经长大了。如果他们反应得很慢，你可以想一个以前你自己态度不好的情况。问问他们喜不喜欢那样？这样做的后果如何？

3)强调你希望过一个神要你过的生活。问问他们能否想出一些经节，说到这件事的重要性。比如，出埃及记20:12，以弗所书6:1-3，以及一般彼此相爱的经文。当他们提到「孝敬」父母，让他们用自己的话来表达。然后让他们思想如何在实际生活中表达恩慈而非无礼。如果你发现某人在家中没礼貌，该怎么办？你可以补充他们没想到的地方。在这件事上，你可以提到以下几点：

- 总是用尊敬的态度说话。

- 如非紧急的状况，否则在父母讲话时，不要打断。

- 不要以爆发性的语气、喊叫、大哭、顶嘴的方法，表达自己不同的意见。

- 常用正面的言语，「是的，爸爸」，「是的，妈妈」。

- 如果你发现你自己用不好的字眼或态度说话，立刻停止，谦卑自己道歉：「对不起，我错了，我不应该这样说话。你愿意原谅我吗？」

4)为了让孩子更容易达成目标，告诉他们，你自己说话时也会除去无礼的口吻。父母亲自己愿意按照同样的标准生活，能帮助孩子了解，这个规矩的重要性。你可以告诉他们，虽然你有权利可以用命令的方式叫他们做事情，但是你知道他们已经大了，所以你把他们视为大人来对待。你会有礼貌的请他们做某事。你可以要求他们，如果他们发现你有不礼貌的口气，他们可以做个手势，例如"t"字形，或者别的方法，来告诉你。（他们需要懂得如何用尊荣父母的方式来纠正父母）他们不应该在很多人面前公开指责你没有礼貌。

## 总结

我们希望你能有所领悟。有太多的东西需要谈，也有许多小地方需要参考其它教养课程。这包括礼貌的规定、灵修、公开场合下的行为、交朋友、看电视电影的规定、如何用电话等等。我们想要再提供一个关于设定优先次序的建议。

# 共同检视行程表

我们建议你对于你的生活作息定一个时间表，并且和你家中比较年长的孩子分享。这对某些家庭来说好像有点太过严谨，但其实这没有听起来这么严格。即使你不喜欢，你的生活通常会自然而然按照你的时间表进行。当我们把自己的时间表给孩子知道，我们会有机会特别发现到亲子之间潜在的冲突。

当你把你的作息表向孩子们解释的时候，他们会比较容易知道你期待做什么，以及你的需要。当孩子年纪渐长，你就可以在这方面少做些事，因为他们的活动也越来越多。但是在成长的某一个阶段，父母与孩子必须清楚的知道，他们对于彼此有什么样的责任。这也是学习礼貌的一部份。

这是个好机会，让孩子可以看到父母为孩子做了多少事。这也是个好机会可以向孩子解释，全家中的每个人都必须团结合作，为了全家共同的益处。每个人在家中都有他的地位。要有自由，就需要负责任。或许你可以向比较年长的孩子解释，当孩子年纪小的时候，我们不会要求他太多事。但是现在他们长大了。他们要学习负责任。父母的工作就是培养他们的心态，渐渐成为大人。而藉由让孩子负起更多责任，参与家中的工作，自愿性的帮助全家人的需要，可以帮助他们长大成熟。

共同检视时间表

如果这对他们来说是个很突然的改变，他们可能会有负面的反应。我们强烈建议在你做这件事之前，你可以很具体的为了你以前没有交派他们家中的工作而道歉。具体的告诉他们，在此之前，你一直把他们当作小孩子，虽然他们已经渐渐长大。也告诉他们你忘了要好好训练他们，而现在你想

要从新开始。要求他们原谅你的错，让他们对于你的要求有正面的响应。

当孩子们可以分担家中一部份的工作，他们会感到自己有价值，其它人需要他们。如果他们不参与，就没有归属感。父母不应该认为分派他们做家中的工作是不爱他们。相反的想法才正确。他们已经够成熟，可以负责任去做这些工作。只要记得在刚开始的头两次跟着他们一起做。他们第一次做的时候可能做得很糟，但是这会帮助他们看到父母亲自己愿意做这件事，并且也为他们树立了做这些清洁工作的标准。列出一些工作项目。当你看着他们做事的时候，你会发现孩子正面与负面的各种性格。当你看到他们很忠心的做事，鼓励他们。肯定你所看到正面的性格。「你每个礼拜都按时打扫走廊，非常好」他们会高兴，并且正面的鼓励会帮助他们做得更好。

父母与孩子共同订定作息表可以帮助你坦诚的说出你对他们的期望，有冲突的地方，以及某些需要对付的事情。我们再一次建议，不要一开始就对付所有的问题。你可能看到他们有某些方面需要改变，例如太晚回家。在这个时候，只要说，你在将来会对这件事好好评估，但是以目前来说，他们可以继续这样。他们会看到你很仔细，也存着祷告的态度来思想家中正在发生的事情，而不是急躁的去做事情。

# 残酷先生与批评小姐

如果神曾经在你的生命中使你看到自己的罪，你会在你的生活中看到极大的改变。我们应该记得，许多时候主在同一时间中

只会特别工作在一两个方面。我们针对这些方面作改变，发生了好的结果，然后我们就可以再继续改变其它方面。这个过程会一再的重复下去，直到我们回天家。

我记得我们与孩子开过两个很重大的会。其中一个，是因为我常在极大的怒气中管教孩子，另一个，是因为我太太爱批评的天性常使孩子非常灰心难过。经过许多年后，靠神的恩典我们发现自己有这个问题。我们其实真应该早点看出来，但是我们在神面前学得很慢。

对于突破我易怒的脾气，有一点很有帮助，就是常思想主耶稣会不会用这种方式对待人。当然他不会。我需要学习了解，这种暴力的威胁方式会对于管教造成负面影响。我会伤害他们的内心，而非带给他们成长与力量。最后，我召聚全家开会，承认我的罪，并且请求每一个人的原谅，从最大的孩子到最小的。如果你家有固定的家庭灵修时间，把这段时间与认罪结合在一起，会是一个不错的方式。

这些是生命中很重要的足迹。如果我们没有首先跨出这一步，我们的孩子也无法走出去。透过我们的信心与爱，我们的孩子能够跟上来。可以把这个情况想象成积了很厚的雪。当父亲首先开使用犁子刨雪的时候，他清理出一条道路，使后来的人有可着地之处。孩子在后头就更容易跟得上来。如果没有这样做，我们这些罪将会给我们的下一代带来大灾难。

在这个时候，正好可以诉说我们的救主是多么的伟大。他是尊荣可畏、满有能力，可以把我们从任何罪中拯救出来。赞美神我们的救主！教养孩子帮助我们自己成长、信靠

神。这需要花我们一生之久的时间，但同时，这也是一个很好的机会，表现出我们是何等的爱我们的主。

# 案例一

我的孩子不想跟我说话。他说没什么事。他通常很热情、很温暖，但是今天他特别安静，不想讲话。圣经说你不可含怒到日落。我们必须强迫自己来处理这个问题。这个孩子自己不愿意去解决它。要靠父母亲主动处理才能突破。威胁他没有用。他说一切都很好。我们应该相信他的说词吗？但是现在亲子关系的确不太对劲。把今天发生过的事从头到尾说一遍，从你与孩子有互动的事情开始。我提到一件才发生不久的事。我想到他做错了一件事，他被处罚，然后道歉，这一切都很正当。但是当我开始谈到第二件处罚他的事情，他开始说，我对他的处罚是不对的，并且他的脚指头受伤了。我当时就站在他的床旁边，以祷告的心不断反省。我有没有用正确的态度来管教？我有清楚看到他的过犯而管教吗？我有适当的体罚吗？在第二个问题上，我知道我错了。要对孩子说我错了，真的非常困难。但是我说了。经过一段很长的静默，我承认我的罪，并且道歉。过了一会儿，孩子转过身来与我拥抱。就是这样。

# 教养原则

- 如果我们隐藏我们的罪，我们必不亨通。

- 谦卑能拆掉抗拒的墙垣。

- 认罪是和解的第一步。

- 在所有的沟通中，都要保持诚实。

- 先有和解，才有重建。

- 先从神给你最多负担的地方开始做。

# 教养问题

1. 为什么家里有年长孩子的父母有时候对于孩子有这么多的失望?

2. 当父母想要弥补他们过去所犯的错,重建家庭时,他们比较喜欢怎么做?

3. 为什么许多孩子对于能从父母那里得到他们所需一切不抱任何希望?

4. 世界的情况与神的百姓的情况有何不同?

5. 我们该如何正确的思想「定罪」的问题?为什么这很重要?

6. 解释缺乏信任感如何阻挡关系的重建。

7. 列出「权威型」的父母无法与孩子和解的三个原因。

8. 写出父母要重建家庭的三个必要步骤。

9. 为什么与配偶合作是很重要的?

10. 在认罪时间,为什么我们不应该提起别人的问题?

11. 一个「好」的道歉的特征是什么?

12. 使家庭回到正轨,有哪些方面需要继续努力?列出来。

13. 我们怎么知道从哪里着手解决问题?

# 培养敬虔的后代
## 幼儿以上

# 第十二章

### 把神的真理与我们的家庭生活相结合

课程目的：鼓励每个家庭，借由重新回想神过去如何塑造家中的每个个人，来追求敬虔的生活

我们可以把各种知识装满我们的脑袋，读各种各样的书（但愿这本书也是其中之一），但是只是这样做无法确保成功。成功与失败的分界线很清楚。如果我们不真正开始改变，我们就是最笨的傻瓜。当我们已经得到所需要的知识，我们现在就可以开始做一些好的、必要的改变。神在圣经上的真理是行得通的！在这一章中，我们希望透过分享我们生活中的一些故事来鼓励你们采取必要的行动。但愿当你在这些故事里看到神如何掌管并重塑我们的生活时，你能够对你自己的生活有一种新的体验与看法。

# 从实际的生活经历来看

其实我们本来不太可能成为教导如何教养子女课程的老师。我仍然记得当我准备去做宣教工作之前，我们夫妻一起接受宣教机构的心理学家的辅导，他告诉我们，我们未来离婚的机率非常高。这大约是二十多年之前的事情了。那时候我们才刚有第一个孩子。但是事实是无法否认的。因为我的父母曾经多次的结婚又离婚，我离婚的可能性自然也是非常高。如果没有神的恩典，我们绝对非常可能在统计学上成为另一栏负面数据。

现在我们的婚姻已经过了廿六（将近廿七）年了，或者可以说我们已经有八个小孩了！我们的婚姻非常的快乐、稳定。我们的婚姻有潜在的威胁吗？当然有。曾经面对不确定的未来吗？是的。我是否曾经听过「不要再生小孩」的抱怨呢？有的。我们不会试著假装我们从来没有过挑战或者艰难。我们经历过一大堆的问题---曾经发生过好几次。

某一年暑假我们看到我们的两个女儿，分别在不同的时间，与死神擦身而过。或许一个礼拜中有一两次我们会遇到一些教养子女的问题，我们不知道如何处理。事实上，我记得今天早晨才为了家中几件不知如何处理的问题祷告神。但是坦诚的说，我们已经学会，这是很平常的事。有些事情我们不知道答案，或者出状况没有什么关系。就像使徒一样，我们学会在这些解决不了的问题上信靠神。我们不担忧或惧

怕。我们借着这个机会见证神赐下特殊的恩典工作在我们的家中。

我们四面受敌，却不被困住；心里作难，却不至失望；遭逼迫，却不被丢弃；打倒了，却不至死亡。身上常带著耶稣的死，使耶稣的生也显明在我们身上。因为我们这活著的人是常为耶稣被交于死地，使耶稣的生在我们这必死的身上显明出来。（林后四8-11）

经过了许多年（我们最大的女儿已经28岁，最小的五岁），我们见证神真理的奇妙大能一步一步的掌管我们的家。但是诚实的说，当我们身在试炼当中时（就像是天天都会经历的事），不见得总是能体会到这个事实。

我们曾经花很长的时间为我们一个小儿子祷告，求主帮助他戒掉晚上吸手指的习惯。我们试过各种方法：用胶带把他的手包起来、手套、用棍子体罚、警告他这样对身体不好、威胁、以及祷告。所有的方法都没用。上个礼拜他把沙子扔到别人车子里，并且口出恶言。但是在礼拜六晚上，他说他再也不需要吸手指了。他不想这样做了。另外，他还说他那天读了圣经。这对他来说是一个新的开始。，我们不是说他已经变成了基督徒，但是神的灵可能正开始做工在他身上。他在家庭灵修的时候也更愿意开口唱歌。

我们的目标并非只是使他戒掉吸手指的习惯。再也没有什么别的事比养成一个长期的坏习惯更能够放纵肉体。他所做的事正是为了满足他自己的喜好而违背神设立在他以上的权柄。如果没有自制的习惯，他不会相信自己有戒除坏习惯的能力。但愿没有一个孩子会变成这个样子，尤其是在现代

这个色情刊物充斥的时代。我们要他养成自制的能力，以致于透过这种能力以及基督的大能，以致于透过这种能力他能胜过任何坏习惯，并且用他的全身来服事主。身为父母，我们都盼望这「新」的一天，这些生命的突破，早日来到。

事实上，是神把我们带进这种情况中，好使我们能信靠祂。学习怎样做父母，是主用来训练祂的百姓的一个最好的工具。苦尽才能甘来。是的，撒旦常常把神给的试炼转换成试探。我们需要小心，但是因为我们是神的儿女，我们绝不会被丢到一个全然无助的景况中（林前十13）。我们有神所赐的特权能得到更多的恩典、慈爱、知识与帮助，因此我们能走向得胜。就像我们的信心之父亚伯拉罕，我们的试炼往往是我们能够经历一生中最大得胜的地方。

忍受试探的人是有福的，因为他经过试验以后，
必得生命的冠冕；这是主应许给那些爱他之人
的。（雅一12）

想一想，你想要拥有怎样的孩子？你希望你的孩子是在属灵上面软弱贫血的吗？当然我们盼望孩子刚强。我们的世界需要更多刚强的、有信心的人。使徒保罗不夸自己的能力，而以自己的软弱夸口。就在这软弱中，他遇见神，并且见证自己在这根刺的痛苦中一次又一次的胜过困难。

我们在2007年庆祝我们的结婚廿九周年。玲婷和我在1978年五月20日，在麻州某个教堂里，缔结婚约，合而为一。 出乎意料之外， 结婚一年之内，我们开始成为父母。我们念大学的计画成功的实现。本来在我念书的时候，玲婷打算工

作，但是感谢神，祂破坏了我
们愚蠢的计画，给了我们更好
的，就是让我们有了一个小
孩，并且因此财务上出现困
难，正因为这样，我们才能在
生命中学到许多功课。当年的
这个小女孩今日已经大学毕业

Paul & Linda Anniversary
May 20th, 1978

了。我们很想继续多分享一些关于我们婚姻里的故事，但是
在这里我们必须把主题放在教养孩子的成长经验上（有兴趣
的读者可以参阅「建造美好婚姻」一书）。

因为在我们各自的原生家庭中的问题，有许多罪的模式
在我们个人的生命中已经发展出来。我们有许多盲点，在好
几年之后才渐渐发现。我们已经分享了许多原则，如果你应
用在你的生活中，可以帮助你跳过许多的问题。我们过去学
得很慢。我们的教会领袖没有在这方面装备我们。我们学得
非常的慢。你知道吗？直到我们第四个孩子已经好几岁大
了，我们才真的了解训练小婴儿的基本原则。我们两人都读
过许多基督教书籍，但是这方面的主题却非常少被提及。

当我们回头看，我们发现，不论情况如何，我们都可以
信靠我们的神。祂总是在那里准备好要帮助我们成熟长大，
甚至超过我们自己所想要，或者我们自认为能达到的。或许
祂正像是慈爱的父母，希望祂的孩子们至终能够一次学会所
需的功课，长大之后不会重蹈覆辙。

我们可能会对信靠神的原则有所迟疑。我们也常常如
此。无知也是其中一个原因。我们有圣经，我们能背诵经
文，但我们不知道如何把经文应用在我们自己的家庭生活

中。用「盲目」来形容我们是很恰当的。另外也有一些时候，我们并不想顺服神的原则。或许我们害怕如果真的去做会发生什么事情，或者就是太过自私。教会整体来说，已经不再掌握这些关键原则来帮助弟兄姊妹建立敬虔家庭。最近这几个世代的人已经证明这点。爱家的基督徒在哪里？想要有大家庭的夫妇在哪里？或许最能显明这一点的问题就是，教导基督徒这些基本原则的教会在哪里？

这一切原本都可以更好的。我们真是盼望其他人能早日觉醒，并且看到在神真理里面所启示的上帝爱的大能，以至于我们身边能出现更多美好的家庭。

# 整理我们的思想

在这一章里，我们想经由分享我们如何在一些特殊事件中所学到的功课，整合并扩展我们过去所学习到的，我们过去花了太长的时间来学这些事情。当我们年轻的时候还没有太多教养课程可以去参加。基督徒的家庭文化刚开始瓦解。现在，很多人都是由小家庭、破碎家庭长大的，好的教养技巧变得比以前更少见了。

有很多课程和书籍都是为了帮助这些父母处理他们的问题而出现。而这些材料中，有很多都是以错误的假设为前提，如果你真的采用他们的建议，会使你忘记神对家庭的设计，伤害你的孩子。唯有建立在神对家庭美好计画的原则，才能帮助父母亲建立有礼貌、良善的孩子，他们将来才会敬畏神、关爱别人。包牧师将会分享他过去领导能力与人际关系上的缺陷、苦毒以及骄傲（我说过，我们本来不太可能成为教导如何教养子女课

程的老师）。包师母会分享一些故事，从其中可以看出她个人在面对孩子的时候的某些软弱。

本章的目标包括：

- 发现神的原则有多美好

- 了解神如何带领你活出祂的原则

- 帮助你不灰心、不放弃

- 使你愿意认真的开始采取具体步骤，把这些圣经原则实行在你的生活中

我们会按照前面我们课程编排的方式，使得这一章的内容有条理，并且在适当的地方复习前面我们学过的东西。每一对好的父母都会持续的寻求神对他们自己以及对他们孩子的计画。前面几章里，我们著重在拥抱神所赐的异象。在神的异象中，父母们能更好的预备自己，以至于更容易得著神为他们的生命与家庭所定的真理。之后，我们著重在装备孩子，其中的重点是如何帮助你的孩子成长到他们应有的身量。最后几章著重在建造整个家庭。在这几章我们注重如何使整个家庭偕同运作，以至于讨神喜悦。以下列出本书的重点。

# 拥抱神的异象

神对家庭的目标

一个最好的团队：爸爸与妈妈

父母的权柄

# 装备孩子

在孩子的身上培养自制的能力

孩子的训练以及生活作息

纠正孩子的恶习

管教与喜爱使用杖

设定界线

# 建立家庭

培养敬虔的孩子

建立两代之间的爱

重新赢得青少年的心

把神的真理与我们的家庭生活相结合

# 拥抱神的异象

## 教养的目的

要成功的教养子女，最基本的就是要明白神对于教养的心意。在我们刚开始作父母的头几年，我们从来没想过需要为教养孩子立下什么目标。对很多父母来说，他们唯一的教养目标就是不要生超过两个小孩。这绝对不是开始婚姻或家庭的一个好目标！我们也从没想过有目标的训练孩子的品格，只是想到要在身体健康以及属灵方面好好照顾孩子。

现在，我们思考许多有关品格训练的事情。品格训练是一种属灵训练，训练孩子的心72！心与头脑是有分别的。我们花很多时间祷告并思想哪些方面我们要孩子们成长更多，不论是身体上、属灵方面、知识上73。注意圣经上提到耶稣成长的时候，说道：「孩子渐渐长大，强健起来，充满智慧，又有神的恩在他身上。」（路加福音二40）

玲婷和我在各自成长的家庭中，除了小时候被带去教会以外，都没有受过任何属灵训练。我们的父亲没有在最重要的事上训练我们。所以我们也不知道怎样灌输这些事情给我们的孩子。我们以为只要把孩子放在一个好环境中，他们就自然会去做这些事情。事情并不是这样成就的。我们太天真了。我们的孩子有罪性74。

我们太慢才了解这个事实。我们有三个问题。我们倾向于用我们自己父母教养我们的时候，那种批评、怀疑的眼光来看孩子。我们注重在孩子的各种问题上，却没有好好鼓励

他们走上对的路。我们也没有好好设立一些正面的要求（没有说出我们要他们做到什么）。

- 我们不知道我们到底希望达到什么（我们只是不要他们变坏）。

- 我们不知道我们种什么就会收什么。我们只是没有好好去想过这个问题。

- 我们也不知道该做哪些事情才能让孩子做到我们希望他们达到的要求。

身为年轻的父母，我们常常为了孩子的坏表现感到挫折。我们甚至无法指出真正的问题，并且正确的纠正他们。这是因为我们只专注在把他们带回到中线（离开错误）而没有用更多正面的教导来帮助孩子。「不要哭」、「不要吵」、「不要发脾气」、「不要乱丢食物」。这些是我们那时候的期望。在我们结婚的头几年我不记得曾经好好教导孩子「耐心」、「恩慈」、「慷慨」、「忍耐」等等。唯一我们做得还好的是，我们在物质方面好好的照顾他们，并且很早就开始家庭灵修。这使得主比较容易带领我们去到我们身为父母应该成为的样式。

要把小孩子带回我们一开始就应该做的正确的道路真是一场困难的争战。我们应该早点知道，神对每个小孩都有一生的美好计画。我们是神的管家，对于装备我们的孩子必须负完全的责任，以致于他们能被成全，将来能完成神给他们的任务72。这些终极目标帮助我们更清楚了解我们的孩子在灵性上、身体上、道德上以及其他方面需要达到的程度73。借着观察这些目标，我们看到训练的必须性。这样的需要就使我们产生动机，让我们想要对孩子施加必要的训练74。

行动方案：我们开始做的一件事（尚未完成）就是把孩子的名字与神可能对他们一生的计画连结。从整本圣经我们都可看到名字的含意对人是很重要的。比方说我们第三个女儿的名字，Allison Grace，意思是「真理与恩典」75。我们盼望她能像基督一样，充满恩典与真理。这是我们祷告的目标。我知道目标尚未达到。她的生活中有一些地方还需要被调整。但是神会帮助她。当每个名字都与圣经中每段经文相连，神的应许就出现了。在这个例子中我们希望我们的爱丽森能像基督：充满恩典与真理（约一17），以至于能发光照亮她身边的人。

**暂停并回想：**

照以上的行动方案实行在你的每个孩子身上。为每一个孩子预备一张纸。把他们的名字及其意义写上去。求问神你需要在你的孩子身上训练哪些特质，以致于他们将来能够忠心的服事主。向主求一段经文，以及一幅图画或一个表征来捕捉它的意义。这个行动方案需要我们等候在主面前来寻求祂的旨意，因此可能需要花点时间。

# 一个最好的团队：爸爸与妈妈

就像很多新婚夫妻一样，我们以前也有很多挣扎。不过我们有一些好的基础。我们曾经上过婚前辅导课程。我们身边也有许多好的基督徒婚姻成为我们的榜样。我们是仍在成长中的基督

徒。然而，我们彼此的不同也不时的挑战与阻挠我们的合一。如果我们想要继续成长，我们就必须打破这些不同，但是就像典型的夫妻，我们当时并不清楚我们需要胜过哪些问题以达到目标。某种程度上我们知道我们要去哪，但是我们不清楚方向。

对我们婚姻最大帮助的，就是我们开始研读神的话语，一起交通、祷告。我们没有看见别人这样做。是因为包牧师很爱读神的话，并且喜欢一起祷告，所以我们才这样做。我们那时没有想到这样做对于我们的婚姻或者教养孩子的技巧会带来什么帮助。然而，神透过这些研经来对我们说话，如果我们能承受得了，祂应该会对我们说更多。

当我们听到Gary Ezzo72说到要有「沙发时间」之后，我们的婚姻才真正开始对我们的教养子女发生影响。当然，我太太很高兴两个人能有更多的时间在一起。我一直问自己：「这与教养子女有什么关系？」最后，我终于了解，父母亲的合一是孩子安全感来源中很重要的一部分。如果父母彼此相爱，孩子就会觉得很安全。一旦他们觉得安全，他们就能在生命中其他的领域继续成长。虽然这听起来和现代心里学的教导很像，让我们记得是神亲自命令丈夫要爱妻子。当我们去实行神要我们做的事，美好的事就会发生。

我（包牧师）在我父母身上从来没看过这种合一。当我很小的时候我父母就离婚了。我从来没看过他们在一起。当然我更少看到他们彼此相爱。我的父母亲都再婚了，但是他们的关系很肤浅，有一些苦毒的伤口留在他们身上。他们经常的吵架、打架，使我无法待在家里。一等到有机会，我就

想逃离我的家。后来我才明白，我之所有选择去读外州的大学是因为我想逃离家里的环境。

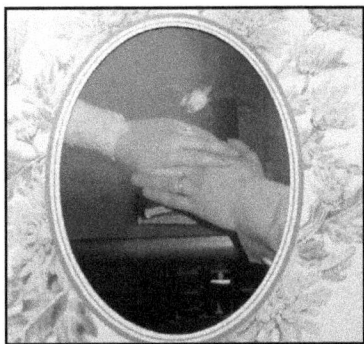

在大学时代，当包牧师认真研读在雅歌里面所谈到神的爱，他真正的了解神对婚姻的计画与喜乐。之后再研读以弗所书第五章，这样的认知便更深的扎根。基督爱不完美的教会。这让他发现其实自己不懂什么叫爱，包括神的爱。因为他过去的疑惑、怀疑、无知与不信，使他对于在信心上成长的盼望破灭。他完全谦卑下来。他想：「如果我不懂得爱，怎么可能去爱？」神借著许多生活的经验训练他去相信、模仿、了解、学习神在基督里的爱。如果没有神，他今天会在哪里？他不敢想像如果神没有拯救他，他的妻子与家人今天会成为什么样子。

我们现在深信，神的目标就是把祂自己的大爱赐给每一对夫妇，使他们可以有美好的婚姻和家庭，以荣耀神。我们的主对于丈夫与妻子都有一些特别的指导。他们需要专注在这些教导上，同时，也需要遵守基督徒生活的其他原则以使自己继续成长。

暂停并回想：

你们对神以及对彼此的爱会很深的影响你对孩子的训练。你与你的配偶有多亲密？你与神有多亲密？有哪些作法可以帮助你们两人更加亲密？

# 父母的权柄

我（包牧师）以前对于接受领导家庭的责任有很大的困难。我知道我想要的是什么，但是不知道如何做到。所以我常常使不良的决定自然发生。在家里，我的妈妈主导每件事。我的爸爸很被动、很安静，而且又住得很远。我的继父从不教我怎么做事情，不管是刮胡子，或者帮轮胎打气。我妈妈因为父亲什么都不管，只好在家中掌管所有事情。当母亲唠唠叨叨的时候，父亲往往会更加退缩。

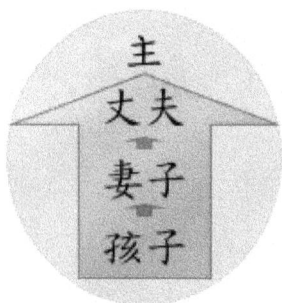

在这种情况下我学会了躲避需要领导的活动（虽然我有带领家中的灵修）。我的个性有缺陷。我甚至觉得自己不应该或者不能够作头。我倾向于躲避自己的责任，这使得整个家庭失去了平衡。

从神学上来说，我知道我是全家的头，但是这并没有落实在现实生活中。我从不知道我应该负责做决定，也不知道如何做决定，甚至不知道家人需要我做决定。当我开始明白我的责任，对玲婷来说在某些事上反而变得困难。她已经习惯不与我一起做决定。之前她可以做一些我完全不喜欢的事情。其中一个领域是如何纠正孩子，我们待会将提到这点。

针对我的领袖训练在许多方面开始进行。没有哪一方面比其他方面更加重要。如果有人曾经向我解释过领导与服事的关系，那将是极大的帮助。我以前听过仆人式的领导，我以为那就只是在有需要的时刻去帮忙做事情（例如服事）。

我当时并不了解这种仆人领袖的教导主要是给那些只会下命令而从不以身作则的领袖。我专注于服事人，却忽略领导，用这种错误的观念来逃避在生活中需要下的艰难而重要的必要决定。

想想看，只要一个错误就足以破坏原有为家庭所设立的标准。我可能自己可以活出这个标准，但是我会克制自己，不让自己的影响力来改变家里其他人。原本许多可以避免的恶事，却在我的容许下发生。幸好，有一些具体的步骤逐渐成形，使我能从这个陷阱中走出来，否则我的家人将很不容易活出神的旨意。从外表看起来，我们的家庭很好，但如果我们没有完全的执行神的路线，我们就是不顺服。一个父亲必须同时领导，也关爱他的妻子与孩子。

## 暂停并回想：

丈夫們！你是個好的領袖嗎？你能夠在慈愛中做正確的決定並且堅持，而且不發怒嗎？請解釋一下。當你做某些決定而妻子不同意的時候會發生甚麼事？你如何處理？

# 装备孩子

裝備孩子這方面的信息，是專注於培養敬虔兒童所需要的特殊技巧。就像木匠需要工具做工，父母也需要。他們不只需要對孩子的未來有清楚的異象，也需要知道實際幫助孩子達到目標的方法。體罰不是全部的答案，而是訓練孩子的過程中的一個重要部分。

# 在孩子的身上培养自制的能力

当我（包师母）回想以前我年轻的时候怎么作父母，总是感到很惊讶。在我们第一个孩子出生前，我不记得我有读过任何关于教养的书籍。我可能有读过如何生产或者照顾婴儿的书。我想我应该会是个好母亲。

作一个新手父母，第一件暴露出来的事情就是我有多么自私。我失去自己的自由时间。一个新的小生命完完全全需要依赖我生活。我的睡眠常常被打断，我的身体也会疼痛（餵母乳）。我对于如何照顾小婴儿其实所知不多，虽然可能还比某些母亲多一点（因为我常常帮别人看小孩）。没有人告诉我照顾小孩的过程会如何，或怎样做才能对小婴儿最好。我所读过的所有东西全都来自无神的文化。

第一个孩子很容易照顾，很温和、顺服。当我们在台湾作宣教士的时候，生了第二个孩子。她很不一样。现在往回看，我才发现当时真的很无知。

- 她一哭我就餵她。
- 她一吵我就抱她。

我当时不知道用规律的生活时间表来训练她。我有一本关于如何照顾婴儿的书，是从世俗的角度写的。书里面说如果孩子要吃就给她吃。如果我们给她所有自由的选择，她的身体会自动调整到最平衡的状态。所以我试著给她各种选择。包牧师告诉我，就餵她吃她需要的食物，不要给她任何选择。我没有听从。

当我给她拒绝的权力后，她的自由意志开始延伸到生活的其他领域。我不知道我有责任要求她顺服权柄。每件事都跟她商量。我关心她的感觉和高兴与否，更甚于她的顺服和圣洁。我不知道我应该限制她，没有人告诉我这样做。

当她长大后，有时我叫她帮我做件事。她会抱怨、顶嘴，然后我就改变我原先的要求，或者容让她的「理由」改变我的想法。我并不坚持她一定要顺从。如果我坚持，她就哭，或者一脸难过的表情。如果我让她心情不好，我也会觉得内疚，所以我就不再坚持她一定要做我叫她做的。这样的关系是我造成的，到后来就很难改变。在她身上我只能达到部分的成功。很多时候她仍会找些理由来回避我叫她做的事。而我也会接受。事实上，在其他比较小的孩子身上我也看到某种程度的不顺服。

我现在比较聪明，所以他们的情况没这么糟，但是我还是需要改变家中的规则，并且重新训练他们。第一次就正确的训练他们总是比重新训练来得容易的多。

**暂停并回想：**
你与你的孩子们妥协吗？这样做有什么不对？

# 孩子的训练以及生活作息

关于如何训练孩子生活作息的功课，绝大多数都是经由不断重复而学会的。我们并不是在我们有第一个小孩的时候就完全明白这件事情（真是可惜），而是当后来神给我们更多孩子之后在生活中我们才慢慢学会的。我们学的很慢，所以神需要给我们很多训练。现在我们已经有八个孩子，我们真是看到孩子的

训练以及生活作息对父母与孩子来说都十分重要。训练可以帮助孩子在早期就学会正确的回应周遭的人与情境，这使得父母与孩子（还有其他的兄弟姊妹）能够成为一个快乐的大家庭。

我们常听到别人说：「我真不知道你们是怎么做到的！」不幸的，大多数的父母亲都没有好好停下来学习怎么做到。他们容许他们的生活浪费在与孩子摔交当中。我们现在有他们要的答案。父母亲可以让孩子做到他们希望他做的事情。当我们把每天的活动安排得很恰当，即使年龄很小的孩子也希望他们能把事情都做好。所以我们教他们该如何做，之后有时他们会想要挑战我们的权柄而不愿去做，这时我们会强制他们去做。

对于我们家年纪最小的几个孩子，我们在很小的时候就开始施以训练，从母亲与孩子从医院回家后不久就开始。这使得将来的生活比较能预期，更重要的是，我们也可以很清楚的发现问题在哪里。生活作息以及清楚的指导（对于比较大的孩子）可以帮助妈妈与孩子以完全相同的方式一再重复的做同一件事，所以当有些问题发生，我们就很容易知道问题出在哪。或许是因为爸爸或妈妈忘了要强制执行某个规矩，或者孩子不愿意顺服去做某一件规定。这样的话，要找出问题就不需要花太久的时间，因此，在真正的解决问题之前，我们也就避免了那些内在的挫折以及外在情绪的爆发。

比方说，某一天，我们发现好几个孩子爆发冲突。他们全都吵成一团（事实上并没有「全部」，只是看起来很像）。玲婷很急着想知道发生了什么事。但是当我们开始仔细的把整个情况回想一遍，我们发现我们最近开始只用口头威胁他们，而没有像圣经所要求的用杖管教他们。我们并没

有马上回去责打每个孩子。我们只是把所有的孩子召聚起来，把我们所观察到的告诉他们。于是每个人都知道悖逆的态度在家中是不被允许的。他们自动自发的改变了行为。

### 暂停并回想：

问问自己，你的孩子做哪些你不希望他们做的。然后（不要只停在那里），问问自己你希望他们能做什么。这能帮助你定下训练他们的方针。你借著训练他们去做你要他们做的，来使他们不去做那些你不要他们做的。只要你能坚持，始终一致，很快的他们就会改变。为什么我们以前都没想到这点72？这真的很有效。

# 纠正孩子的恶习

我们对于神、标准以及权柄的认知会大大的影响我们如何矫正孩子。首先，我们很少会告诉我们的孩子去作一些我们自己不做的事情（这样我们会有罪恶感）。即使我们叫他们做，他们也会拒绝。所以如果我们没有胜过自己生活中的一些罪，基本上我们的孩子就会从我们身上学到如何过犯罪的生活。

# 坏习惯是如何形成的

**坏习惯有两个部分**

**(1) 做错事**

欠缺做正确的事情--这就是坏习惯本身。一个人习惯于做一些错误的事，在其中他得到小小的回报，也能暂时容忍发生的后果。小强从打他弟弟得到满足感。

**(2) 绝望**

对于用正确方法做事情产生绝望。这样的人从来没有对做正确的事情培养出自信心。这就是为什么一个人要改变坏习惯是如此困难。他们只是缺乏自信（信心）去做对的事，即使他们知道这件事是更好的。对某些人很容易的事，对另一些人却是「不可能」的事。

我们婚姻中最大的冲突来源就是如何管教孩子。这似乎也是许多夫妻婚姻中最大的冲突点。因为妻子天生就有同情孩子的能力，通常要妻子根据定好的规矩切实执行管教是很困难的。他们需要胜过他们情感中与孩子的联系，才能做到。她们是做得到的，但是需要对管教的重要性有一个清楚的异象。如果她们自己是被宠坏的（没有被纠正过）或者她们的父母是过于严苛（是用怒气而不是用爱心来纠正），她们要纠正孩子就会很辛苦。玲婷也有这方面的问题需要面对。

当她要纠正孩子的时候，遇到很多问题，因为她看不到这是对他们最好的方式。她没有看到整个管教的过程。一旦神给了全家的异象，虽然在当时仍然很不容易，但是这个争战已经具有了新的本质。

以前，她挣扎着不要责打孩子。她觉得这样做会伤害他们，或者破坏亲子关系。但现在，她的挣扎则是要努力的按照神的方式来管教---前后一致、坚定的纠正他们。这是何等的改变！以前她不愿意，但现在她愿意敞开心来学习那些与她以前观点不同的事情72。

纠正孩子可以使亲子之间维持一个美好的关系，这种关系是亲子之间继续培养更丰富的关系的基础。虽然我们有时会犯错，但我们发现神可以修补我们的错误。祂是医治的大师。有一次当我（包牧师）感觉到在母女之间有敌意产生，我必须从自己舒服的领域中走出来，召开家庭会议解决危机。这对我来说并不容易。

这种开放式的谈话让一些受苦的心可以把他们里面的话讲出来，而这就带来医治。如果我们没有这样做，我感觉到我们家中年长的孩子会开始远离家庭。虽然我们盼望尽量避免冲突，我们绝对不能把问题藏起来。我们最好是借由解决问题、除去问题而回避冲突。否则的话，问题会继续存在。我们父母亲不一定做每件事情都是对的，有时候我们也需要被挑战，要活出我们所教导他们的内容。

**暂停并回想：**

你是否足够谦卑的去聆听某人告诉你某些你需要改变的缺点？你是否愿意真的去改变？

# 管教与喜爱使用杖

我们对于孩子如何发展的信念，会影响我们是否体罚他们。那些相信孩子在一个完全自由的环境下发展得最好的人，会丢弃

管教的杖。因为他们认为孩子基本上是好的，他们尽量给他们机会来表达自己的想法，好让孩子能变得更好。他们的结论其实就是右侧图文框中所讲的，这看起来有点令人吃惊，但这只不过是与他们的假设前提相符的结论罢了。

事实上，圣经说一个孩子从生下来就是个罪人，因此需要被管教。孩子必须按照神的标准

**这样的「爱」摧荡孩子**

- 爱就是没有标准
- 爱就是绝对容忍
- 爱就是不体罚
- 爱就是不追究责任
- 爱就是我想看什么就看什么
- 爱就是我想吃什么就吃什么
- 爱就是我决定几点睡觉
- 爱就是我可以得到任何我要的玩具
- 爱就是我可以做任何我想做的事

被塑造。当我们误以为爱就是让孩子过得很舒服，孩子便会变成自我中心。这样他就像是一个未经修剪的花园，长满杂草，让人感到不悦。我们已经学到，真实的爱是与现代主义者所讲的刚好相反72。希伯来书十二章说到如果我们爱孩子就必会管教。

我们心中必须常常存有神给的异象，使我们知道祂想做什么。一个长存的异象会胜过我们容易被搅乱的感觉和思想。这只有当神的话完全掌控我们的思想，我们才能有神的眼光。

在过去的二十多年中对孩子的训练，我们改变了一些作法。我们从用手打，改成用棍子（绝大多数）。我们在管教

过程中越来越前后一致。或许最重要的改变就是我们开始用小棍子（一个小小的树枝）来训练才一两岁的孩子。在前面七个孩子的身上，我们错过了这个很宝贵的训练。没有任何一本基督教书籍谈到这些。我们训练孩子，使父母亲口中说的「不可以」与一个小棍子所带来的疼痛感相连。在成功之后，孩子之后就自然顺服了。如果每次我们说「不可以」的时候我们都这样做，孩子就开始看重我们所讲的，然后小棍子的惩罚就可以避免，只要说「不可以」就行了。我从来不知道我们家的三棵苹果树能产生这么有用的小棍子。

　　我们对这件事的学习真的太慢了。我们早就应该开始做。我们从来没听别人说过这样做是可能的。对我们这一代而言可能太晚了，但希望你能很快的学会，以致于帮助你们这一代的父母、孩子、整个世代。

**暂停并回想：**
你认为真正的爱就是必须管教孩子吗？你一直都深信这点吗？请解释。

# 设定界线

在设定标准之前，我们必须设定长期目标，这是关于我们希望神在孩子身上所能达到的。没有清楚的目标，我们设立的标准就会比较短视，并且我们也不会感到必须马上实行的急迫性。当我们在思想如何设立标准的同时，我们必须问自己，身为父母，我们有没有做到我们要求孩子去做的那些事情？

　　当家中有些事情开始出问题，孩子变得比较狂野，通常我们会开始思考为什么整个家变得这么混乱。我们会看看他

们吃了什么甜食，是否睡眠充足，看了什么电视节目，或者最近跟哪些朋友玩。毫无疑问的，这些事情常常从负面影响我们的孩子。

然而，最近我们开始更多的反省自己。玲婷在一个月的某一段特殊时间中，脾气会比较暴躁。我有时会比较鲁莽。我们可能在一天之中没有与主亲近。或者我们在孩子面前争吵。我们发现若有某些罪没有被对付，或者被忽略，常常会影响我们的孩子。显然我们自己的生命需要成长更多。

## 留意媒体的影响

我们也需要重新检视我们的标准。我们必须问自己，我们设立的标准是否与主的心愿一致？有时候我们的标准很世俗化，就是说，接受并且实行世界所行的事。如果有一个人告诉你他正在吃毒药，你会怎么对他说？你或许会警告他不要这样做。但是如果他告诉你他每天只吃一点点，你觉得如何？

你有发现在现代生活中，不良的电视节目、录影带、DVD、电脑游戏、杂志、网路资讯、各种书籍、促销广告所带来你家里的影响吗？这些东西就是每天进入我们家庭中给孩子吃的毒药，一天天、慢慢的进来。我们要记得，他们每天生活所接触的媒体，会对他们的生活产生示范性的教导。这些不同的场景所示范的生活模式，会让他们以为这是可接受的行为与回应。

我们开始发现，即使我们让他们看「好」的电视节目，其中的广告可能仍然是非常糟糕的。我们不能容让任何的毒药进入孩子心中，即使一次只有一点。当我们严格的控制或者除去生活中这些负面因素，我们的婚姻变得更好。我们有

更多时间陪伴彼此。我们的孩子被训练得更好。孩子们不会再有机会从媒体上看到诸如淫乱的生活方式或者用暴力解决问题。电视离我们的生活越远，我们就更容易成为一个家庭。

　　我已经忘了我们是从什么时候开始把电视搬到楼上的小阁楼，那是个很冷、没有暖气，也没有装电视缆线的房间。那里甚至连椅子也没有。这个把电视机搬走的决定真的太棒了，使我们全家在一起的时间完全改变了。孩子们甚至忘了以前我们有电视。之前因为电视放在客厅的关系，一打开电视，即使是那些讲动物的电视节目，都会对孩子造成不好影响，因为他们是基于进化论的道理制作的，而进化论是假设圣经是错的，他们认为世界并非上帝所创造的。现在我们在客厅一起玩、读书、玩游戏等等。孩子们学习与他们的弟兄姐妹一起做事情。

神和他的話　　價值的來源　　世俗的的思想
理解
榜樣
教導　教導　教導

　　我个人深信神十分不喜悦节目里面那些关于性以及暴力的生活方式。我们能找得到某些节目能够示范敬虔爱主的夫妻彼此相爱的生活吗？我们能找得到某些节目示范一个又良善又聪明的丈夫或者父亲的角色吗？找不到。通常男人在节

目中都被描述成像个傻瓜，没有生活目标，唯一想做的事情就是找个性感的女人、赚大钱或者变得更有名。多么糟糕的榜样！孩子们看了就学会其他人如何不喜欢这样愚蠢的父亲，然后把这样的不尊敬也用在我们身上。我为什么要接受世界的标准？我们不需要！我不需要！尽量远离电视。或许有一天我们都会完全脱离它，至少对我而言把电视从生活中拿走使我能花更多时间陪伴孩子。

我们通常只用某些特定的录影带，不看电视。我们有时会租一些普级的录影带来看，但是很久才作一次。孩子知道我们的作法。爸爸会问一大堆很困难的问题，有关这个影集里面基本的价值观等等。　你是否仔细想过这些电影、影集里面所推销的价值观是什么？很多人觉得「狮子王」是个好电影。但是我们是否好好思想它里面所歌颂或者所描述的价值观是什么？我不能再相信迪士尼的电影。狮子王所推销的价值观全都是我最反对的，包括巫术、懒惰、轮回等等。现在我比较聪明，我会先假设这些电影都是邪恶的，除非他们能证明他们的内容是好的。电影的分级与神的分级不一样72。

神还需要调整我们很多方面的价值观。我们并不圣洁。我们很属世。我们宁愿赶著去看电影也不愿多花时间祷告、默想神的慈爱与良善。我们并不是说完全不可以做这些事，但是我们不愿意放下这些事情的心态，使我们很难尽我们的全心、全意、全力来爱神。近年来，网路的兴起，使得一系列新的问题开始出现。

我们容许我们的孩子从五点到吃晚餐前，看一些经过规范的节目。我们也限制孩子一周有六天的时间，每天可以上网卅分钟。本来，我们把这卅分钟分成两段十五分钟的时

段，一段用来玩游戏，另一段用来作教育用途。然而，对某些孩子而言，分开比较困难，所以我们后来把两段时间合并。他们可以自由在白板上写下，今天的什么时候他们想要用这卅分钟。如果他们超过时间限制，第二天他们就失去了上网的权利。

　　他们有额外的时间来用电脑做学校作业，或者学习电脑技巧，例如绘图或者制作网页。要做这些事，他们必须获得我们的许可。这是一个我们可以随时取消的自由。当他们渐渐长大，我们会给他们多一点时间写电子邮件或者即时通讯。因为这是他们与朋友沟通的方式。我们必须时常监管这些大孩子每天花多长时间在线上聊天。这有点像我们自己年轻时，被父母限制每天讲电话的时间长度，只不过当时我们的父母不会把电话关了不让人用。

　　最后一句忠告。不要太过于律法主义。这会摧毁顺服所带来的喜乐。我们也有时候让我们的电视机回来楼下。我们训练孩子的关键在于「我们该如何使用它」，「是它控制我们还是我们控制它？」，「我们所看的节目是否讨神的喜悦？」我们不会用律法主义的方式来反对所有的电视节目或电脑游戏，但是我们会严格管理孩子该看到什么。

## 暂停并回想：

你和你的孩子看哪些节目？这些节目讨神喜悦吗？节目里的人行为举止合乎礼节吗？这个电影或节目里的主要信息是什么？这里有一个训练你自己的方法。你们夫妻两人一起看一个节目，然后讨论节目里面所传递的价值观是什么。检查这些价值

观彼此之间的关系，有没有强调责任感、合乎道德的行为、以及化解冲突、避免不道德的欲望等等。

## 处理怒气

对于怒气应该有什么标准？我（包牧师）以前常常有苦毒与怒气。我必须好好面对自从幼年时期就累积起来的许多苦毒。现在，我已经饶恕所有的人。但是我身体的反应看起来好像尚未完全的改变。

当我管教孩子时，根据别人告诉我，我的声音很可怕，我的脸会扭曲像个怪兽一样。我很难相信。我还没有被我良善的主宰的温柔完全改变。我寻求祂。我真不能相信我又搞砸了。我甚至不知道我是否应该相信别人所说的。但是我必须继续寻求主，更亲近祂与祂同行。我的太太很能够看出我的问题并且持续的、更好的帮助我知道我的缺点。

如果身为父母的我们并没有控制自己的怒气，这就等于默许我们的孩子做同样的事。首先，他们会觉得控制怒气是不可能的，因为他们的父母都做不到。第二，他们会认为发怒是沟通过程中保卫自己的一个很正常的方式。

**暂停并回想：**
你是否如此渴慕神的标准以至于愿意让别人来纠正你？当有人告诉你可以改进某些缺点时，你如何反应？

# 建立家庭

有异象、自信与工具来训练孩子是很好的，但我们必须谨慎。一路上还有许多陷阱会让我们离开神要我们养育敬虔孩子的目标。这种结果是很悲惨的，我们必须继续走窄路。

## 培养敬虔的孩子

有些父母只希望有好的孩子，而不是敬虔的孩子。我们必须进到内心深处去检查自己的想法，因为一个属天的孩子与属地的孩子是有很大的分别的。绝不要缩小你的属灵目标。这些目标对你的孩子的生命，以及你的孙子都有决定性的影响。我们必须把耶稣的话藏在心中：「人就是赚得全世界，赔上自己的生命，有什么益处呢？」（可八36）

当父母发现他们的孩子已经太大了，个性很难改变，他们可能会觉得沮丧。我们给你们盼望。我们需要继续向前走，把神的真理建立在我们家庭中。我们的目标以及热切的渴望，就是但愿神能够喜悦我们因而常常造访我们家。但愿神喜悦我们与彼此相处的方式。但是神的真理必须先从我们的头脑进到我们内心，对于我们大多数的人而言，这个要求比我们所愿意承认的更深。

我们发现我们对孩子的目标，不可能超过我们对自己所设立的良善与圣洁的程度。我们自己需要先走过这段路。如果我们希望要我们的孩子在他们的一生中主动积极的寻求主，我们自己必须先这样做。

在这个邪恶的时代，培养敬虔的后裔对每个父母都是一个挑战。很多父母不在乎。他们可能也不在乎自己的罪恶的

习惯。其他那些在乎的父母则因绝望而哭泣。他们所做的似乎完全不管用。这个世界好像正在吞食他们。我猜想或许正是因为这种挫折感使某些人找到不要生小孩的理由---害怕不能好好教养他们来爱神并有一个纯净的生活。

我们能体会这样的想法，但是鼓励你起来争战。我们必须争战，而且幸运的是，神已经给了我们许多在圣经中的榜样，这些人相信神能在这个邪恶的世界中帮助父母培养出敬虔的后代。只要看看约瑟、但以理和约伯。其实我们的悲哀是，我们的标准不够高。但是当我们自己的生命产生复兴时，我们就能对孩子有足够的信心。

## 属灵的标准

从一开始，我们就很坚定的承诺我们要研读神的话语，不论是个人性的或是团体性。在最近，神更新了我们对祂话语的学习。这种对神话语的兴奋感有两个来源。

首先，当我们了解一个人自身的个性与灵命成长的关连性，这样的理解会刺激我们更积极在我们的生活中采行神的标准。我们知道如果我们希望孩子遵行这些标准，则我们自己也需要这样做。我们向神更加敞开，愿意让神来改变我们更像基督。这是在我们家庭中所愿意采用并实践的标准。「爱」成为我们特别具体教导我们自己和孩子的主题。

> 像那不可奸淫，不可杀人，不可偷盗，不可贪婪，或有别的诫命，都包在爱人如己这一句话之内了。爱是不加害与人的，所以爱就完全了律法。（罗十三9-10）

几年前我们开始采行另一个家庭学校的教育方法，因为这样帮助我们把神的真理带到生活的每一个层次72。这个课程每个月会以一个品格为主题。他们会先观察在神的话语中如何讲到这个品格，以及这个品格如何在日常生活中实行出来。他们教导我们这个品格（例如忍耐）如何在某个历史人物的身上产生巨大的不同。这样的家庭学校教育强化了我们属灵的价值观而非反对它。

　　另外一个对神话语兴奋感的来源，来自于学习了解神如何向祂的百姓启示祂自己。我们以前已经听过这方面的教导很多次了，但是有一天，当神向包牧师指出耶稣如何在地上过每天的生活，包牧师才清楚看见。耶稣倚赖神的话语生活，每一天领受当天所需要的话语。这就让我们看见，神期待每一天向我们说话，但常常我们对神的话都没有留意---即使我们正在研读神的话语。现在我们正学习如何默想神的话，并且寻求当天神要对我们所说的特殊的言语。

如果我们要成为好的基督徒父母，我们必须不断成长。玲婷列出在过去几年中她自己的生命成长的几方面，这些方面大大提升了在过去几年来她作为一个母亲的能力。

- 了解自己的责任并且把这些责任看成是神给我的呼召，那就是把我的生命献给神，让神在我的家中来使用

- 有一个亲密而且不断成长的婚姻关系，帮助我知道我是无条件被爱的，因此给我许多的空间来尝试错误，不用害怕会被拒绝。

- 学习去爱神所爱的，并以此来调整自己的生活。

- 与神有更亲密的关系。更知道在每一件事上我都需要倚靠祂。

- 神把我从一个负面、惧怕、担忧的母亲改变成一个信靠神而能展现喜乐的母亲。在这方面还有许多要学习的。还有很长的路要走。

## 使我的心转向儿女

为了使我的心转向我的儿女，神首先要对付我(玲婷)的方面，就是我并不真正相信神的话。我并不真的相信孩子，或者许多的孩子，是一个神的祝福或奖赏。虽然我说我相信，但是我的行为与态度显示出其实我并不相信。我的行为表现得像是在说，他们对我而言是一个麻烦或困扰。我的心里其实是说「我自己一个人做事更容易」。这是当我们只有两个孩子的时候。我完全不知道神能给我恩典「处理」孩子。

这个问题的一部份来自于我忙碌的母亲留给我的印象。因为她有六个孩子，所以她总是很忙。另一个部份是因为我轻看神的真理。如果神真的这样说，神所说的就是真的。但是我并不真的相信祂所说的。我需要把我的眼光与心态改变成与祂的真理相合，学习去爱神所爱的。

我以前时常这样子对自己说：「孩子是一个祝福，但也是一个极大的责任。他们会把家里弄乱，使你有很多工作要做。不要再生，两个就好。」

神对我的调整是在当我开始怀第三个孩子的时候。那时我们才刚搬到匹兹堡。我有很多梦想，希望与包牧师一同服事，接待人、作辅导、一起探访，或者有一些自由的时间去学一些我不懂的东西。但是这个自由的想法与被孩子绑住的生活在我里面形成一个拉锯战。要接受神的意念高过我的意念真是一个很大的挣扎。我不是说这个争战一次得胜就永远得胜了。这是一个不断进行的过程。至少我愿意接受神的道

路是更有智慧、更好的。所以我们的第三个孩子在1991年秋天诞生了。

隔年的春天，神用一本我借来的书把我的心更深的扭转。这本书的名字是「回家的路」(The Way Home)，作者是Mary Pride，挑战许多我既有的价值观。神用这本书帮助我看到我的自私以及我如何拒绝神的方法。它让我看到我接受许多从世界来的价值观，把它们当成真理。我是在怀第四个孩子之前读这本书。

怀第四个孩子真让我觉得很不好意思。我不想告诉任何人。神仍然需要在我里面做工来对付我对于家庭的态度。他用这个孩子更深的扭转我的心。但以理(Daniel)是在1993年出生。就在那时，我们把我们的家庭计画交给主。信靠神来计画我们家庭对我来说是个信心的操练，对于我的态度有很大的冲击。我开始相信这个真理---孩子是神的祝福和奖赏。他们不是麻烦或重担。相信这个真理并且把神的话放在我心中，使我的心转向我的儿女。终于我不再担心别人怎么想，而开始学习关心神怎么想。

## 对于教会的标准怎么办?

人很容易找借口不奉献给神或不去教会。我们一直持守一个很高的标准(我想我们必须如此因为我常常讲道)。但是老实说，当有孩子说他生病，我们需要仔细看看他是不是真的病得像他说的那样。我们自己小的时候也曾经用类似的借口(其实是说谎)，所以我们对这方面有经验。这里列出一些问题，是我们用来帮助我们自己面对许多真实生活中的问题。

如果有一个我们真的很想去参加的婚礼，当我们有与现在相同的感觉时，我们还会选择待在家吗？

如果我们同意孩子可以因病在家不去教会，我们要确保他们在家的时间可以好好休息，不受电视或者其他事务的干扰。

想想看，如果我们的孩子发现当他们在家里不去教会的时候，可以在家看电视，那将会有多麻烦。这样的话，我们可以准备好看到每个礼拜天早上家里都发生流行性感冒

## 金钱上的决定

对于我们的财务状况，我们对孩子都是非常坦诚的。我们会告诉他们目前的状况如何。我们会告诉他们我们捐了多少钱出去。我们也会告诉他们我们奉献给哪些宣教士。我们要他们看到，在困难的情况下，如何做正确的决定。

年纪大的孩子知道我们所做的决定是没有把钱花在他们身上。有些人会因此觉得，这样做会使我们的孩子生气而远离我们，其实不会。他们尊重我们愿意给出去的心愿。他们需要知道把金钱奉献给主的事工比奉献给迪士尼更好。然而，如果他们看到我们把钱花在坏习惯或者自私的事情上，他们心中可能就会累积愤怒。

## 好好的安排时间

虽然我们需要花时间与孩子在一起。但并不代表一定需要很多时间。今天，我女儿告诉我她想学怎么骑脚踏车。其他的孩子们的脚踏车都很好，但是她的脚踏车轮胎没气了。我想打点气应该就可以了。这些小事对我们孩子来说意义非凡。

我们一起做些事情，我们一起玩。我们读故事书给年纪小的孩子听。在吃饭时，我可能会念本书给所有的人听。我

们有时候晚上一起玩游戏。我们出去度假通常不会花很多钱，虽然我们也有游泳、骑车或一起散步。　身为父亲，我的最大一种喜乐是看着孩子在假期学会如何游泳。

**暂停并回想：**

你相信孩子是神的祝福吗？你一直都如此相信吗？为了更看重这个真理，你还需要学习哪方面的功课？如果他们是神的祝福，你乐于花时间陪他们吗？

# 建立两代之间的爱

我们爱我们的父母，但是在某些特别的时候，例如有小孩刚出生，要和父母保持和睦相处常常很困难。对有些人来说父母的帮忙像是美梦成真，对另一些人，家里好像变成战场一样。如果你与父母的关系都很好，那这一课并不是为你写的。这一章是为了帮助那些试着要训练自己的孩子，却遭到父母干扰的人而写。很多人尚未学会如何享受他们与父母的关系。

我们应当期待会有不同的意见出现。这是常有的事，尤其当父母不是基督徒的时候。当孩子渐渐长大，他们也会开始学到与父母不同的观点。但愿他们能把事情做得比我们更好！

包牧师在成长的过程中因为父母的离婚以及其他的事，曾经历一段困难的时光。这些困难导致他内心深处的一些问题。他需要学习如何爱一个伤害他的人。他需要学习如何饶恕人。虽然在福音的信息中这些都是很基础的教导，但却很容易被忽略。这些与我们父母相处的时间就给我们机会来修

补关系。神不希望有怒火压抑在家人的关系之间。这些怒火会在我们孩子的身上带来个人性的问题。

重新调整我们与父母的关系是必要的。但我们也不希望调整了之后，就破坏了原先本来已经岌岌可危的感情。我们很容易倾向于大声怒吼或者默默把怒气藏在心中，而没有用圣经的原则来与父母相处。如果我们不小心，我们天然的倾向可以很容易摧毁掉我们目前所有的。神有办法能使最困难的情况转变成为最好的。

请记得，除非我们已经承认自己的罪，否则这会在我们与父母的关系上一直成为一个难以突破的障碍。只有当我们承认我们的罪，我们才能期待神祝福我们的关系。保持诚实与真诚。虽然我们的父母可能不会说什么，但是他们内心会很感动。在这之后还有一件重要的事，看重你的父母，从他们身上得著智慧。问问他们最近过得如何。尊敬并尊荣神所指定为你父母的人。从我们向父母请益的过程中就可以看出我们是否真的尊荣父母。

包牧师很清楚的记得他如何需要采取特别的步骤来尊荣他的父亲，这些步骤包括在各样大小事上征询他的意见，例如修理车子上定速系统，或者有关服事的事情。神用很特殊的方式来祝福。这曾经是，也仍然是一个建造信心的功课。

**暂停并回想：**

与你的父母发展一个良好的关系是很值得的。这是主的命令。即使你尽量避免，你们的关系仍会对你的家庭有很深的影响。有什么问题会阻止你与父母有良好的关系？你尽多少的努力来

改善这个关系？即使他们过去曾经有犯错，你是否仍然尊荣他们？

# 重新赢得青少年的心

有些父母读了这些教材后，会觉得对他们年幼的孩子有帮助，但是他们不知道对于他们已经长大的孩子他们还能做些什么。是不是太晚了？我们能够改变年长的孩子吗？

在这本书里我们分享许多我们曾犯的错误。我们曾经走到一个地步，孩子们几乎把他们的心向我们完全关闭。或许你也曾经历类似或者更糟的情况。神的话语中有很多地方指教我们如何重新赢得孩子的心。

我们必须做一个祷告的父母。我现在学会每天都为每个孩子祷告。我竟不能说从刚开始有孩子的时候我就这样做。真可耻。但是谁教过我这样的责任？通常我们都假设父母应该这样做却从来没有明确说出。我们相信祷告的功效，因为我们相信神。只为全世界祷告却没有为自己的家祷告，是不对的。祷告打开神迹的门，也能打开悖逆孩子的心门。

我们非常不同意某些人说，叛逆是孩子青春期的典型表现。我们敌挡这样的说法，因为这并非普世的典型；这是美国的典型。这只是西方文化的一部分，因为我们把太多的自由给了孩子（而没有赋予相称的责任），却不知道如何把孩子带回到我们的权柄之下。我们需要把对成年人应有的责任感与态度传递给孩子，并对这个目标有一个很高的期待，而不是给予青少年叛逆的空间。青少年的孩子的确会经过某些特别改变，但是如果我们相信，我们只要放手让他们自己发

展，不要认为我们能对他们的生命产生任何正面有效的影响，那是一个致命的错误。

反之，我们应该与孩子紧密配合，并且相信即使他们的身体正在改变，他们仍然能够顺服我们。他们需要在新的贺尔蒙的刺激以及认知自己即将开始新的生活的同时，重新学习自制的功课。我们需要告诉他们怎么做到，用温和而坚定的方式。但在这一切成功之前，我们必须先相信，他们必然能够过一个敬虔的青少年生活。否则，我们就会感到十分绝望。这种绝望感（或怀疑）正是撒旦用来协助牠自己的工具。

我们有路可走。虽然我们的二女儿已经结婚，我们的老三与老四已经进入青少年期，并且在他们后面还有更多的孩子也即将进入。我们一定会有更多的挑战，但我们看到我们年长的孩子都选择不跟那些未婚生子或者有各种问题的人交朋友。

在我们的家以及我们的信仰中有些不一样的东西，帮助他们渴望能够自己拥有一个大而敬虔的家庭。他们很规律的与神亲近。他们在教会中服事神（主日学老师、暑期儿童夏令营老师、敬拜团成员等等）。

我们要把家尽可能的变成全世界最好的地方，但是要记住，这样的家唯有当你经常的、正确的管教孩子的时候，才能实现。父母亲必须记住，管教只不过是一个手段，用来保持与孩子之间良好的关系，让孩子尊敬你身为父母的权柄。我们提供了许多具体的步骤与建议来帮助你把年长的孩子带回正途。

在关于如何把年长的孩子导回正途这件事上，有两件非常重要的事情必须注意（这两件事在孩子们长大之后也能继续帮助他们）：

- 当你自己犯错时，必须要有谦卑的态度去道歉

- 要有真诚的悔改，使得孩子能够在真实生活中看到你的改变。

这本书常常提醒父母一些原本忽略的事情。父母亲常常想各种方法，想要改变、改良孩子。我们则尝试着指出，其实真正需要改变的是父母自己。当我们自己变得更像基督，我们的孩子就会变得更好。

我们可能仍然有许多骄傲与过犯。我们需要靠着神的恩典，一步一步对付这些问题。当我们这样做时，我们就能很诚实的，带着盼望的，与我们的孩子分享，在基督里成长是多么的美好。

世界已经不再隐藏牠意图引诱我们孩子的愿望。我们唯一的希望（这是一个极大的盼望）就是让他们看到神是如何的伟大。幸运的是，神愿意进入每个家、每个人的心中，去彰显祂的大能。神一直想要彰显祂自己的荣耀。神要彰显祂对家庭的设计是如何的奇妙。当你走在被破碎的台阶时，会看见因谦卑自己所得的奖赏。只要仰望神，寻求祂的智慧、慈爱与温柔。但愿我们在世上度剩余的光阴时，这一段话成为我们所有的心愿。

# 结论：走向慈爱

父母常常提及要如何爱他们的孩子，但是，到头来，我们看见我们必须首先从神那里得到这份爱，然后从这样的爱中来模仿学习。属人的爱与智慧是不足的。只有当我们真的遇到问题时才会发现这一点。属人的爱永远都是不足的。我们以前只是满足于第二流的生活标准。

只满足于我们目前把孩子训练得很好，这是不够的。我们没有足够的资源能靠自己活出养育孩子所需要的美好生命。在许多案例中，一个成人第一次学到谦卑的功课是当他结婚的时候。事情不如他自己想的那般容易。第二次则来自于孩子。年轻与年长的父母亲透过这些过程使自己的生命度量被拉大。

身为父母，我们不能单单满足于看见孩子在我们面前活出美好的生命，我们更应该在他们身上培养自制与敬畏神的态度，以致于即使我们将来不在他们身边，他们仍能活出敬虔的生活。

良好的教养其实是一种门徒训练的过程，对父母与对孩子都是。我们越早学到这点越好。我们可以马上开始向上帝学习，而不需要在失败之后才一遍又一遍的学习这些功课。当我们学会活出神的爱时，我们已经把这个功课传递给了孩子，让他们来学习。爱给了我们冰冷的心所需要的温暖。爱在我们懒散的时候，给我们行动的动力，当我们遇到危险时帮助我们，在毫无回报的景况下使我们仍愿意牺牲。

　　我们可以说出几千条在神的话语中美好的原则，但是，至终要记得，真理必须在爱的环境中传递出去，否则它就是会被拒绝。这是因为爱就是一切关于与他人相处的真理的原则的总结。

　　耶稣特别之处在哪里？为什么他身边的人都喜欢听他，并与他交谈？因为他满有恩典与真理（约翰福音一14）。耶稣能够把严格的标准调和在火热的心中（请参阅附录）。现在，轮到我们了。就像罗马书十三章14节所说："总要披戴主耶稣基督"。这是我们孩子最需要的。

## 再一次机会

如果能在孩子发育早期就贯彻圣经教养的原则，父母能够避免许多在恶劣的状况下所发展出来很困难的问题，例如缺乏礼貌、骄傲、不顺服、公然的悖逆。但是要小心。当孩子成长到新的阶段，会有另一次的机会，使你能够把同样的圣经原则，在一个全新的环境中应用在同一个孩子身上。因着时常的应用圣经原则，我们成功了，但是假如我们失败了，我们会使得早期我们拒绝的那些事情又重新进入我们的家庭中。

　　父母必须殷勤，绝对不要放弃让神改变生命的真理动工在我们的生命中，以及我们孩子的生命中。毕竟，这不正是我们教养的最终目的吗？不论我们的借口是什么，神对我们的吩咐就是要生产顺服神、尊敬他人的孩子c

# 关于教养孩子的其他资源

## 广泛阅读能给我们很大的帮助，使我们达到以前做不到的事

Mary Pride 所写的The Way Home。内容说到一个女性主义者回家的过程。非常活泼生动。帮助母亲们用神的话重新定位自己作为母亲与妻子的角色。

Robert Andrews 所写的 The Family: God's Weapon for Victory。彻底的描述一个从求爱到结婚的整个家庭的写照，之后提供了用圣经原则教养孩子的原则与实践的过程。辅以个人的经历来解说圣经的命令。

Gary and Marie Ezzo 所写的 Growing Kids God's Way。很实际的讲到许多细节。似乎太过重视某几个主题而忽略了其他的重点。对于一些错误的哲学提供了适切的讨论。不幸的是，缺乏好的圣经教导，因此看起来只像是一些不错的意见，而不是真理。

Michael and Debbie Pearl 所写的 Train up a Child。很有趣，也很严肃。可能比你所想像得更实际。不幸的是，我们大多数的人都不能如此的激进，像阿米许人一样住在农场里。但不要因此就不读这本书。请参阅 www.nogreaterjoy.org。

Bill Gothard 所写的 Basic Life Principles Seminar。在基督徒成长的各方面都提供了很棒的洞见与智慧。他仍单身，但却能对家庭提供宝贵的洞见。他是个很棒的教师。

　　Paul and Linda Bucknell 所写的 Godly Beginnings for the Family。这一系列的信息帮助父母从一开始就做正确的事，其中有许多实际的忠告，针对孩子出生前、生产、产后，有许多阅读资料、讲义、以及图示来帮助父母实行早期训练。

　　Paul and Linda Bucknell 所写的 Building a Great Marriage。只要丈夫与妻子愿意按照神的旨意来生活，每一个婚姻都可以是最棒的。主真心希望每一对夫妇都能有美满的婚姻，因为这样才能使荣耀归于祂的名。这本书描述了关于美满婚姻的重要原则。

# 附錄一：真的是基於聖經原則的教養嗎?

在过去几年中，有许多人讨论，"基于圣经原则的教养"这一词是否适当? 甚至有些人对于"教养"这个词也有意见。他们比较喜欢另一个较传统的词"养育孩子"。这不是我们关心的重点。如果这两者都不带有侵犯性，又同时保留清楚的含意，那这两者都可以使用。我们主要关心的重点在于"基于圣经原则"这一词。

在这里有两大问题。首先，人们因为受激怒，以至于他们没有好好思考就开始反应。第二，我们这个世代的人通常是"意见导向"，以至于他们无法从圣经中听到神的声音。我们对这两个问题一起回答。

人们反对有"基于圣经原则的教养"这样的东西存在。根据我与人们的交谈以及自己的阅读，有些人似乎不愿意仔细的读经，并以此来检视自己的教养方法。真正的问题在哪?

很有可能的一个原因是他们过去曾经遇见另外一些骄傲的人，宣称"基于圣经原则的教养"对他们有多么大的好处。这样的态度会使任何的人都不愿意接受，不论你用什么词语来称呼它。如果你仔细的遵从圣经的原则来教养，会有非常好的结果，但是我们不需要骄傲。毕竟，这所有的原则是从哪来的? 我们岂不都是街上的乞丐吗? 是的，神对家庭有美

好的设计，祂也命定了我们要生活在一个退化的社会中来养育孩子。神的方法是最管用的，因为它们出于神。我们很谦卑，因为神在圣经中曾如此教训我们。没有祂的恩典，我们今天会在哪？

另一个问题是，人们认为那些拥抱圣经教养原则的人，不愿意容忍其他不同的看法。在这里我们必须清楚区分原则与实践的区别。原则是我们用语言把真理应用在我们目前特殊处境的一种方法。我们对这些议题绝不妥协。我们认识神，并相信祂的意见比我们的都好。然而，很重要的是，我们会仔细查验我们所说出的原则，是否真的是神在圣经所说、所设计的。在最近举办的一次研讨会中，有些来宾问道："我们如何能知道神设立了什么原则？"他们是对的，我们只是寻道者。我们需要圣灵来指教我们。我们非常积极努力的学。

然而，实践则是面对我们目前特定的处境，对某些一般性的真理的特定性使用。在这本书里，我们常常用"杖"这个字，作为体罚孩子的一种方式。圣经有用这个字。然而，我们并不是说，这是体罚孩子的唯一方法，其他那些用手打小孩的人是错的。

在以前的时代，人们没有像水管、或者其他塑胶性的厨房用具可以用。很重要的是，我们必须要看出"杖"或者小树枝的特性，并且记得为什么我们应该用它：有弹性、不昂贵、随处可得。

然而，体罚这个概念本身则是出于圣经。这是整本圣经一直出现的主题。如果我们拒绝这个原则的真理，我们会大大的使神和我们的孩子失望。这些圣经中的原则必须被仔细的思考过。如果在家中我们忽略任何神所给的真理，不只会产生不顺服，也会有可悲的后果。请记住，神把这些原则分享给我们，是要祝福我们，不是给我们麻烦。这又带我们到下一个答案，这答案是要给那些对"基于圣经原则的教养"有意见的人。

我们并不是要设立一套律法。如果能正确了解"基于圣经原则的教养"，就知道这绝不是用律法主义来做事情。如果我们了解耶稣如何定罪法利赛人的律法主义，我们就会以此作为圣经真理：自以为义的系统永远达不到神真正的期待。

我们的生命太短暂了，没时间去玩这种"我对你错"的游戏。反之，我们应该手牵手，一起来寻求神所启示我们的真理，以及思想该如何把它活出来。我们孩子的福祉正受到威胁。我们面对的敌人是谁？是其他那些也关心孩子们的父母吗？当然不是！我们的敌人是那把错误当成真理传扬的邪恶势力。许多的父母不知不觉的被欺骗，并相信现代心理学的教导是更好的。他们这种不愿意用圣经真理来检验自己的态度，会对其他人带来极大伤害。

若我们假装自己比别人好，所花费的每一分每一秒都是浪费。我们所需的乃是更深的透过基督认识神，并且更紧紧的跟随祂的方法。在这本书中，我们尝试相信认同那些与教养孩子相关的圣经原则。然而，当我们更多去了解这些原则的含意，应当如何应用在我们特殊的处境，并更深认识这些

原则背后所启示的神，我们在这过程中一起成长。当我们更认识神，我们就能够了解并掌握祂的真理。

有太多的父母把神关在他们教养孩子的过程之外。他们不思想，甚至不愿去想，关于教养孩子，神有什么看法。他们以为，经由重新定义上帝为一位"永远不会打孩子的神"，他们帮了神一个大忙。他们是大错特错（参阅列王记下二23-24）。他们孩子的生命正受到威胁。让我们一同来寻求明白神要对我们说的话。

我曾见过许多父母有美满的家庭。那时我心里想什么？我想，他们一定采行了某些神在圣经中的教养原则，不论他们知不知道。他们或许并非基督徒。重点是，他们比那些自称为基督徒的人，更有效的实践了神的真理。字句本身是死的。我们需要看到神的真理与原则在我们的生活中活出来。只有如此，神的名才会得称颂，我们的家庭生活也才会蒙福与幸福。

# 附录二:父母的神学

## 神

神对全地的旨意与我们教养孩子是息息相关的。神荣耀自己的名,是透过彰显祂的恩典给一群蒙祂拣选的百姓,使他们成为祂极大家庭的一份子,这个大家庭反映祂的形象,也分享在基督耶稣里祂一切的丰盛。

### 首先的亚当
第一计画

FAILURE

### 末后的亚当
第二计画

SUCCESS

神照著自己的形象造人,神就照著自己的形像造人,乃是照著他的形像造男造女。要生养众多,遍满地面,治理这地。(创一27-28)

**亚当的呼召是照神的形象去造作新的人**

亚当活到一百三十岁,生了一个儿子,形像样式和自己相似,就给他起名叫塞特。(创五3).

**亚当没有照神的形象去教养儿女,他的后裔带著他玷污的形象。**

这就如罪是从一人入了世界,死又是从罪来的;于是死就临到众人,因为众人都犯了罪。(罗 五12).

**至终,人按己意生活,反映出背叛的撒旦的形象,而非神的形象。**

从此就显出谁是神的儿女,谁是魔鬼的儿女。凡不行义的就不属神,不爱弟兄的也是如此。(约翰壹书三10).

他无父,无母,无族谱,无生之始,无命之终,乃是与神的儿子相似。(来七3)

神差遣祂的独生子基督耶稣来到世上,为了实现祂要有更多儿子的旨意。

爱子是那不能看见之神的像,是首生的,在一切被造的以先。(西一15)

借著相信耶稣基督,人们可以生在上帝的家庭中,并被带进祂的国度。

凡接待他的,就是信他名的人,他就赐他们权柄,作神的儿女。(约一12)

当人们寻求愿意更像基督,更顺服神,神就在祂百姓身上重新建立自己的形象。

穿上了新人。这新人在知识上渐渐更新,正如造他主的形像。(西三10)

**父母负起责任,在主的恩典与真理中带领他们的孩子,使他们跟随基督。**

你们作父亲的,...只要照著主的教训和警戒养育他们。(弗六4)

# 附錄三：教養流程圖

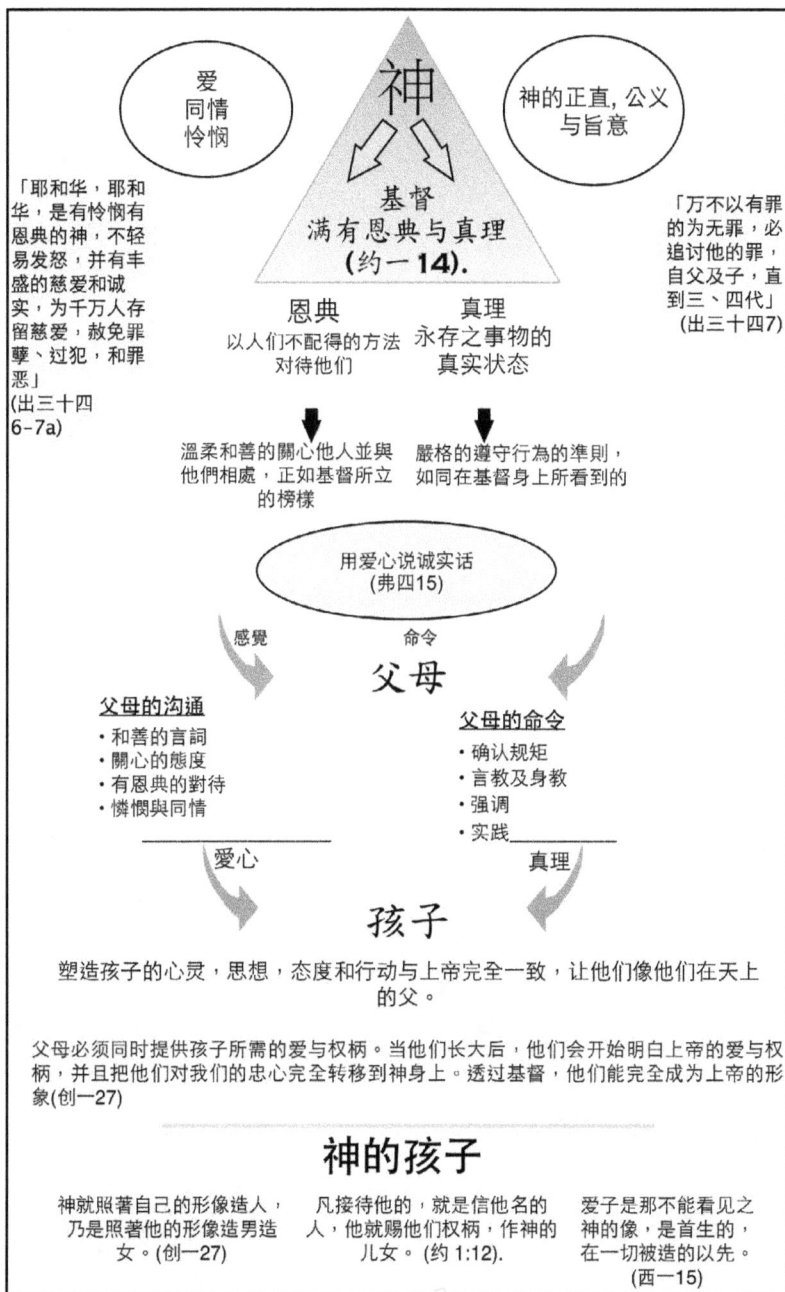

爱
同情
怜悯

神

神的正直, 公义
与旨意

「耶和华，耶和华，是有怜悯有恩典的神，不轻易发怒，并有丰盛的慈爱和诚实，为千万人存留慈爱，赦免罪孽、过犯，和罪恶」
(出三十四6-7a)

基督
满有恩典与真理
(约一14).

「万不以有罪的为无罪，必追讨他的罪，自父及子，直到三、四代」
(出三十四7)

恩典
以人们不配得的方法
对待他们

真理
永存之事物的
真实状态

溫柔和善的關心他人並與
他們相處，正如基督所立
的榜樣

嚴格的遵守行為的準則，
如同在基督身上所看到的

用爱心说诚实话
(弗四15)

感覺　　　　命令

父母

**父母的沟通**
· 和善的言詞
· 關心的態度
· 有恩典的對待
· 憐憫與同情

**父母的命令**
· 确认规矩
· 言教及身教
· 强调
· 实践_____

爱心　　　　　　真理

孩子

塑造孩子的心灵，思想，态度和行动与上帝完全一致，让他们像他们在天上
的父。

父母必须同时提供孩子所需的爱与权柄。当他们长大后，他们会开始明白上帝的爱与权
柄，并且把他们对我们的忠心完全转移到神身上。透过基督，他们能完全成为上帝的形
象(创一27)

## 神的孩子

神就照著自己的形像造人，
乃是照著他的形像男造女。(创一27)

凡接待他的，就是信他名的
人，他就赐他们权柄，作神的
儿女。(约1:12).

爱子是那不能看见之
神的像，是首生的，
在一切被造的以先。
(西一15)

# 附錄四：作者

有八个孩子的包恩富与包柯玲婷(Paul & Linda Bucknell)有许多训练孩子的经验。他们的子女，从最大的到最小的，相差有二十年，这使得他们可以对整个教养过程有一个统合的眼光。他们之前曾作过宣教士、地方教会牧师，这些经历使他们因为曾经负责带领训练、辅导协谈家庭、举办教养研讨会等等事工而对这些事工有特殊的洞见。身为 Biblical Foundations for Freedom 的创办人，包牧师有许多训练教材。他也曾经到世界各处训练神的百姓。

# 基于圣经的教养原则与实践之总结

你能成功的！神要你成功的兴起敬虔的家庭，祂也提供了你一切所需。我们不需要尝试各种各样目前流行的教养理论，过了一段时间才发现它们都没有用，而且我们的孩子也从中受害。上帝，我们家庭的原创者，已经把祂的爱与真理传递给我们，祂如今仍这样做！

借著效法与应用上帝的真理在自己的家中，父母们可以预期良好的变化会发生在他们的家庭。神创造了家庭，祂知道如何使它完美运作，即使我们的家处在一个不完美的世界里。身为父母，我们要分辨上帝想要什么，并透过训练与纪律使神的标准能建立在孩子身上。

父母越早开始这种训练越好。透过早期训练，父母能有机会阻止坏习惯形成。这会成为我们孩子生命中一个丰厚的奖赏，充满了可爱的回忆与喜乐，当他们长大后，他们会遵行同样的生活方式。青少年的背叛并非是必然的。透过青少年所面对的许多新景况，父母能继续与他们年长的孩子建立逐渐美好的关系。

www.ingramcontent.com/pod-product-compliance
Lightning Source LLC
Chambersburg PA
CBHW062148080426
42734CB00010B/1606